张剑光·编著

中国历史之谜

陕西新华出版 三秦出版社

图书在版编目（ＣＩＰ）数据

中国历史之谜 / 张剑光编著 . -- 2 版 . -- 西安：
三秦出版社，2008.04（2024.1 重印）
　　（国学百部文库）
　　ISBN 978-7-80628-297-7

　　Ⅰ . ①中… Ⅱ . ①张… Ⅲ . ①中国－通史－通俗读物
Ⅳ . ① K209

中国版本图书馆 CIP 数据核字（2008）第 036258 号

书　　名	中国历史之谜
作　　者	张剑光　编著
责　　编	陈景群
封面设计	新华智品

出版发行	三秦出版社
社　　址	西安市雁塔区曲江新区登高路 1388 号
电　　话	（029）81205236
邮政编码	710061
印　　刷	北京一鑫印务有限责任公司
开　　本	680×1020　1/16
印　　张	9
字　　数	188 千字
版　　次	2008 年 4 月第 2 版
印　　次	2024 年 1 月第 2 次印刷
标准书号	ISBN 978-7-80628-297-7

定　　价	39.80 元
网　　址	http://www.sqcbs.cn

前　言

中国历史文化源远流长，博大精深。它犹如一座巨大的文化宝库，记载着炎黄子孙创造历史、改造世界的辉煌业绩，同时也演绎着如歌如梦的天地玄妙。

勤劳勇敢的中国人民既具有饱经忧患、不屈不挠的斗争精神，又有敢于探索、勇于献身的伟大品格。他们生长在黄河、长江流经的土地上，创造了无数令人赞叹的奇迹。从而使中国的史书几千年相继不断，文化典籍汗牛充栋，文物宝藏遍布各地，这是前人给后人留下的宝贵遗产。它犹如一朵璀璨的奇葩，不断凝聚、积淀、升华，造就了我们伟大的民族精神。千百年来，先哲们一直在历史文化研究的园地里辛勤地耕耘。他们凭借顽强的毅力，写下了光彩照人的篇章，树立起一座座历史文化的丰碑。

然而，人的生命是有限的。前人的历史，只有后人去记录、去挖掘。历史文化的产生总是早于历史文化的研究工作。由于两者在时间上相差久远，加上每一事物都有着孕育、诞生、演变、发展的过程，肯定会有正史记录不全，民间传闻多变的问题。我们清楚地知道，历史学家研究历史人物或历史事件，主要是凭借史籍考证，实物验证来记录历史；而诗人、小说家、戏剧家就可以凭借丰富的想象，以及艺术的感染力，把一个活生生的历史人物或事件烘托出谜一样的传奇。在这里我们奉劝读史者，千万不要把那些搬上舞台，走进屏幕的历史人物或历史事件，当作历史教材来"读"。特别是那些"戏说"之类，为了使观众达到所谓"艺术的享受及审美情感的满足"，简直到了胡编乱造的地步，青年读者如果以此来"读"史，肯定会被引向误区。

古人云："千古兴亡多少事？悠悠！不尽长江滚滚流。"历史是一座宝藏，几千年的文化精髓吸引了无数的淘金者历尽艰辛竞相前往。"以人为鉴，可以明得失；以史为鉴，可以知兴替。"在书中，有"忧劳可以兴国，逸豫可以亡身"的忠君爱国志士的背后秘密，也有"但愿人长久，千里共婵娟"的美丽凄惨不被人知的爱情故事，更有"出师未捷身先死，长使英雄泪沾襟"的辉煌背后的无名英雄。

历史本来就是个大迷宫，有的谜早已不成其谜，有的却不只一个谜底，还有的至今没有谜底，甚至永远都没有谜底。这不是作者偷懒，或故意留一手，历史就是这样——是千古遗憾，也是永恒的魅力。诸如：秦始皇之母赵姬原是卫国商人吕不韦的妾，后被吕不韦献给子楚。有的史书说赵姬当时已经怀有身孕，而《史记》说她是怀孕足月产下秦始皇的。因此，秦始皇究竟是子楚的儿子，还是吕不韦的儿子，后世为此争论不休。还有，历史上对雍正帝之死有许多的猜测。流传最广的说法是他被一个女侠刺杀，还被割下了头颅，为了完身下葬，不得不给他铸了个金头颅安上，雍正帝究竟是怎么死的？专家推论是因服食丹药中毒而亡，然而这一说法仍有疑点。此外，乾隆帝的身世至今充满了谜：有人说他生于北京雍和宫，有人说他出生在承德避暑山庄，他的母亲到底是谁也有不同说法，甚至连他是不是满人都让人怀疑，金庸的小说更是使得乾隆帝的身世扑朔迷离。历史与小说孰真孰假？

可以说，每一个历史时期，都有极其辉煌的奇迹和难以解释的谜团。许多历史人物或事件，由于资料匮乏，含义不清，而使人无法获取可靠证据。有的历史秘密还深埋在积淀的尘埃中。有的事件虽然流传千百年，但仍无定论。有的事件就在我们的身边，但却很神秘，至今烟雾缭绕，不能破译。鉴于此我们编写了这部《中国历史之谜》，它汇集了中华文明史上最匪夷所思、极具价值的谜团，启迪心智，发人深思。这些谜团吸引了历朝历代众多的探索者，通过他们的研究，有的谜案逐渐明朗化。有的谜案经过探索，纠正了不少世代相传的误说，使研究工作更加走向深入。此次我们选编的这些谜案，都是史学界争论较多的谜案。撰写时作者以突出本书学术性、资料性、趣味性为宗旨，在论述谜案论争的焦点时，尽量选录最有说服力的论据资料。并用分析和例证，表明作者的观点，解开那些令人困惑的历史谜团。

历史之谜不仅是民间市井的重要谈资，解开谜团更是史学界的重大课题。探索这些问题不仅是为了满足人们与生俱来的好奇心，更是为了澄清历史大案，拨开历史迷雾，还原历史真相，使我们更清晰地看到历史演进的轨迹，为后世提供科学客观的历史依据。

中国历史源远流长，浩如烟海。历代史学家不断研究、孜孜以求，但至今仍有许多不解之谜。本书将历史上众多的谜案予以梳理，将富有代表性的史学研究成果和争鸣观点集中表述，有较强的知识性、可读性、资料性和趣味性。

本书编排严谨，校点精当，并配以精美的插图，以达到图文并茂、生动形象的效果。此外本书版式新颖，设计考究，双色印刷，装帧精美，除供广大读者阅读欣赏外，更具有极高的研究、收藏价值。

编　者

2008 年 8 月

目　录

中国历史之谜

秦始皇身世之谜

　　秦始皇之母赵姬原是卫国商人吕不韦的妾，后被吕不韦献给子楚。有的史书说赵姬当时已经怀有身孕，而《史记》说她是怀孕足月产下秦始皇的。因此，秦始皇究竟是子楚的儿子，还是吕不韦的儿子，后世为此争论不休。

　　秦始皇是以太子身份继秦庄襄王（子楚）之位，登上王位的。秦始皇之母赵姬原是卫国商人吕不韦的小妾，后被吕不韦献给子楚，子楚继位后，她被封为皇后。有的史书上说赵姬被献给子楚时已经怀有身孕，而司马迁在《史记》中说她是怀孕足月才产下秦始皇的。那么，秦始皇究竟是子楚的儿子，还是吕不韦的儿子呢？后世为了这个问题一直争论不休。

　　吕不韦原是卫国濮阳（今河南濮阳）人，后举家迁居到韩国阳翟（今河南禹州）。吕家是远近闻名的富商，靠贩贱卖贵投机倒把积攒了千金家产。但吕不韦并不满足这种富甲一方的生活，他野心勃勃，对皇权垂涎三尺。《战国策》记录了他与其父一段精彩的对话。吕不韦问："种田的收益几倍？"父答："十倍。"又问："贩卖珠宝，收益几倍？"又答："百倍。"再问："扶立一个国君，掌握一国权柄，收益几倍？"其父笑答："那就千倍万倍，算不清了。"吕不韦意味深长地笑着说："是呀！辛辛苦苦耕田种地还不一定能暖衣饱食，但是扶立一个国君，不仅可以荣华富贵，还可以泽及子孙后代呀！"

　　于是，吕不韦打点行装，来到赵国国都邯郸，精心谋划从事政治投机。当时，秦昭王的太子安国君之子异人被羁留在赵国当人质，吕不韦认为"奇货可居"，便前往拜访，与其密谋，由吕不韦出资千金，为其打通关节，过继给很受安国君恩宠却无子女的华阳夫人立为嫡嗣，更名为子楚，在二十多个兄弟中争得太子继承人的地位。秦昭王五十六年（前251），秦昭王去世，安国君继位为孝文王，立子楚为太子，使之成为未来王位的合法继承人。吕不韦的宠妾赵姬容貌秀丽，能歌善舞。有一次，子楚与吕不韦饮酒，赵姬为其歌舞助兴，子楚见到她后非常喜欢，便起身向吕不韦敬酒，请求吕不韦把此女赐给他，吕不韦遂献出了赵姬。她隐瞒了自己有孕在身的事实，后来生下儿子名政，就是后来的秦始皇，赵姬因此被子楚立为夫人。秦孝文王在位一年便死了，子楚顺理成章地继位当了国君，称秦庄襄

秦始皇

王。庄襄王自知这一切全仗吕不韦出谋划策，因此知恩图报，一上台便任命吕不韦为丞相，封为文信侯，食邑河南洛阳十万户。庄襄王即位三年后去世，太子政继立为王，尊奉吕不韦为相国，称他为"仲父"，生母赵姬则成为太后。

以上是司马迁《史记·吕不韦列传》中的大概内容。根据《史记》的记载，则秦始皇为吕不韦的后裔无疑。千百年来，民间传说秦始皇为私生子，也是起源于此。

然而，也有人对此持不同的看法。首先，有的史学家注意到，成书早于《史记》的《战国策》当中没有吕不韦献赵姬的记载，而《战国策》一向喜欢辑录个人隐私，既然没有关于这件事的记载，说明当时并无这种传闻。其次，《史记》的记载本身也有点含混不清：前面说"姬自匿有身"，也就是隐瞒了有身孕的事实，后面却又说"至大期时，生子政"，说她足月而产。这里可以有两种理解，一是嫁给子楚后有孕足月而产，一是原先已有孕至足月而产。如果是后一种情况，那么子楚当然知道孩子不是自己的，又似乎不必立其为夫人，也不会让这个孩子当太子并继承王位的。因此认为司马迁其实表达的是前一种情况，即赵姬嫁了子楚后怀孕并足月产下政，也就是后来的秦始皇。其三，从后来秦始皇对吕不韦说的话中也可以找到一些证据，来证明他不是吕不韦的儿子。秦始皇九年（前238），秦始皇平息嫪毐（lào ǎi）之乱，车裂嫪毐，灭其三族，将协同作乱的20多名官吏枭首，并杀死嫪毐与太后所生的两个儿子，第二年，又免去吕不韦的相国职务，彻底粉碎了把持国政大权的吕嫪集团。秦始皇写信怒斥吕不韦："秦国封你在河南，食邑十万户，可你对秦国有何功劳？你号称仲父，可你跟秦王有什么血缘关系？你和你的一家子都给我迁到蜀地去！"

争论者各执一词，谁也没有有力的证据否定另一派的论点。

有人分析为什么会把秦始皇说成是吕不韦的儿子。其一，认为秦灭六国后，原来的六国贵族为了发泄他们的愤恨，自我安慰，便对秦始皇的身世进行攻击，其潜台词是："六国虽然灭亡了，但秦始皇是吕不韦的私生子，因此秦国实际上灭亡了。"假如嬴政确是吕不韦的儿子的话，那么秦始皇统一中国之举，就不是灭六国，而变成齐、楚、燕、韩、赵、魏"六国灭秦"了，因为吕不韦不动千军万马，只靠一条诡计，就能把自己的儿子弄上秦国的王位，夺了秦的江山，六国的亡国之恨也不必耿耿于怀了。类似的情况在明成祖朱棣身上也出现过。明灭元后，元朝的遗老遗少便说朱棣是元顺帝的儿子，以此说明江山还是元人的。其二，据郭沫若研究分析，刘邦死后，吕后为了给自己的篡汉行为披上合法的外衣，便制造"秦始皇是吕不韦私生子"的说法，目的想说明天下原本就是吕家的，汉王朝夺了吕氏的天下，现在吕氏夺回江山也就名正言顺了。

秦始皇究竟是谁的儿子直到现在仍然是个未解之谜，不过单就上面列举的史料来看，一口咬定秦始皇就是子楚的儿子而不可能是吕不韦的儿子，论据似乎有点勉强。因为司马迁学识渊博，见闻广达，他少时即学习《尚书》和《春秋》，20岁游历天下，后任太史令，有机会读遍皇家收藏的文史经籍、诸子百家及各种档案资料，在著《史记》时，司马迁是非常严谨的，他善于广征博引，并不拘泥于某一部参考书。因此《战国策》中没有记载的事情，不代表就不存在。况且《史记》一向被奉为正史的经典，而《战国策》在历史上曾被列入别史类，也就是杂史，可信度要低得多，此其一。其二，司马迁明明写道，"吕不韦……与居，知有身"，然后才"至大期时，生子政"，可见赵姬嫁与子楚之前就已经怀了孕，而且这个胎儿就是后来产下的嬴政。子楚知道赵姬所生儿子非自己的儿子，也完全仍有可能立赵姬为夫人，并立政为太子，因为所有的一切本来就是一场阴谋，是一笔交易，吕不韦将赵姬献给子楚时就曾提出条件：将来要立赵姬为后，生子要立为太子。子楚不见得会那么自恃清高，因为知道孩子不是已出便违背约定不立其为太子，况且当时的人根本还没有当"冤大头"的概念。其三，至于秦始皇斥责吕不韦的话，更不能当作有力的证据，因为众所周知，秦始皇非常痛恨其母与吕的淫乱行为，当然不愿意承认自己是吕不韦的私生子，他从感情上不能接受这一事实，并且不想让天下人都知道这件事情，试想，除此他还会怎么说呢？

秦始皇坑儒之谜

秦始皇统一六国后，也想统一人们的思想。他不想听一群儒生发表自己对国家政事的看法，于是发起了前所未有的"焚书坑儒"运动，数以百计的儒生被坑杀活埋。然而，有人不相信这回事，认为秦始皇坑儒地点不明，为什么史书从没有明确的记载？就这样，秦始皇一手制造的千古冤案，给后人留下了众多谜团。

秦始皇统一六国之后，便采取一系列的措施，加强中央集权。当政治上加强控制的举措完成之后，秦始皇便开始了对人们思想上的钳制。但由于受战国时期百家争鸣学术空气的影响，秦初的儒生们尚保留着敢于直言、相互争鸣的学术传统。他们想不到就是因为这个传统，一场悲剧在等着他们。

秦始皇统一中原以后的第九年，也就是公元前213年，有一天，秦始皇在咸阳宫置酒，文武官员全都出席了，有70个在学术思想上有名望有地位的博士也参加了这次宴会。宴会进行当中，围绕着是否实行分封制，众儒生之间发生了激烈的争执。丞相王绾、博士淳于越等人主张实行分封，博士周青臣举酒颂扬秦始皇的功德，"陛下神灵明圣，平定海内，放逐蛮夷"，"以诸侯为郡县，人人自安乐，无战争之患，传之万世"。秦始皇听后喜形于色。淳于越听周青

青铜戈　秦代兵器，出土于西安秦始皇陵兵马俑坑一号坑，通长26.7厘米。造型精美，工艺精湛。

臣说分封制不好，郡县制好，心里十分不舒服。他赶快往前走几步，急急忙忙地对秦始皇说："陛下！我听别人说，殷周两代的国王传了一千多年，他们分封子弟功臣做诸侯，像众星捧月那样护卫着中央，那个制度本来就好得很。如今陛下统一了中原，子弟却毫无地位和实权。将来万一出个像当年齐国田常那样谋篡王位的乱臣贼子，又有谁能挽救得了那种局面呢？我听老一辈人说过：事情不照老规矩办而想要长久，根本就不可能。现在周青臣又当面奉承陛下，加重陛下的过错，我看他不是忠臣。陛下还是应当重新谋虑关于分封子弟的事情才好！"

　　淳于越重提分封的事情，秦始皇听了心里有些厌烦。而丞相李斯等认为"三代之事，何足法也"，主张实行郡县制，并指责淳于越等人"不师今而学古"，"道古以害今"，这一点对秦始皇触动很大。最后，秦始皇赞同李斯的观点，并采纳了李斯"焚书"的建议，下令：除秦纪（秦国史书）、医药、卜筮、农书外，凡列国史籍、私人所藏的儒家经典、诸子著作和其他典籍，一律限期交官销毁。同时，禁止谈论《诗》、《书》和"以古非今"，违者处以黥刑乃至死罪。焚书之后，百姓如想学法令，可拜官吏为师。

　　当时焚书的具体办法是：除了那些讲医药、占卜、种树一类的书以外，凡不是秦国史官所记的历史书，不是官家收藏而是民间所藏的《诗经》、《尚书》和诸子百家的书籍，在命令下达的30天之内，都要缴到地方官那里去焚毁。以后还有偷偷谈论古书内容的，处死刑。借古时候的道理攻击当前政治的，全家都要处死。官吏知情不告发的，判处同样的罪。命令到达后30天不烧毁书籍的，在脸上刺字后罚去做四年长城的苦工。凡有愿意学习法令的人，只许跟官吏去学，不许偷偷地照着以前的古书去学。

　　这样，从都城咸阳到边远的乡村，四处是焚书的烈焰，大批文化古籍在无情的烈火中化为灰烬，中国文化史上第一次灭绝性的大浩劫从天而降。焚书的恶果不仅使许多先秦重要典籍遭到破坏，同时也给春秋战国以来活跃的思想领域及理论探索者们以致命的打击，堵塞了秦代学术自由探讨之路，阻碍了先秦诸子百家思想文化融合的进程。

　　焚书的余烟尚未消散，"坑儒"的风波又平地而起。"坑儒"的直接起因是方士侯生、卢生等讽议始皇，继而逃走。

　　战国以来，阴阳五行之说盛行，一切方术都用阴阳五行来推演。燕、齐沿海地区，出现了一批讲神仙方术的方士。他们宣称，渤海中有蓬莱、方丈、瀛洲三座神山，山上的宫阙用金银筑成，住着很多长寿的神仙，山上生长着长生不老的妙药。秦始皇称帝后，为求长生不老，迷恋仙道，不惜重金，先后派徐福、韩终、侯公、石生等人前去寻求仙药。由于多方未果，引起秦始皇的不满。他的脾气也变得越来越乖戾、暴躁，喜怒无常。

　　侯生与卢生当时都是秦始皇身边的方士，由于长期求仙人和仙药终不可得，他们内心也惴惴不安。按照秦国的法律，求药不应验就会被处死。他们从博士们的前车之鉴，感受到自身命运亦将不济；从秦始皇的暴戾无常，感受到自己的末日也将来临。他们讥议秦始皇"天性刚戾自用"，"专任狱吏，狱吏得亲幸"。他们互相商量：像这样以靠刑罚和杀戮而建立威势并且贪婪权势的人，不能为他求仙药。于是，侯生、卢生悄悄地带着从秦始皇那里领来的钱财，相约逃走了。秦始皇大为震怒，他认为自己对卢生等赏赐丰厚，待遇尊隆，而侯生、卢生竟然用这样恶毒的话来诽谤自己，还居然逃走了，决定要狠狠地惩治他们。于是秦始皇下了一道命令，叫御史大夫去查办那些在背后诽谤他的读书人。被抓去审问的人，受不了残酷的刑罚，为了给自己开脱，就一个一个地牵出其他人，攀来攀去，一下子查出来有460多个方士和儒生犯有嫌疑。秦始皇一怒之下，也不详细审问核实，就叫人在咸阳城外挖个大坑，把他们全都给活埋了。其实460多人当中，真正反对秦始皇的只有少数人，大多数人都是含冤死去的。始皇的长子扶苏觉得这样做太残暴了，他对秦始皇说，天下初定，远方黔首尚未安定，"诸生皆诵法孔子，今上皆重法绳之，臣恐天下不安"。秦始皇对自己的残暴不仅没有一点点醒悟，相反还将扶苏贬到上郡。

　　秦始皇的焚书坑儒，从史书的记载上看，事实比较清晰。但有人认为这件事情的经过还存在着一些问题，如秦始皇究竟坑的是谁？

　　章太炎、顾颉刚等大师指出，焚书确是事实，但坑儒是没有发生过。秦始皇发怒是冲着方士的，按情理来说当时坑的460个是方术之士而非"诵法孔子"的儒生，至少可以说400多人中儒生很少。《盐铁论》说："燕齐之士释锄耒，争言神仙方术，于是趣咸阳者以千数。"坑杀者中没有方士，无论如何是说不过去的。秦始皇时期，儒士在社会上的地位比战国时期更有所提高，坑方士后，对儒生的社会政治地位并未造成什么影响。之后始皇东巡，齐鲁地区的70位儒生被任命为博士，跟了他到泰山举行封禅。到了汉代，儒家对这件事也不十分介意，很少有人谈起。西汉中期时，人们谈到这件事，也仅是说"坑杀术士"，没有人说是坑杀了儒士。

　　首次将这件事说成"坑儒"的是西汉始元六年（前81）的桑弘羊，然而这时离事件的发生远达一百多年，说法的准确性是令人怀疑的。但这种讲法却为后代许多人继承，而且越传越烈。尽管如此，一些儒学大家对此还是比较谨慎，如韩愈、苏轼等人仍然称其为"坑杀学士"、"屠术士"。

　　大多数人认为坑儒是存在的，这400多人中儒士占了大多数。而且从一些史料的记载来看，秦始皇的坑儒好像还不止一次。唐朝颜师古注《汉书·儒林传》和孔颖达《尚书正义》中引录东汉卫宏《诏定古文尚书序》说："秦始皇焚书以后，担心天下人不按照他颁布的法令去做，遂召诸生，凡是到咸阳的一律拜为郎，前后有700人。不久密令冬天在骊山坑谷比较温暖处种瓜。等到瓜结果成熟，他诏博士、诸生谈论这件事。冬天种瓜，儒生们实在搞不清楚，各人谈各人的观点，乱哄哄的。于是始皇让大家前去察看，预先派人在这个地方设置了一个机关。诸生贤儒来到后，大家仍是互相论难不止，始皇命人触发机关，从上面将土往下填，不一会儿众儒生全部被压在下面，没多少时间就没有声息了。"卫宏的记录，当然是得之于传闻，而且这件事情《史记》没有记载。与前面的"坑儒"不知是否为一件事，今天因没有佐证而无法知道。

骊山温谷从此又叫坑儒谷，汉代又把这里叫愍儒乡，有学者考证，该谷在今临潼县西十公里的洪庆堡，洪庆堡过去又叫灭文堡。又据刘修明先生实地考察认为，坑儒谷当在今距临潼西南五里处的一个狭长幽深的山谷里，其地"温泉水脉纵横，瓜果能不按季节而生"。山谷两边都是高坡峻岭，只要投下黄土石块，守住谷口，进的人，别说是数百人，即便是数千人也同样逃不出来。

也有人认为秦汉时期的儒生兼事方术，方士也可能兼事儒术。侯生、卢生为秦始皇寻仙药，显然他们是术士，但他攻击秦始皇的那段话，口气与儒生一模一样。从当时的实际情况来说，始皇迷信方术，单纯的儒术明摆着吃不开，所以儒生兼习方术或弃儒专事方术应是很有可能的。

"焚书坑儒"对社会发展是否有利，也是一个历史之谜。

有许多人认为焚书坑儒没有什么好的作用。郭沫若认为："书籍被烧残，其实还在其次，春秋末叶以来蓬蓬勃勃的自由思索的那种精神，事实上因此而遭受了一次致命的打击。"林剑鸣等秦汉史专家指出秦始皇下令焚书，使中国文化遭到巨大损失，先秦许多重要文献古籍被付之一炬。秦始皇为追求长生，大施淫威，肆意杀人，充分表现了他的愚蠢和残暴。有人进一步认为：焚书坑儒乃是秦王朝由盛及衰并迅速滑向灭亡的转折点。焚书坑儒的出发点是错误的，方法、手段既残暴又愚蠢，效果是加速秦王朝的灭亡，所以应该彻底否定焚书坑儒。

有人认为对焚书坑儒要进行具体分析，不能走向评价的极端。著名史学家翦伯赞指出，焚书坑儒对于古文献的保存和学术的传授，造成了较大的损失。但是在当时统一与分裂激烈斗争的年代里，秦始皇用这种手段打击复活的封建贵族政治的反动思想，又是具有积极意义的事。有学者认为，秦始皇实行焚书坑儒，在当时的历史条件下是有其进步作用的，但我们并不应该毫无批判地讴歌秦始皇的这种措施。采取把书烧掉这种简单粗暴的做法，毕竟对文化的发展十分不利。

也有部分人对焚书坑儒抱着肯定的观点。著名学者何兹全就认为秦始皇的焚书，不能单纯地从焚的观点上来看。秦始皇焚书是两种思想斗争的结果，是当时进步思想和反动思想斗争的结果，是进步派和反动派政治斗争的结果。焚书是禁止"是古非今"反动思想的手段。为了禁止反动思想而焚掉古代文献，手段是粗暴了些，但它却是有进步意义的。坑儒是焚书事件的延续，它的意义和焚书是一样的。学者指出：秦始皇的政治方向在那一历史阶段是对头的，只是在施行的方法上不够技巧。李斯的"焚书"建议并未完全化为始皇的制度，更未完全付诸实行。"焚书坑儒"之后，有秦一代包括儒术在内的文化学术的师授并未中断，《史记》的真实可信被逐步证实，也就从正面否定了"焚书坑儒"对于古文献的保存和文化学术的传授造成了极大损失的说法。至于"坑儒"事件，那是秦统治集团内部政治斗争的一个典型表现。

今天看来，秦始皇焚书坑儒，目的是想统一思想，压制那些反对中央集权制的思想和言论，但是他的做法太过分了，太残暴了。焚书毁灭了秦以前长期积累起来的文化财富，而坑儒杀害了许多精神财富的创造者。从此以后，秦朝宫廷里真正有学问的人大大减少，而那些专会阿谀奉承、欺上瞒下的奸贼如赵高之流，逐渐成了秦始皇身边的重要人物，秦朝确实是从此开始走下坡路。秦始皇是一个完成伟大统一事业的了不起的皇帝，同时也是一个对人民实行残暴统治的皇帝。

焚书和坑儒两件大事，尽管留下了不少谜团，但在中国历史上留下了两个再怎么也擦不掉的污点。

矛　秦代兵器。长15.4厘米，宽3.2厘米，现藏秦始皇陵兵马俑博物馆。

吕后残害戚夫人母子之谜

汉高祖刘邦的夫人吕后不仅野心勃勃、一心想做女皇帝，还干过不少令人痛恨的事情：在密室里诛杀开国功臣韩信，杀害刘邦的爱妃戚夫人，尤其是杀害戚夫人的手段可谓惨绝人寰。吕后是怎样残害戚夫人母子的？

吕后的本名叫吕雉，生于公元前241年，死于公元前180年。她的祖籍是单父县（今山东单县），后来因避仇一家迁居到江苏沛县。吕雉的父亲和沛县县令是好友，一次酒宴上遇见泗水亭长刘邦，立刻就被刘邦的面相震住了，暗想此人了不得，于是酒宴结束后拉着刘邦对他说：我有个女儿，我想把她嫁给你做"箕帚妾"，意即拿扫帚扫地的，刘邦遂娶吕雉为妻。

刘邦起兵与项羽争夺天下后，出征在外，吕雉则留在家乡，结果项羽将刘邦的父亲和吕雉俘虏，成了人质。汉高祖四年（前203），楚汉停战谈判，以鸿沟划界，刘邦的父亲和吕雉才被释放。第二年，刘邦战胜项羽，当上了大汉的皇帝，封吕雉为皇后，史称"吕后"。吕后虽出身贫寒，但为人有谋略，而且性情残忍。高祖十年，陈豨(xī)谋反，刘邦率兵亲往平定，吕雉与丞相萧何商议，将大汉的开国功臣韩信诱至长乐宫钟室，把韩信杀了，并夷三族。韩信曾与刘邦有约：见天不杀，见地不杀，见铁器不杀。吕后就将韩信用布兜起来，然后用竹签刺死，杀他个不见天，不见地，不见铁器，可见其手段之狠毒。

吕雉与刘邦育有一男一女，儿子名刘盈，后来被立为太子，女儿嫁给宣平侯张敖为妻。

戚夫人是刘邦的宠妃，今山东定陶人，生年不详，死于公元前194年。她能歌善舞，从后世出土的汉画石像中还可以见到她"翘袖折腰"的优美舞姿。

史籍中记载，戚夫人经常鼓瑟操琴，陪侍在刘邦身边，刘邦则与戚夫人随声唱和，高兴时拥着戚夫人开怀大笑，忧伤时则两人相对唏嘘。

戚夫人和刘邦是在战争中相识并结合的，也算是患难夫妻了。据资料记载，公元前205年楚汉争霸正酣的时候，项羽率领精锐骑兵三万人马突袭彭城（今江苏徐州），大败刘邦。刘邦保得性命一条，落荒而逃。逃至定陶，见路边有一口枯井，便跳入井中藏身。恰好附近住着戚氏父女二人，等项羽的追兵过去后，将刘邦从枯井里救出，并带回家歇息。在攀谈中，戚老汉得知来人便是汉王刘邦，慌忙诚惶诚恐地下拜，刘邦扶起老人，问他家世。老汉道："老朽姓戚，世居戚庄。因为连年战乱，妻子流离，俱已不在人世，现家中只有我和小女相依为命。"说话间，刘邦感觉饥肠辘辘，便向老汉求食，老汉连忙起身入内，叫女儿备酒备饭。不一会儿，一位姑娘端着酒饭款步来到跟前。刘邦一看，虽然衣单衫陋，长得倒是眉清目秀，体态轻盈，浑身上下有着一股子灵气，不知比自己的老婆要好多少倍。戚老汉命女儿放下酒饭向汉王行礼，刘邦也起身还礼。姑娘行毕礼，又转身返入内屋。

这边刘邦与戚老汉连连举杯，边吃边聊。几杯酒下肚，刘邦渐渐放松起来，话题竟扯到戚女的婚事上来。戚老汉看出汉王对自己的女儿有意，不禁喜出望外，连忙说："小女今年十八岁，尚未订婚，大王如不嫌弃，就让小女伺候大王吧。"刘邦说："我逃难至此，得蒙留宿，已是感激不尽，怎好再委屈令爱做我的姬妾呢？"戚老汉说："只怕小女配不上大王，大王何必过谦？""既承老丈美意，我领情便是了。"刘邦说罢，当即解下玉带，算是给戚家姑娘的聘礼，当夜便与她成了婚。一夜夫妻戚姬就怀了身孕，后来产下一子，就是赵王如意。

次日吃过早饭，刘邦便辞行要走，戚老汉父女俩苦劝汉王多住几日。刘邦说："我军溃败，将士们不知所在，我怎能在此久留。请让我回去收集散卒，待有了大城可住，定来迎接老丈父女，决不失言！"戚老汉不好强留，只得送别汉王，而戚姬却格外伤感，刚做了一夜夫妻，便要天各一方，怎能不愁肠百转，依依惜别呢？刘邦此时也是英雄气短，儿女情长，握着戚姬的双手，恋恋不舍。

刘邦当了皇帝后，封吕雉为皇后，戚姬为贵妃。由于刘邦宠爱戚夫人，召来吕后妒忌，处处刁难戚夫人，但因有刘邦百般呵护，才免受其害，而吕后则看在眼里，恨在心里，怒火中烧。本来，吕后生的儿子刘盈被立为太子，但是刘盈天资平常，生性软弱，加上如意的母亲戚夫人能歌善舞，年轻貌美，很得刘邦恩宠。子以母贵，于是渐渐地刘邦看刘盈是越看越觉得不满意，而看如意则是越看越喜欢。他曾不止一次对戚夫人说："这个孩子像我，甚合我心意。"萌生了废黜刘盈，改立如意为太子的想法。谁知从此便埋下了祸根。

吕后毕竟很有心计，她找刘邦的谋士张良，请张良帮忙，张良被逼得没有办法，便向吕后面授一条计策。他说刘邦生平最敬重四个人：一个叫东园公，一个叫绮里季，一个叫夏黄公，还有一个甪里先生，合称"商山四皓"。刘邦自坐江山以后，便想把这四人找来为他治理国家，但他们怕刘邦不尊重读书人，不愿意为刘邦出谋划策，隐居在山里。只要派人将这四人找来，时时地伴随在太子左右，刘邦就不会打废立太子的主意了。吕后听从了张良的计策，依计行事。

不久，刘邦在宫里摆宴邀群臣聚会，只见太子刘盈身后站着四位长者，发须皆白，气宇不凡。刘邦问，这四人是谁？四人分别报上自己的名字，刘邦一听非常惊讶，问他们："朕曾经请你们出山，你们不肯，现在怎么肯帮助太子了？"四位贤老回答："太子仁厚，礼贤下士，我等甘愿为他效命。"刘邦闻听此话，半晌没说话，最后才说了一句："请你们好好地护佑太子吧。"随后召来戚夫人，指着四位贤老的背影，无奈地告诉她："我本欲改立太子，无奈他已得四皓辅佐，羽翼已丰，势难更动了。"从此以后，刘邦就再也未提换太子的事情。

因为改立太子风波，吕后对戚夫人及如意嫉恨在心。刘邦一死，刘盈即皇帝位，但因年幼，便由吕后掌握大权。她首先把戚夫人罚为奴隶，命人将戚夫人的头发全部剃光，穿上粗布烂袄，天天舂米做苦力。戚夫人歌道："子为王，母为奴，终日舂薄暮，常与死为伍。相隔三千里，当谁使告汝……"吕后又派人把如意从封地召到长安，伺机下手。刘盈知道吕后想害同父异母的弟弟，就亲自到灞上将如意接到宫里，吃饭睡觉都寸步不离，使吕后无从下手。一天清晨，刘盈起床外出练习射箭，他本想叫如意一起去，但如意年轻贪睡，刘盈不忍心叫醒他，就独自去了。谁料刚一离开，吕后马上派人拿鸩酒强行给如意灌下。刘盈回到宫里，如意已七窍流血死在床上。刘盈抱着弟弟的尸体大哭了一场。

戚夫人闻听如意被害，万念俱灰。吕后仍不罢休，她又给戚夫人灌下哑药，熏聋耳朵，挖去眼珠，割去舌头，断其手足，然后扔到后宫花园的茅坑里，叫她"人彘（zhì，意为猪）"。这简直是天底下最为残酷狠毒的杀人方法，还拉着刘盈前去欣赏。当刘盈知道茅厕中那血肉模糊的怪物就是戚夫人时，吓得脸色大变，失声哭叫："这不是人做出来的事！我为太后之子，没脸再掌管天下了！"从此刘盈不理朝政，并吓得害了一场大病，很快死去，吕后就名正言顺地开始处理朝政。

戚夫人眼睛既看不见，耳朵也听不见，欲骂骂不出，欲动动弹不得，在茅坑里爬了三天，悲惨地死去。

吕后独揽朝廷大权后，公然违反刘邦临死前定的"白马之盟"，将吕姓亲属大肆封王封侯，同时更加专权和残暴，引起众大臣的不满和愤怒。公元前180年，吕后病死，周勃、王陵等汉室元勋抓住机会，一举诛灭了吕氏集团，拥立刘恒为帝，即汉文帝，恢复了刘氏政权。公元前179年，即文帝登基后的第一年，便在戚夫人的故乡定陶建祠祭奠。祠院内古树参天，每到夜晚，乌鸦归巢，绕祠飞鸣，好像在悼哀戚夫人的惨死，当地人有"戚堌晚鸦"之说。

汉武帝杀太子之谜

汉武帝晚年，体弱多病，遂开始宠信方士，信奉巫术。年纪一大，便刚愎自用起来，暴戾恣睢。他指使酷吏清查"巫蛊"，严刑逼供，形成空前的大狱，有数万人受冤致死，最后导致太子被杀。

汉武帝征和二年（前91），66岁的汉武帝已到了风烛残年的时候，长年体弱多病，这位在中国历史上素以雄才大略著称的皇帝进入了生命的晚期。他和其他的君王一样，在享受到至高无上的权力和后宫粉黛如云的美色之后，就想着如何才能长生不老，永远能享受到天下的荣华富贵。疾病在向他逼近，他躺在未央宫中，开始担心自己是否会因病而死，并且怀疑自己的疾病是否是有人在诅咒他而引起的。武帝信任酷吏江充，任命为直指绣衣使者。江充见武帝年老多病且多疑，遂妄称武帝病在巫蛊。

当时，京师聚集着许多方士、巫师，大行巫蛊之术。汉武帝时代通行的"巫蛊"形式，大致是用桐木削制成仇人的形象，有的插刺铁针，埋入地下，用恶语诅咒，以为能够使对方罹祸。当时的人普遍相信，如果想让某人患病甚至去世，可以用木头刻画成此人的样子，然后在他身上扎上针，埋在地下，再施以恶毒的诅咒，事情就会变得很灵验。"巫蛊"曾经是妇女相互仇视时发泄私愤的通常方式之一，宫廷妇女和贵族妇女常因嫉妒而使用"巫蛊"之术，使得这种迷信意识严重侵入上层社会生活。因此，在皇宫表面的富丽堂皇与警卫森严的背后，很多颇有名声的女巫们出入其中，为后妃们度厄，为怨妇们诅咒。这些后妃们为了争宠，常常互相攻讦，而最有杀伤力的攻讦就是让武帝相信，某人的宫中埋有木偶，木偶的神主就是武帝。

这种情况一直持续了有两年左右的时间，想永存于世却又疾病缠身的汉武帝一直被这种木偶与诅咒所纠缠得不能自拔，后妃们的谎言与揭发，星象所显示的灾难变异，一日数报的边疆急变，这一切都使得汉武帝越来越相信，自己的病和帝国的病，真的是由于木偶的原因。为此，汉武帝命令江充到处掘地寻找木偶，一旦发现，便大开杀戒。这一时期，由于木偶而被处死的人竟达数以万计。

尤其让国人和武帝感到震惊的是，江充报告说他在太子的东宫中找到了许多木偶，言下之意，乃是指太子希望用诅咒的方法使父亲早早死去，

汉武帝刘彻

以便提早接班。之前，江充与太子已经结怨。江充凭着武帝对他的信任，见太子家车马在驰道上行走，就没收车马，并劾奏于武帝。太子请江充宽恕，江充不听，两人遂交恶不和。江充害怕武帝去世后太子将来会迫害自己，遂一直想找到报复的机会，现在机会终于来了。

戾太子刘据，是汉武帝的儿子，卫皇后所生，所以也称为卫太子。后代称他为戾太子，那是刘据死后的谥号。汉武帝29岁时，刘据才出生，汉武帝非常喜爱他。刘据长大以后，性格和顺谨慎，汉武帝嫌他才能一般，不像自己，遂渐渐转向宠爱王夫人所生子刘闳、李姬所生子刘旦、刘胥，李夫人所生子刘髆。于是皇后和太子都感到宠爱递减，心不自安。汉武帝自己也感觉到这一点，有一次他对大将军卫青说："汉家建国匆促，加上四夷侵扰中原，朕不变更制度，则后世无所遵循；不出军征发，则天下不能安定，如此不可能不使民众加重负担。如果后世有人仍然继续沿袭这样的政策，那么，就是在重蹈秦王朝灭亡的覆辙了。太子性格稳重好静，一定能够安定天下，是我放心的继承人。要寻找守成的君主，难道还有贤于太子的吗？"虽然有了承诺，但不受宠爱是不争的事实。太子的地位原本就岌岌可危，江充的指控和准备向武帝汇报的威胁使太子更加的胆战心惊，这位已当了30多年的太子，并一直生活在全能的父亲阴影里的年轻人只得找他的师傅石德商议对策。

石德说："前丞相父子、两位公主都因此致祸。现在巫与使者掘地得到罪证，不知是他们预先放置的，还是真的就有。现在无以自明，只有假冒皇帝的诏令，收捕江充等入狱，严加审问，追查其奸诈。而且陛下现在甘泉宫养病，皇后及家吏请问都没有得到回音。陛下生死存亡未可知，而奸臣如此跋扈，太子难道忘记了扶苏的教训了吗？"

石德用秦太子扶苏的悲剧警告刘据，刘据于是下决心起兵自卫。征和二年七月壬午日，武帝患病，在甘泉宫避暑，刘据派宾客以汉武帝使者名义逮捕江充等人，又调用宫中卫士，取武库兵器，向百官宣布江充谋反。于是斩江充示众，又用烈火烧烤的方式处死与江充联手的胡巫。同时动员数万市人与政府军战于长安城中，汉代最严重的政治动乱于是爆发，一起并不太大的事情终于酿成太子造反的后果。

当时在甘泉宫休养的汉武帝命令严厉镇压太子军，宣布抓获和杀死反叛者，自有赏赐。又具体指示：以牛车作为防卫工事，避免短兵相接，用弓箭尽可能多地杀伤士众。并且坚闭城门，不要让反叛者逃离长安。汉武帝迅速回到长安，居住在城西建章宫，下令长安附近郡县的正规军进发长安，并且亲自进行现场指挥。太子军与政府军在长安城中大战五天，死者多达数万人。5日后，太子兵败逃走。是年八月，太子在长安城郊自杀，同时遇难的还有太子的两个儿子，即武帝两个未成年的亲孙子。

事变之后，"巫蛊"冤案的内情逐渐显现于世。汉武帝知道太子发兵只是由于惶恐，并没有其他意图，又接受了一些臣下的劝谏，内心有所悔悟。他下令族灭江充全家，又将江充的同党苏文焚死在横桥上。他哀怜太子无辜，在刘据去世的地方筑作思子宫与归来望思之台，以示怀念之意。天下百姓听说后，都为太子刘据哀伤。思子宫和归来望思之台，后来也成为诗人吟咏的对象。

事情弄到这种地步，武帝也觉得凄凉，想起太子和两个皇孙竟然活生生地寻了死路，心中越发伤感，脾气也变得更加暴躁。到了晚年，行事十分糊涂，不近情理。有人认为武帝的举动不可思议的症结在于他宠信方士，信奉巫术，又兼刚愎自用，暴戾恣睢。如果究其根本原因，汉武帝晚年的糊涂暴戾的性格，主要是因长生无术引起的心烦意乱所致。

另外一种意见认为，汉武帝晚年，临近政权交替，国家政治进入了微妙时期。政治权力的转移，对于最高执政者本人来说显得非常重大。即使是对他自己选定的继承人，也是带有极为苛刻挑剔的目光。在父子对政事看法有所不同的情况下，心理裂痕会越来越明显。在这种极特殊的政治背景下，具有极敏感的政治嗅觉，又有投机之心，受到汉武帝特殊信任并被赋予重要权力的江充，利用汉武帝父子政治倾向不同的矛盾，制造了太子宫中的"巫蛊"冤案。

汉成帝皇后赵飞燕之谜

赵飞燕原名宜生，出生在江南姑苏，是汉代著名的舞蹈家。因其身材最为苗条，姿容最为秀丽，舞姿轻盈如燕飞凤舞，故人们称其为"飞燕"。久而久之，人们渐渐忘记了她的本名，而把她叫作赵飞燕。

唐代诗人李白歌颂杨贵妃的艳美时，曾有句云："借问汉宫谁得似，可怜飞燕倚新妆。"看来赵飞燕的美是历代公认的。唐末诗人徐凝有《汉宫曲》说："水色帘前流玉霜，赵家飞燕侍昭阳。掌中舞罢帘声绝，三十六宫秋夜长。"对于赵飞燕精美绝伦的舞蹈技艺，人们一直在广为传诵。

赵飞燕母亲是江都王的女儿，嫁给中尉赵曼，暗中与舍人冯万金私通。冯万金是一个对音乐颇有造诣的音乐家，他编制的乐曲十分优美动听，自称是"凡靡之乐"，有它的独到之处。赵飞燕和她妹妹合德是一对双胞胎，姊妹都姿色超人。传说赵合德风姿迥异，生得体态丰腴，玉肌滑肤，美艳妩媚与赵飞燕不相上下。人们还传说她家有"彭祖分脉"之书，"善行气术"，穿着单薄的衣服，在风雪严寒的夜晚，露天站着，闭上眼睛"顺气"，不但毫无冷缩之态，还全身热乎乎的。

赵飞燕姊妹从小就接受音乐熏陶，与歌舞容易结缘。不幸的是父母亲早亡，她便同妹妹一同流落长安，沦为官婢，后被送入阳阿公主府，开始学习歌舞。她天赋极高，学得一手好琴艺，舞姿更是出众，一时名满长安。

赵飞燕

汉成帝刘骜喜欢游乐，经常与富平侯张放出外寻欢作乐。成帝与张放年纪相若，情趣相投，原本就是极为要好的朋友。虽然在公开场合要顾到君臣之礼，然而在寻欢作乐时，却放浪形骸，彼此了无拘泥。张放时常应召陪汉成帝在宫中宴乐，自然也不时怂恿汉成帝微服出游，以领略宫廷之外的长安风月。汉成帝有一次微服出行，来到阳阿公主家。公主召歌伎为成帝助兴。赵飞燕勾人魂魄的眼神、清丽动人的歌喉、婀娜曼妙的舞姿，一下子就倾倒了成帝。汉成帝将她带回宫后，大为欢喜，极为宠爱。

赵飞燕能歌善舞，通音律，晓诗书，妖娆媚艳，是一个天生的人间尤物，进宫没多久就封为婕妤。其时后宫议论纷纷，都认为她只不过是个惯于蛊惑的货色，难登大雅之堂。而赵飞燕一味地谨言慎行，对皇后很恭谨地执婢子礼，从而消除了皇后的戒心，待之如姐妹。她又刻意低声下气地与宫中粉黛结好，也逐渐松弛了后宫佳丽对她的敌意。为了打破形单势孤的局面，她有计划地在枕边进言，终于在进宫半年之后，妹妹赵合德也被引进宫来，受到汉成帝的宠幸。赵合德入宫数日，也被封为婕妤，两姐妹轮流承欢侍宴。不但后宫莺莺燕燕被抛诸九霄云外，就连原先宠爱有加的许皇后与班婕妤，也被冷落一旁。成帝后又废了许皇后，立飞燕为后，赵合德亦被立为昭仪，两姐妹专宠后宫，显赫一时。

赵氏姐妹虽得专宠，但从未怀孕，她们害怕别的嫔妃怀孕生子，威胁后位，就疯狂地摧残宫人。"生下者辄杀，堕胎无数"。当时，民间就流传着"燕飞来，啄皇孙"的童谣。一位姓曹的宫女生一男孩，竟被逼死，皇子也被扔出门外。许美人生一子，赵合德哭闹不已，逼迫成帝赐死母子。色迷心窍的汉成帝，年已不惑，膝下尤虚。为讨好赵氏姐妹，竟两次杀子，置江山社稷于不顾。

绥和二年（前7）汉成帝死，哀帝刘欣立为皇帝，哀帝的即位是得到赵飞燕支持的，故封为皇太后。哀帝没过几年就死了，汉平帝刘衍即帝位后，就有朝中大臣指责赵飞燕"失妇道，淫乱宫闱，不生育，断了皇室的后代"，故贬皇太后为孝成皇后，迁居到北宫，过了一个多月，又废之为庶人，被迫自杀身死。

当时民间曾流传有这样一首童谣："燕燕尾涎涎，张公子，时相见。木门仓琅琅，燕飞来，啄皇孙，皇孙死，燕啄矢。"说的就是赵飞燕，"燕燕尾涎涎"说的是赵飞燕的美貌，"木门仓琅琅"说的是她将当皇后。

关于赵飞燕的舞蹈艺术，《赵飞燕别传》中有这样的描述："赵后腰骨尤纤细，善踽步行，若人手执花枝颤颤然，他人莫可学也。""踽步"是赵飞燕独创的技巧，据说人走起来好似手执花枝，轻微地颤动。可见其舞蹈功底深厚，并能控制呼吸。赵飞燕为了讨汉成帝的欢心，她把单人舞逐渐发展为群体舞，各种舞姿的变化时有新招。由于赵飞燕"善行气术"，传说她"身轻若燕，能作掌上舞"，可见其轻功极好，且可能她已能在空中做高难度的技巧，轻盈飘逸，挥洒自如。传说汉成帝曾为她举行舞技表演，设在后宫太液池中瀛洲高榭上。成帝以玉环击节拍，冯无方吹笙伴奏。赵飞燕跳起《归风送远曲》。一阵风起，赵飞燕险些跌入池中，多亏冯无方抓住她薄如蝉翼的云水裙，才有惊无险。汉成帝又命宫女手托水晶盘，令飞燕在盘上歌舞助兴，赵飞燕的绝妙舞技，前无古人后无来者，给汉成帝带来全新的视觉享受，成帝对她十分迷恋。

明朝艳艳生的小说《昭阳趣事》有幅木刻《赵飞燕掌上舞图》，是赵飞燕站在一个太监的手上，挥袖回首而舞的姿态。当然，汉、明两代相去一千多年，这也只是古人所作的臆想而已，带有夸张的性质，却也来源于生活的真实。明代著名画家仇十洲作《百美图》，画历代美女100个，其中就有赵飞燕舞姿图。画面上的赵飞燕盛装披巾，在一小方毯上起舞，她平展双臂，翻飞长袖，右腿微屈而立，左腿屈膝轻提，头部微倾，表情温婉。这是明代画家想象中赵飞燕的一个舞蹈场面。所有这些，都反映了赵飞燕在古代舞蹈上的惊人成就。

赵飞燕不仅是位舞蹈艺术家，也是位出色的琴家，她有一张琴名为"凤凰宝琴"。当时长安有一位少年音乐家名叫张安世，自幼习琴，15岁时便名满天下，后入宫为汉成帝和赵飞燕演奏了一曲《双凤离鸾曲》，其出色的技艺和优美的音乐令皇帝夫妇如痴如醉，赵飞燕尤为激动，令人取来她的琴奏了一曲《归风送远》，飘逸逍遥，令张安世惊叹不已。赵飞燕爱惜张安世之才，特求成帝允其随便出入皇宫，并给他一个侍郎的官职，还送给他许多礼物，其中包括两张名贵的琴，一曰"秋语疏雨"，一曰"白鹤"。

除舞蹈外，人们对赵飞燕姐妹俩颇有微词的是在房事上的特别之处。据传赵飞燕家有"彭祖分脉"之书，因而她会配制一种助阳兴的春药。她将这种秘制的春药丸供汉成帝吞服，结果汉成帝的死就与这件事有关。也有人传说赵氏姐妹把一种叫作香肌丸的药丸塞入肚脐。这种药丸确实功效显著，用后肤如凝脂，肌香甜蜜，青春不老。撩人的香气更令汉成帝不能自持，不施云雨绝不罢手。成帝精力耗尽，就服补药满足淫乐。为取悦成帝，方士们争献丹药。汉成帝起初服食一粒丹药，即可精神亢奋临幸美人，好似恢复了青春活力。汉成帝长期服用，不断增加剂量，后来竟连服十丸丹药淫乐，结果泄阳为血而亡，最后死在赵合德的床上。

一些人不同意这种说法，认为这是后人演绎上去的。赵飞燕的确有淫乱宫闱的事实，但不是指她有造春药这样的事情。

有人说，赵合德体态丰腴，汉成帝对赵合德特别感兴趣，冷落了赵飞燕，宫槐秋落，孤雁哀鸣，青灯映壁，衾寒枕冷。于是诱使心腹太监把一些年轻力壮的美男子，暗地里引进宫来。初时还躲躲闪闪，一方面为了享受青春，另一方面也期望借以生育一男半女，日后承继皇家香火，好永葆富贵尊荣。日子久了，她就变本加厉，肆无忌惮，明目张胆地与一些男宠在宫内饮酒作乐，甚至白昼宣淫。汉成帝发现后，派人夜搜东宫，捉住了几名美俊壮硕的男子斩首了事。但不久赵飞燕便又找来一批，白昼掩窗行事，淫声浪语溢于户外，宫廷之中，尽人皆知。朝堂上下，也窃窃私议。光禄大夫刘向看到赵皇后如此秽乱，实在忍无可忍，但又不便明白指出，只好费了许多功夫，引经据典，搜罗昔时贤后贞妇兴国保家之事，写成了一册《列女传》，呈献汉成帝作为讽劝，盼望朝廷有所警悟。

还有人说赵飞燕的淫秽主要与当时生不出子嗣有关，所以与侍郎、宫奴中生子多者私通。其妹赵合德知道成帝一旦知道就会发怒，所以就对成帝说："我姐姐性格刚烈，如果被人陷害，则赵氏无种矣。"汉成帝对这句话深信不疑，后来有人告发赵飞燕与人通奸，都被成帝处死。

一个绝顶美貌的皇后，因为私生活的不检点，使得后人有这么多演绎，这在中国历史上是一种通病。因此关于赵飞燕的传说，必定是真真假假纠合在一起，后人是很难分辨清楚的。

晋惠帝痴呆之谜

晋武帝死，惠帝司马衷继位，惠帝生性痴呆，是个白痴皇帝。当他听到人家说百姓没有饭吃，饿死了许多人，觉得很奇怪，便说："这些人为何不吃肉糜？"真是绝无仅有的大笑话。惠帝身后还有一个性情凶狠的贾后，她心病重重，结果把西晋王朝搞得七零八落。

西晋武帝病死，晋惠帝司马衷继位。老皇帝年老病死，新皇帝接班登位，这本是很正常的事情。不过晋武帝死后，即将继位的晋惠帝司马衷是个生性痴呆的白痴皇帝，这着实给中国历史幽默了一把。一个千古流传的大笑话就是由他而来：当时各地闹饥荒，地方官上报给朝廷说，灾区老百姓没有饭吃，饿死了许多人，他觉得很奇怪，忽然灵机一动说："这些人为何不吃肉糜？"大家听了面面相觑，不知说什么好。他在华林园听到蛙声，问左右蛙叫是为了公家还是为了私人？有人为了讨好他而故意回答说，在官府土地上叫的蛙是为公，在私家土地上叫的是为私。

虽然中国封建社会皇帝是世袭制，但在漫长的封建社会中，一个白痴被立为皇太子，且最后继承皇位者，还是比较少见的，晋惠帝可以说是其中的一个特例，何况他并不是晋武帝的独苗。皇帝一般都有一群儿子，武帝也不例外，共有二十六个。后来"八王之乱"中的八个藩王，就有三个是他的儿子，即楚王司马玮、长沙王司马乂和成都王司马颖。还有一个小儿子（第二十五子）司马炽，继惠帝之后，也做过皇帝（怀帝）。他们都不痴不呆，如能继位为君，总要比惠帝好得多。

但当初武帝为什么还要立他做皇太子？惠帝是武帝头一个夫人杨皇后的亲生子。这位杨皇后生有三个儿子，长子幼时夭折，惠帝是次子，还有一个是秦王司马柬。这时，依次序立太子，当然应该立司马衷。但武帝对于这个儿子的智力水平，似乎既有点了解又不大了解，因而对他进行过一次考核，让他对一些政事拟出批文。他的老婆贾妃让人代起草文稿，此人就引经据典写了一大篇。旁边有个精明的家伙说："这样不行，陛下一眼就看穿了，只能就事论事，不可以引用他书。"贾妃就改命此人起草，他果然写得浅显明白。太子也就照抄不误，交给武帝。武帝看了，心中大喜，觉得这个儿子事理还算明白。

武帝立惠帝为皇太子，还有一个原因。原来在太子要纳妃之前，武帝怕太子年幼不懂男女之事，特地派了一名叫谢玖的才人去东宫侍寝，加以诱导。结果谢才人怀孕生子，这就是司马遹。这个孩子从小就玲珑乖巧，在他五岁时，一次宫中失火，武帝登楼观察火势，这孩子恰好在武帝身旁，他拉着祖父的衣襟，要武帝退到火光照不到的地方，说："深夜发生意外事件，应该提高警惕，你是一国之君，应该格外防备意外的事情发生，不可让火光照见皇上。"晋武帝见此孙儿有这等见识，实在是高兴极了。他认为儿子虽然愚笨，但孙子机智、聪明，以后孙子继位，完全可以成为一代明君。考虑到这些，晋武帝决定立晋惠帝为皇太子。

太子无能，妻子贾南风却是个心狠手辣的人。贾妃性情凶悍，生得又矮又黑又丑，做太子妃时，就曾在宫中杀人。有一次，她发觉一个宫女有了身孕，就勃然大怒，拿起一支手戟掷去，致使宫女受伤流产。武帝知道了，大为光火，决定把她废黜。这时，贾妃之父宰相贾充早已死了，但杨、贾二氏的党羽仍在，许多人都帮她说话，晋武帝的耳根实在很软，听了他们的话，也就把此事略过不提了。

太熙元年（290）四月，晋武帝去世，太子即位，改太熙元年为永熙元年。武帝临终前，本来想使汝南王司马亮与杨骏一同辅政，但昏迷之中，诏书被杨皇后做了手脚，变成了命杨骏独自辅政。新皇帝当年改元的做法是不合礼制的，当时杨骏独揽大权，可能就是他的主意。

杨骏是个蠢人，他要专权，又怕人害他。他最怕的是大司马汝南王司马亮（司马懿之子）。汝南王亮怕杨骏害他，在城外安营，要求过了武帝丧事，再到许昌接手早已任命的督豫州诸军事的职务。有人却去报告杨骏，说汝南王要动武讨伐杨骏。杨骏害怕，就告诉惠帝母亲杨太后，要惠帝写一道诏书，命司空石鉴率领守卫武帝陵地的军队讨伐汝南王。这次，若非石鉴稳重，未曾轻易听命，可能就会闹出大乱子。但汝南王亮事先得到了这个消息，他和廷尉何勖商议，何勖说："如今朝野都归心于公，哪有公不去讨伐他人，而怕人家讨伐的道理！"他劝汝南王亮主动夺权。可汝南王亮生性胆小，不仅不敢发动，还连夜赶赴许昌，事情就暂时告一段落了。

在此之前，杨骏之弟杨济不以兄长的意旨为然，劝他挽留汝南王亮，但杨骏不听。晋朝宗室强盛，外戚若能与宗室合作，天下就可能安宁。但杨骏刚愎自用，一意孤行，杨济就估计到今后杨家的门户是难以保全了。

杨、贾两家也有矛盾。杨芷（武帝第二个杨后，杨皇后的妹妹）和贾南风在宫中已相处了十多年。杨芷每见贾南风有些过失，为爱护起见，常加劝告。贾南风不知她的好意，还怀疑她会在武帝面前说自己的坏话，反而怀恨在心。杨骏则深知这个做了皇后的女人阴险毒辣，每次拟定了诏书命令，给惠帝看过后，就送到里面再给杨太后过目，然后再施行，中间不让贾后有插手机会。贾后对此当然不满，更加嫉恨杨家。

贾后还有一块心病，那就是她自己没有儿子。谢才人生的那个灵巧儿子司马遹已经十三岁了，被立为皇太子，贾后恨之入骨，更不会同意把他的生母升做淑媛，而她目前能够做到的，就是尽量不让他们母子见面，以待将来再采取进一步的举动。此后，她不断唆使太子走邪路，让太监们在太子面前献媚奉谀，使他整日沉溺于宴游玩乐。一次，贾后谎称皇上龙体欠和，召太子入朝。太子到来后，贾后令宫中让太子在别室等候。不一会儿宫女端着酒出来，一诱导太子就喝得酩酊大醉。贾后已事先叫人起草一封用太子口气写的信，内容是逼晋惠帝退位。当太子醉得昏沉沉脑子不清醒时，贾后骗太子重抄了一遍，上面写道："陛下该自行结束了，不然我会入宫来结果你。皇后也该快自裁，不然我也会来结果你。"

信到了惠帝手中，惠帝虽说是痴呆，但这样的文字还是看得懂的，看完后大为震怒，要治太子死罪。大臣们为太子申辩，认为应该检查传信人，并请求核对笔迹，恐其中有假。贾后拿出太子亲笔写的文件十余张，众臣一比较，无人敢说不是太子所写，但心里疑问不断。贾后恐事有变，先上表让惠帝废太子为庶人，得到了惠帝的批准。太子听说使臣到达，就更衣出领诏书。听完诏书，如五雷轰顶，有口难辩，与妃子王氏及三个儿子，被押到金墉城被囚禁起来。太子的母亲谢才人及宠妃蒋美人被处死。

元康元年（291），贾后知道杨骏对宿卫将领孟观、李肇一向礼数不周，二人心怀怨恨，她便使宦官董猛与二将密商，准备发动政变。同时让李肇联络汝南王亮，要他起兵反杨骏。汝南王不肯，李肇就转而联络都督荆州诸军事的楚王玮。楚王玮是惠帝的兄弟，年方二十，是个好勇斗狠、喜欢揽权的少年王子。他爽快地答应了，立即向朝廷要求入朝。杨骏了解他的性格，本来对他就不大放心，见他要求入朝，立即同意。他以为楚王玮到了京师，便于控制，却没有想到他是来造自己的反的。

元康元午二月，楚王玮到达洛阳。三月初八晚上，孟观、李肇向惠帝诬告杨骏谋反，贾后立即写好诏书，以此罢免了杨骏官职，同时宣布戒严，命东安公司马繇（司马懿之孙）领殿中兵四百人"讨伐"杨骏，楚王玮领兵守卫司马门（皇宫的外门）。杨骏的外甥段广官居散骑常侍，就在惠帝身旁，他跪下求道："杨骏没有儿子，岂有谋反之理，请陛下明察！"惠帝听后，呆若木鸡地一言不发。他扮演的是一个傀儡的角色，本来就做不了

主。可怜杨骏也是内心虚弱，没有应付非常事件的魄力。众官听了，知道无法挽救，纷纷散走，把杨骏丢在府里等死。杨太后得讯，写帛书射向宫外，号召："救杨太傅者有赏！"贾后借此声称太后参与谋反，命东安公繇立即领兵出发。他到了杨府，不知虚实，就先放起火来，又命弓箭手从高处向府里乱箭射去。杨骏的卫兵被堵在里面，只能躲起来避箭，不敢抵抗。杨骏逃到马厩里，结果被兵士搜出，乱刀砍杀。孟观等也捉拿了杨珧、杨济以及段广、刘豫等人，全族夷灭，一共杀了好几千人。

第二天，贾后矫诏，命太后移宫，太后母（杨骏妻）庞氏免死，并与太后同居。她一步紧一步，唆使臣下上奏，先是准请废太后为庶人；再准奏庞氏不得免死。可怜这个杨太后，当时抱住母亲，哭哭啼啼地向贾后称妾，哀求免其母一死。可这一切又有什么用呢！庞氏终于死在贾后的刀下。次年二月，杨太后也被活活地饿死在金墉城的冷宫里面。

这次政变，可以说是"八王之乱"的序幕。杨氏集团被消灭后，汝南王亮入朝辅政。楚王司马玮因协助贾后政变有功，也以卫将军领北军中侯，在中央握有兵权。亮、玮之间因而发生矛盾。贾后认为亮、玮二人都妨碍了自己专权，便又施展手段，在这一年内，先下诏叫楚王玮杀死汝南王亮，然后又以"矫诏"（伪造诏书）的罪名，杀掉楚王玮。

贾后杀掉亮、玮二王后，大树自己党羽，专断朝政达八九年之久。299年，贾后与太子司马遹的矛盾又爆发了。太子是惠帝长子，不是贾后所生，随着年龄增长，对贾后的专横跋扈渐露不满之意，引起了贾后的忌恨。这一年，贾后废掉太子。太子无罪被废，引起一部分拥护太子的朝臣不满。300年，他们与当时握有军权的赵王司马伦密谋废贾后，复太子。赵王伦当即答应参与行动。但是，他平素与贾后亲密，害怕太子复立会对自己不利。于是，一面行使"反间计"，挑动贾后用毒药害死太子；一面又借口为太子报仇，领兵入宫，废掉贾后。贾氏党羽也被一网打尽。

赵王伦利用贾后和太子的矛盾，一箭双雕将贾后和太子尽皆除掉，夺得政权。第二年，索性废掉傀儡惠帝，自己做起皇帝来。

赵王伦自己称帝，马上激起其他宗室诸王的反对。齐王司马冏联合成都王司马颖、河间王司马颙等起兵讨伐赵王伦，赵王伦也调兵遣将迎战。双方的军队在洛阳附近酣战了两个多月，死亡近十万人。结果，赵王伦兵败被杀。齐王司马冏辅政。不久，河间王司马颙联合在洛阳的长沙王司马乂，又对司马冏发动进攻。

303年，司马颙又联合成都王司马颖，杀掉司马乂，打败司马越，控制惠帝，掌握了中央权力。305年，东海王司马越再次起兵攻打司马颙。司马颙联合司马颖率军反击，结果战败逃走。次年，司马越的军队攻入长安，把惠帝又劫回洛阳。这年，司马颖、司马颙先后被司马越的势力杀死，惠帝也被司马越毒死。司马越另立惠帝的弟弟司马炽为帝，是为晋怀帝。

一个白痴皇帝加上一个凶悍的皇后，就此把西晋王朝领进了一条死胡同。

隋炀帝弑父之谜

仁寿四年，隋文帝驾崩，太子杨广继位登上了皇帝的宝座，即隋炀帝。隋炀帝不光因为荒淫无道、奢侈残虐而遗臭万年，并且他的登基也极不光彩：没等病重的文帝咽气，一心想当皇帝的他就迫不及待地下了毒手，杀死了自己的父亲。

581年，杨坚废北周静帝自立，改年号为"开皇"，建立隋朝，随后消灭各地的割据政权，结束了魏晋以来三百多年的分裂局面，励精图治，使政治、军事、经济、文化各方面都取得了很大的发展。因此，有人将他与灭六国统一中国的秦始皇相提并论，并将他在位时的繁荣盛世誉为"开皇之治"。

隋文帝仁寿四年（604）七月，文帝驾崩。关于文帝之死，史书给后人留下了一个谜。正史《隋书》、《北史》载："帝疾甚，与百僚辞诀，握手歔欷，崩于大宝殿。"但是《隋书》中关于隋文帝宠妃宣华夫人的一段记述，却隐约其词地提到文帝死因蹊跷："素以其事白太子，太子遣张衡入寝殿，遂令夫人及后宫同侍疾者，并出就别室。俄闻上崩，而未发丧也。夫人与诸后宫相顾曰：'事变矣！'皆色动股栗。"这段记载虽未明指文帝死于谋杀，但字里行间嗅到一股宫廷事变的味道，令人遐想，不排除太子（即杨广）、杨素、张衡等人合谋害死文帝的可能。而《十八史略》、《通历》、《隋唐演义》等稗史、演义，则认定文帝是被儿子杨广所弑。后人经过细心考据，翻遍各种文书记载，终于还原出杨广弑父杀兄，篡夺帝位的真相。

隋文帝共有五子。太子杨勇生性豪迈不拘小节，与独孤皇后为其选择的夫人元氏感情不和，又生活铺张，喜欢华贵衣饰。次子杨广巧于辞令又十分阴险狡诈，他一心想夺取太子之位，便虚情矫饰，迎合文帝和皇后，伪装成俭朴规矩的正人君子。他将浓妆艳抹的姬妾藏起来，王府中只有几个又老又丑、穿着无华的妇人抛头露面，所有华丽陈设全都撤掉，换上陈旧的家什，还故意将琴弦弄断，浮尘不掸，并置于醒目之处。有一次，杨广外出狩猎时下起大雨，侍卫给他送上油布雨衣，他拒绝道："士兵们都在大雨中淋着，我岂能穿上雨衣独自遮雨呢？"文帝听说此事后大为赞赏，认为杨广具有仁爱之心，日后能成大事。后来，杨广又诬陷杨勇，说他巴不得父皇早死，终于让文帝下决心废掉杨勇，改立杨广为太子。

隋文帝杨坚

隋炀帝杨广

　　仁寿四年七月，隋文帝病重，杨广便迫不及待地想登基了。杨广给与他狼狈为奸的越国公杨素写信，讨论登基接位的程序以及即位后如何铲除异己，尽快掌控政局的预案。不料杨素的回信被误送到文帝手中，文帝阅后大怒，顿时手脚发抖，气急痰塞，侍疾的妃嫔赶忙捶背抚胸，半晌方才缓过气来。不一会儿，文帝的宠妃宣华夫人衣衫不整地跑进来，哭诉杨广无礼调戏她。

　　原来杨广得知杨素的回信被送至文帝手上，心想大事不好，急忙入宫探听消息，在侧殿的回廊，正好撞见宣华夫人。杨广早就对幽妍清倩、娇媚无比的宣华夫人垂涎三尺，但一直没敢亲近，如今父皇重疴在身，便尽可放肆了。只见杨广眼睛直勾勾地盯着宣华夫人，问道："敢问夫人，方才杨仆射的来书，父皇可曾拆看？"回曰："拆看了，殿下往后尚需谨慎才是。圣上春秋已高，又在病中，何必急在一时，反伤了圣上的心？"杨广听了，口中唯唯称是，又进一步挑逗道："承蒙夫人关心，不知怎样报答才好。"宣华夫人正色道："贱妾只是顾全圣上的病体，深恐殿下再有不知轻重的事情做出，原要殿下谨慎些，说不到报答。"

　　杨广嬉皮笑脸地说："父皇风烛残年，已是朝不保暮了，夫人若是替父皇着想，有何益处？若夫人替我着想就对了，替我着想，也就是替夫人自己着想。"

　　宣华夫人不禁变颜："殿下此话怎讲？"

　　杨广道："夫人冰雪聪明，难道还不知？"

　　宣华夫人凛然道："生性愚笨，倒是不知。"

　　杨广奸笑着说："夫人正在盛年，父皇一旦去世，我便会替夫人着想的。"

　　宣华夫人听了声色俱厉地说道："殿下错矣。贱妾忝为殿下的庶母，殿下怎能如此说话。要是给圣上知道，殿下的干系可少不了。"

　　"夫人爱我，怎会使父皇得知？"杨广说着，见四下无人，竟伸手去撩宣华夫人的衣裳。宣华夫人又急又恨，叫了一声："请太子自重，那边有人来了。"乘杨广慌乱中手一松，宣华夫人赶紧离开了侧殿。

　　听了宣华夫人的哭诉，文帝猛然醒悟自己受杨广多年蒙骗，气得拍床大叫："如此畜生，怎能担当治国大任，皇后误了我的大事啊！"急忙命在旁的兵部尚书柳述和黄门侍郎元岩拟就一份敕谕，召废太子杨勇前来议事，准备废黜杨广，复立杨勇为太子。这头杨广调戏宣华夫人不成，已知闯下大祸，马上与杨素商量，派兵包围皇宫，柳述和元岩刚出殿便被绑了起来，东宫卫队布满殿上，守住各处门户。

　　杨广又派心腹右庶子张衡闯进文帝寝殿，命宣华和容华两位夫人出去，说："两位夫人只顾留在这里，不宣召大臣面授遗命，不知居心想图什么？自古以来，只有面授遗命的王公大臣，从来没有面授遗命的妃嫔。请不要耽误国家大事！"两位夫人只得含泪退出。过了一会儿，张衡走出来，朝杨广点了点头。稍顷，文帝驾崩的消息便传了出来。紧接着，杨广又假传文帝遗嘱，要杨勇自尽，未等杨勇作出回答，派去的人便直接动手将杨勇杀死。就这样，杨广不惜弑父杀兄，提前登上了皇位。

《隋书》中记述道："夫人与诸后宫相顾曰：'事变矣！'"宣华夫人等闻听文帝猝然驾崩的消息，马上就意识到宫中发生了事变。后来第一个明确指出隋文帝死于谋杀的是隋末唐初的赵毅，他在《大业略记》中记载了这样一件事：隋炀帝征辽东还，张衡之妾告发他诽谤朝政，炀帝便赐他自决。张衡临死前大声喊："我为人做灭口等事，而望久活！"监刑者吓得捂起耳朵，赶紧将他弄死。由此可见，杨广弑父的事情确实不假。

"玄武门之变"起因之谜

> 唐高祖武德九年，秦王李世民发动"玄武门之变"，杀死太子李建成和齐王李元吉，然后逼迫父皇诏立自己为皇太子，军国庶事无论大小均由他一手处理。不久，高祖让位，李世民登基，开始了长达二十余年的贞观盛世。究竟是什么原因，使得李世民冒险发动这场宫廷政变呢？

据《旧唐书·隐太子建成传》记载，唐武德九年（626）六月四日，长安城内刀光剑影，血流满地。秦王李世民发动宫廷政变，杀死其兄太子李建成、四弟齐王李元吉及其部下和家属数百人。随后，李世民派尉迟恭领兵直入太极殿，启奏李渊："太子和齐王举兵作乱，秦王将他们杀了，恐惊动陛下，所以派臣来此守卫。"实际上是逼宫，让李渊交出军权并接受既定事实。生死之际，李渊无可奈何只好改立秦王李世民为太子，并发布诏书曰："自今军国庶事，无大小悉委太子处决，然后闻奏。"由于这场政变发生在宫城的北门玄武门，故史称"玄武门之变"。两个月后，高祖又被迫让位，李世民登基，开始了长达二十余年的贞观盛世。

关于"玄武门之变"的起因，历来都认为是由于李世民雄才大略，"功盖天下，中外归心"。而太子李建成因为是嫡长子而"无大功以镇海内"，他疑忌李世民，不能容忍李世民对他继承皇位所具有的巨大威胁，于是采取种种手段，先诬陷李世民手下大将尉迟恭谋反，后又借出征突厥为名，妄图直接掌握李世民的兵马，最后干脆招李世民入宫宴饮，在酒中做手脚，谋以鸩毒，致其"暴心痛，吐血数斗"。在这样一再忍让直至忍无可忍的情况下，李世民终于决定以攻为守，先发制人。

但事实上，这里有不少难解的谜：首先，历史上的

唐太祖李渊

唐太宗李世民

李建成是否真如我们现在读到的史书中记载的那样小气险诈，恶又白赖一个？因为李世民即位后亲自监看和篡改史料记录，于是从他开始，中国的史书开始失实，以上说法大多从《贞观实录》而来，而《新唐书》、《旧唐书》基本上也是照搬《贞观实录》，美化李世民，贬低李建成。像"鸩毒事件"，早有人指出疑点多多，显系编造。而成于李世民即位之前的《大唐创业起居注》，许多地方说法就完全不同。另一个谜则是，根据史书记载，事变过程非常惊险，李世民的秦王府兵面对东宫兵和齐王府精兵几乎不敌，幸亏他妻子长孙氏的舅舅高士廉从监狱释放出一批囚犯，授予兵甲赶来助阵，才好不容易控制住局面。

照李世民的机智和谋略，既然要先发制人，怎会准备得如此仓促，从而拿自己的性命去搏呢？看来"玄武门之变"一定另有原因，才导致李世民不得不背水一战，匆忙起事。

李世民从小随父亲演习弓马、驰骋猎场，并且读过不少兵书。隋朝末年，李渊起兵，历时七年，打了六次大的战役才平定各地割据势力，统一中国。这其中，李世民率部进行了四大战役，消灭薛仁杲、王世充，镇压窦建德、刘黑闼等农民起义军，战功卓著。尤其是虎牢一战，更成就了李世民善用奇兵的美名。但李建成也不失为一个勇猛而且具有全局战略眼光的杰出人才，在战争初期即夺取长安，使唐军声威大震，为问鼎中原奠定了军事和政治基础，各地割据势力不得不依附于唐，也使得当时蠢蠢欲动的突厥不敢轻举妄动。建唐之后，由于礼制约束，作为太子的李建成长期留守京师，以太子身份帮助高祖安定后方，处理国事，李世民则统兵在外，驰骋沙场。在用血汗为大唐打下一片又一片疆土，巩固李唐的天下后，无论是李世民本人，还是他麾下的将士们，都渐渐滋生了不甘俯首称臣的思想。

据记载，武德四年（621），在攻打洛阳途中，李世民拜访了远知道士，道士预言他"将作太平天子"，李世民从此"眷言风范，无忘癯瘵"。可以肯定，此时的李世民夺取太子位以继大统的想法已经非常明确了。同一年攻下洛阳后，他招贤纳士，设天策府、文学馆，闲则共话古今，纵谈天下，俨然君臣气派。当时的中书令封德彝便注意到："秦王恃有大勋，不服居太子之下。"于是，在李世民与李建成之间，一场你死我活的残酷斗争便不可避免了，并且李世民也并不是一味忍让，而是主动出击，抓住时机为抢班夺权做准备。武德七年，太子私募散兵游勇2000人"为东宫卫士，分屯（东宫）左右长林，号长林兵"，齐王李元吉"募壮士，多匿罪人"，李世民也于秦府兵之外募养了近千名勇士。这些私人武装都是为双方最后摊牌、流血斗争做准备的。李世民还收买了太子手下的一些关键人物，如玄武门守将常何，在后来的"玄武门之变"中，就是有常何为内应，李世民才能够埋伏精兵，一举杀死太子李建成和齐王李元吉。

但是，一来李建成是长兄，身为太子，他正统的储君地位为其赢得一定优势，连父皇李渊也多少向着他，尤其是武德七年发生"杨文干事件"（李世民诬陷太子造反的事件）后，李渊已决心牺牲掉李世民；二来他有内宫妃嫔和多数外廷大臣及各地都督的支持，深得宠爱的张婕妤、尹德妃等人经常在李渊面前为李建成游说，而最受高祖信任的宰相裴寂公开支持太子，封德彝等人是表面见风使舵，实则"潜持两端，阴附建成"；其三是李建成有四弟李元吉做他的坚定盟友。由于太子一派在政治影响、组织人脉上都要胜过秦王一派，李世民处于弱势，所以即便他有时显出一些示弱退让的姿态，也不能不令人怀疑是故作假象。

这时，发生了"傅奕星谏"事件。史书记载：六月一日、三日，太白金星白昼划过长空，据古书上的说法，这是政权更迭的征兆。于是，太匕令"傅奕密奏：'太白见秦分，秦王当有天下。'上以其状授世民。"李渊大怒，认定李世民要起兵谋反，于是将密奏转交李世民，其用意是暗示李世民身处无君无父之境，要他自杀以澄清嫌疑，毕竟作为有功的皇子，李渊不愿意亲自下诏处死他。李世民马上回应道："臣于兄弟无丝毫负……今枉死，永违君亲，魂归地下，实耻见诸贼！"同时还密奏了李建成、李元吉一本。密奏的内容已经无从知晓了，有人说是太子淫乱后宫等事情，但从后来的事态发展来推测，恐怕类似于"杨文干事件"，所以李建成才会入宫对质。李世民算准了这一步，引蛇出洞，然后实施伏击。

如此，"玄武门之变"的真正起因是兄弟两人无休无止的继位之争，使李渊失去耐心，并且怀疑李世民谋反篡位而动杀心，"傅奕星谏"则是直接导火线。

李世民具有旷古的经世之才，远见卓识，雄心奋发，识人善任，的确是中国历史上少有的杰出帝王。但是在"玄武门之变"中，他弑兄、杀弟、逼父，又实在称得上是凶狠无比。难怪明朝的王夫之评论他："亲执弓以射杀其兄，疾呼以加刃其弟，斯时也，穷凶极惨，而人心无毫发之幸存者也。"

武则天扼死亲生女儿之谜

说起中国历史上唯一的女皇帝武则天，她总是脱不了集残忍与聪明、疯狂与冷静于一身的形象，她有着超人的智慧和政治手腕，同时又心狠手辣，非但任用酷吏以强硬手段经营着她的武周王朝，甚至就连尚在襁褓中的亲生女儿也可以残忍地扼死……

说起武则天，她漂亮，有野心，工于心计，醉心权势，胸怀机谋，信奉佛教，荒淫奢靡……然而最令人毛骨悚然的就是她的残忍无情。为了争权夺利，为了巩固她的统治，她可以将爱情、亲情等全都抛诸脑后。

武则天属于那种早熟的女孩，年方14岁便已开启"花解语、玉生香"之女性情怀。就在这一年（贞观十一年，公元637年），唐太宗选美，结果武则天被选入后宫。临行时，母亲杨氏痛哭不已，她却显得非常平静，对母亲说："见天子焉知非福，何儿女悲乎？"果然，唐太宗见到武则天立即就被她迷住了，一连临幸三夜，被封为"才人"。按照唐初的后宫制度，在皇帝的121位妻妾中位列第30，虽不算高，也不算太低了，况且是"打破常规"越级升补的。

太宗比武则天年龄大两圈还不止，武则天自然知道自己不可能跟唐太宗过一辈子，她和那些有机谋的妃嫔一样，开始为太宗死后预做准备，在皇子中寻找靠山。据明人詹詹外史所评辑的《情史·情秽类》记载："高宗为太子时，入侍太宗疾，见武氏，悦之，遂即东厢烝焉。"也就是武则天跟还是太子的唐高宗勾搭上了。说起来这里面还有一个相当精彩的故事。当时皇子中最得太宗宠爱的是魏王李泰，宫中有不少妃嫔都巴结他，和他暗结私情，但武则天可谓别具慧眼，她选中的目标是性格懦弱、忠厚老实的晋王李治，为的就是将来可以随心所欲地操纵和摆布李治。一天，李治如厕，武则天跟进去，用金盆盛水捧给李治洗手，颔首半跪，做出一副娇滴滴风情万种的样子，进行挑逗。李治终于按捺不住那一团热烘烘的欲火，情不自禁以手蘸水向武则天脸上弹去，并戏吟道："乍忆巫山梦里魂，阳台路隔恨无门。"武则天马上回应道："未曾锦帐风云会，先沐金盆雨露恩。"两个人一拍即合，遂即做了男女苟合之事。据说武则天还怀了李治的孩子，所以《情史》中说李治"烝"，意思是同母辈发生性关系。

武则天摸透了太宗的脾性，在她的调教下，李治极力投太宗所好，终于被立为太子。唐太宗驾崩后，李治继位当皇帝，即唐高宗。按照唐代后宫的规矩，武则天离开后宫来到长安感业寺水仙庵出家为尼，待了近五年，当时她大约二十五六岁，正是青春勃发的年龄。

这年，高宗和后妃一行驾临感业寺，为太宗五周年忌辰拈香祈福。《情史·情秽类》记载："王后疾萧淑妃之宠，阴令武氏长发，纳之后宫，欲以间淑妃。"说王皇后见了武则天后，暗中派人把她重又接进宫里，蓄发换装，悄悄送入唐高宗的怀抱，图谋借她的力量来使萧淑妃失宠。当时王皇后与高宗的另一个宠妃萧淑妃之间一直明争暗斗，怎奈王皇后太过方正，而萧淑妃能变换各种手段与皇帝打情骂俏，给皇帝刺激而新鲜的感觉，再加上会吹箫，会做料理，皇后自然争宠不过，于是便想利用武则天来对付萧淑妃。

武则天"一朝重入帝王宫"，刚开始时她卑词屈礼，千方百计笼络王皇后，两人联手，很快便将萧淑妃打败。但武则天并不满足，她处心积虑地想取代王皇后的地位。她不惜广散财物结交宫中的内监女官，让她们刺探王皇后的言行，有什么风吹草动

武则天

立即报告，但却迟迟找不到下手的机会。

武则天不愧是个人物，早在她身为唐太宗才人的时候就发生过一件事情：西域进贡给唐朝一匹宝马，但性情暴烈，许多年轻力壮的骑士都驯服不了它，骑术精湛的唐太宗还曾被它掀翻在地。大家束手无策之时，只见武则天拨开人群，站出来自请驯马。她说："臣妾只需三样东西：一铁鞭，二铁锤，三匕首。先用铁鞭子打得它皮开肉绽，死去活来；还不听话，就用铁锤敲它的脑袋，使它痛彻心肺；如果还不能制服它，就干脆用刀子割断它的喉咙。"唐太宗虽闯荡半生，杀人宰畜不在话下，却也从未见到过如此心狠手辣的女人，不由得暗暗地对她有了戒心。其实武则天岂止是心狠手辣，简直是蛇蝎心肠。俗话说，"虎毒不食子"，可武则天这头凶残的母老虎非但"食子"，而且"食"起来不吐骨头渣。她经过深思熟虑，想出一计狠招。

正好不久前武则天刚生下一个女儿，长得伶俐可爱，高宗疼爱无比，王皇后自己没有生育，也非常喜欢这个孩子。一天，王皇后来到武则天房里看望她，武则天假装亲热地与皇后聊天，瞅机会让宫女把小公主抱来，王皇后高兴地逗引着孩子玩，一直等孩子睡着，才起身离去。皇后刚走，宫女报告说皇帝要来，武则天一看千载难逢的良机来了，于是一狠心将亲生女儿扼死在襁褓里，还捧着女儿幼小的尸体说："可惜你生在帝王之家。为了母亲的前途，你只好死。"然后将被子盖好。高宗进来掀开被子，见女儿暴死，忙问刚才谁来过，武则天哭着说只有王皇后来过。高宗悲愤地仰天叹道："是皇后杀了我女儿！"于是下诏废掉王皇后，立武则天为皇后。没过多久，又在武则天的挑唆下，将王皇后和萧淑妃赐死。

当上皇后之后，武则天便把自己的四个兄长一一提拔起来。不想四个亲哥哥并不认同她的做法，而是责怪武则天搞乱了朝政。武则天大怒，于是把他们发配到边地，并在途中逼迫其中两个哥哥自杀，另外两个也险遭毒害。

武则天的亲姐姐韩国夫人丧夫，带着女儿来到宫中。高宗见到美貌的母女俩，一并收入后宫，就有点冷淡武则天了。武则天好不容易登上皇后宝座，独占恩宠，怎能容忍别人与她分享？过了一个月，韩国夫人忽然莫名其妙死了。高宗怀疑是武则天干的，但又找不到证据，只好小心翼翼地保护好韩国夫人的女儿魏国夫人。不久，武则天那两个幸免于难的哥哥进宫朝圣，武则天在后宫设宴招待，在座的还有高宗和魏国夫人。武则天亲自下厨，在哥哥送来的鱼里下了毒，结果魏国夫人吃后当场七窍流血而死。武则天马上拍案而起，诬赖哥哥送来的鱼有毒，立刻命侍卫把他们推出去斩了。她这是一箭双雕：既除掉了眼前的情敌，又把有可能反对她的哥哥也收拾了。

高宗晚年身体病弱，想把皇位传给武则天，无奈群臣们坚决反对。高宗不敢激怒武则天，只好把帝位传给她的亲生儿子李弘，但武则天不甘心即将实现的皇帝梦被人搅坏，哪怕他是自己的亲儿子，于是一杯毒酒毒死了李弘。后来高宗立武则天的次子李贤为皇太子，并令李贤监国，武则天又先下手为强，把李贤逼死。高宗一死，武则天一手遮天，中宗和睿宗先后都只象征性地当了55

天和半年的皇帝，便被武则天废掉，她自己革唐为周，当上了女皇帝。

根据史书记载，单是至亲，武则天前后共杀死了一个女儿，两个儿子，四个哥哥，两个姐姐，一个亲甥女，而这一切，只不过是为了争宠争权，实现她的皇帝梦，可见其人险毒至极矣。不过平心而论，她当上皇帝以后，确实也采取了一些进步的改革措施，包括广开科举，知人善任，抑制豪门垄断；她奖励农桑，兴修水利，使得社会稳定，经济发展，为后来的"开元盛世"打下了良好的基础。史家本着"不没其实"的记史原则，对她的一生作出了客观评价："掩鼻之谗……人彘之酷………夺嫡之谋，振喉绝襁褓之儿，菹醢(zū hǎi，将人剁成肉酱，是古代的一种酷刑)碎椒涂之骨，其不道也甚矣，亦奸人妒妇之恒态也。然犹泛延说议，时礼正人……尊时宪而抑幸臣，听忠言而诛酷吏。有旨哉！有旨哉！"(《旧唐书·本纪第六》)

武则天晚年宠幸男侍之谜

武则天是中国历史上唯一的女皇帝，人们在肯定她杰出政治才能的同时，也对她荒淫糜烂的生活颇多批评，说她广置面首，宠幸男侍等。那么，历史上的武则天究竟是怎样宠幸男侍的？

"初唐四杰"之一骆宾王曾写过一篇《为徐敬业讨武曌檄》，檄文中称："伪临朝武氏者……昔充太宗下陈，曾以更衣入侍。洎(jì)乎晚节，秽乱春宫。潜隐先帝私，阴图后房之嬖。入门见嫉，蛾眉不肯让人；掩袖工谗，狐媚偏能惑主。践元后于翚翟，陷吾君于聚麀。加以虺蜴为心，豺狼成性。近狎邪僻，残害忠良。杀姊屠兄，弑君鸩母……"据说武则天读了这篇将她骂得狗血喷头的檄文，却一点也奈何不得他。

武则天是中国历史上唯一的女皇帝，她的工谗善媚手段无人可比，而她宰制天下的气概和能力也是前无古人，后无来者。武则天14岁时被唐太宗选入宫内为才人，太宗死后，她出家当了尼姑，不久又被继位的高宗召回为昭仪，后立为皇后。后来，武则天参预朝政，自称天后，与高宗并称"二圣"。高宗死后，武则天先后废了中宗、睿宗两个皇帝，自己做皇帝，并改唐国号为周，立武氏七庙。这年是690年，她专门造了一个字，给自己取名为"曌(zhào)"，意思是日月当空，目无一切。

武则天称帝以后，先是定纪元为"天授"，后来又用"天册万岁"、"万岁登封"、"万岁通天"等帝号，在中国古代历史上，还没有一位皇帝如此豪气干云，称得上前无古人，后无来者。武则天不仅在政治上豪奢专断，而且在生活上也显露出惊人的一面，她像男性皇帝一样纳妾封宫，成天与面首鬼混在一起，让男侍陪寝，过着荒靡淫荡的生活。据文字记载，当时先后有薛怀义、沈南璆、张易之、张昌宗、柳良宾、侯祥、僧惠范等人因"阳道壮伟"而成为她的男侍。她还专门设置"控鹤监"，搜罗天下美男，对外号称专门研究儒佛道三教，实际上就是供其放纵情欲、淫乱享乐的"后宫面首院"。

薛怀义，原名冯小宝，本是个市井卖药郎，身材魁梧，能说会道。据《旧唐书·薛怀义传》载：他先是与高宗的幺女千金公主勾搭成奸，后被武则天横刀夺爱。武则天从冯小宝身上尝到了未曾有过的闺房欢乐，脸上重现光泽，焕发出清新的朝气，整个人充满生气活力，连宫女们都能感受到她那久违的令人轻松的温和及体贴。当时宫中经常举行佛事活动，为了掩人耳目，让冯小宝方便出入宫中，武则天命他剃度为僧，任命为白马寺主，并改名换姓，"令与太平公主婿薛绍合族，令绍以季父事之"，让薛绍称其为叔父，冒充大族，朝廷上下则呼为"薛师"。薛怀义仗着武则天的宠幸，无法无天，大行不法之事，曾因武则天宠幸御医沈南璆，他便气急败坏地将明堂一把火焚毁。武则天明知是薛怀义干的，但也自觉难堪，没有追究，反而命薛怀义主持重修明堂，薛越发骄纵嚣张，树敌益多。一天，薛怀义擅自闯入只有宰相可以出入的南衙，宰相苏良嗣瞧不惯他的嚣张气焰，喝令左右结结实实地搧了他几十个耳光。薛怀义捧着红肿的脸向武则天哭诉，不料武则天反而告诫他："这老儿，朕也怕他，阿师以后当于北门出入，南衙乃宰相往来之路，不可去侵犯他。"

为了这事，武则天的女儿太平公主曾当面说过她母亲："为什么不选择姿禀秾粹的人来帮助游赏圣情，排遣烦虑，何必去宠幸那些市井无赖之徒，为千秋万世所讥笑呢？"武则天颇为感慨地答道："你讲的确实不错，前些时候苏丞相打薛怀义的嘴巴，就是欺侮他是市井小人啊！假如是公卿子弟通晓文墨的，南衙又岂敢随便侮辱他！"于是太平公主就趁机把自己的情人、太宗时凤阁侍郎（相当于宰相）张九成的儿子张昌宗推荐给武则天，先是夸赞张年近弱冠，玉貌雪肤，眉目如画，身体是通体雪艳，瘦不露骨，丰不垂腴，接着悄悄地描述床第之间的旖旎风光：那味道就像南海的鲜荔枝，入口光嫩异常，婉转如人意，使人神飞魄荡。说得武则天心花怒放，便把被人称为"面如莲花"的张昌宗纳为男侍。张昌宗又引进其兄张易之，一同入宫侍奉武则天。张氏兄弟"俱侍宫中，皆傅粉施朱，衣锦绣服，俱承辟阳之宠……每因宴集，则令潮戏公卿以为笑乐。若内殿曲宴，则二张诸武侍坐，樗蒲笑谑，赐与无算"。这就是骆宾王檄文中所指的"洎乎晚节，秽乱春宫"之事，这在《旧唐书·外篇列传》中也有记述，当时武则天已经是70多岁的老太婆了。武则天不光自己与张氏兄弟昏天黑地胡搞，还替二张的母亲牵线搭桥找情人。而此时的薛怀义，因到处张扬武则天的私事，在武则天授意下，终被太平公主率人缢杀。

武则天以为张氏兄弟是公卿之后、世家子弟，大臣们该没人说闲话了，但忠心耿耿的内史狄仁杰偏偏不买账。狄仁杰先前就曾力谏武则天撤除秽乱深宫的"控鹤监"，现在又梗着脖子对武则天说："昔臣请撤'控鹤监'，不在虚名而在实际，今'控鹤监'之名虽已除去，但二张仍在陛下左右，实在有累皇上的盛名。皇上志在千秋，留此污点，殊为可惜，愿罢去二张，离他们越远越好。"右补阙朱敬也劝谏武则天："志不可满，乐不可极。嗜欲之情，愚智皆同，贤者能节之，不使过度，则前贤格言也……"

武则天像煞有介事地解释道："我嬖幸二张，实乃为了休养身体。我过去躬奉先帝，生育过繁，血气衰耗已竭，因而病魔时相缠绕，虽然经常服食参茸之类的补剂，但效果不大。沈南璆告诉我：'血气之衰，非药石所能为力，只有采取元阳，以培根本，才能阴阳合而血气充足。'我原也以为这话虚妄，试行了一下，不久血气渐旺，精神渐充，这绝不是骗你的，我有两个牙齿重新长出来就是证明。"狄仁杰一时无话可说，只得顺着台阶就势而下："游养圣躬，也宜调节适度，恣情纵欲，适足贻害，希望陛下到此为止，以后不能再加添男侍了。"朝堂之上，君臣之间竟讨论起男侍的事情，真是千古少见。不过，武则天晚年因保养得法，年高而不衰，却也是事实，她还为此专门下诏改元为"长寿"呢。

神龙元年（705），宰相张柬之等五位大臣趁武则天病重，在玄武门发难，迎太子李哲斩关而入，斩杀张易之、张昌宗兄弟，逼令武则天退位，把皇位传给李哲，即唐中宗。这年冬天，武则天病死。她以皇后身份预政24年，以太后身份临朝称制7年，称帝15年，前后共掌政46年。她死后谥号"大圣则天皇后"，以高宗皇后的名义和高宗埋在一起，故后人称她为武则天。

清朝著名史学家赵翼在《廿二史札记》中说："人主富有四海，妃嫔动千百，后既为女王，而所宠幸不过数人，固亦未足深怪，故后初不以为讳，而且不必讳也。"意即历代皇帝都可以嫔妃成群，而武则天身为女皇，宠幸的男侍前后不过数人，即使与历史上不荒淫的皇帝相比，也是少之又少，没什么好指责的。应该说，这算是比较公正的评论。

武则天具有治国才能，统治了数千万臣民，成为中国历史上空前绝后的女皇帝，当然便有足够的理由去追求奢华生活，她要的是和男性皇帝平等的情爱。另一方面，这也和当时的社会风气开放有很大关系。唐代时理学尚未盛行，封建礼教还没有完全建立，两性关系并不像后世那么禁锢与封闭，有些后人认为荒淫无耻的事情，当时人可能并不以为耻。例如，当时像韦后和太平、高阳、襄阳、安乐、邨国、永嘉等公主以及上官婉儿等人，在私生活方面都非常放纵，蓄养着一群男宠。因此，我们在谈论武则天宠幸男侍时，应该更加客观地将她放在当时的环境中来评判。

武则天被逼下台之谜

　　神龙元年（705）正月，张柬之、崔玄、桓彦范、敬晖、袁恕己等人利用禁军发动政变，杀张易之、张昌宗，逼武则天让位于太子李显。唐朝复辟后，张柬之等5人都被封王，故历史上把这次事件称为"五王政变"。五王发动政变的原因和目的是什么？

　　神龙元年（705）正月，张柬之、崔玄、桓彦范、敬晖、袁恕己等人利用禁军发动政变，杀张易之、张昌宗，逼武则天让位于太子李显。此时，武则天已83岁，年迈体弱，在宫中养病，哪有能力反抗？于是下《命皇太子监国制》，传位于太子，改周为唐，退居上阳宫养老。是年十一月病死。她死后被谥为则天大圣皇后，送进乾陵和丈夫高宗李治合葬，最终恢复了大唐皇后、皇太后的身份。这就是曾经风光一时的女皇帝的结局。后来，张柬之等5人都被封王，故历史上把这次事件称为"五王政变"。

　　那么五王政变的原因是什么？

　　唐载初元年（690），"圣母神皇"武则天"革唐命，改国号为周"，正式当上了大周皇帝，建立了武氏政权。由于皇帝的姓氏改了，在让谁当继承人的问题上，就出现了史无前例的大困难。

　　武则天生有4个儿子，当时还活着的是三子李显和四子李旦。李显即中宗，高宗死后做过两个月的皇帝，后来被武则天废为庐陵王。李旦即睿宗，继中宗之后做皇帝。武则天改唐为周，李旦的皇帝自然是做不成了，他被"降为皇嗣"，"徙居东宫，其具仪一比太子"，还赐姓武。"皇嗣"表面上看也有继承皇位的可能，但毕竟不同于太子，不能算作正式的皇位继承人，但在待遇上与太子等同，具有候补太子的资格。如果武则天立自己的儿子为皇位继承人，那么好不容易建立起来的武氏大周朝，最后又要交还给姓李的，那她这么多年的心血就等于白费了。传给武家的人吧，姑侄之间总比不上母子那么亲近。况且武则天十分迷信，她相信人死后是要变成鬼的，而且这鬼还要吃东西，并且只吃自己的亲儿孙祭拜的东西。如果让武家人继承皇位，她死后作为姑妈怎么进得了武家太庙，进不了太庙，就要做饿鬼了。因此，她的侄儿武承嗣指使洛阳人王庆之率数百人上表请立武承嗣为皇太子时，武则天坚决不答应，还狠狠地教训了王庆之。在狄仁杰等人的劝说下，武则天终于下定决心，在圣历元年（698）把李显召回东宫，正式立为太子。

唐·镏金
三钴金刚杵纹瓶

皇嗣李旦仍封相王，解决了皇位继承这个大问题。但同时，她又让武家人担任朝中各种大小官职，以此来巩固武氏家族在朝中的权力与地位。这样就不枉她费尽周折建立大周朝了。她还担心李、武两家不能和睦相处，有意识地让两家通婚联姻，试图亲上加亲。还让皇太子、太平公主、武三思、武攸暨等李、武两家的重要人物"立誓文于明堂"。这些举措，都是武则天有意识地把李、武两家融合成一体，形成一个以李氏居虚名、武氏掌实权的李武政权。

皇位在上面高高悬挂着，抻长着脖子的李、武两家之间的矛盾就不可彻底解决，因为直接牵涉到各自的命运和前途，双方之间的矛盾就变得根深蒂固。为了确保自己归天后李、武之间不发生流血冲突，形成子为天子、侄为贵亲的政治格局，武则天在年迈多病的情况下引用了张易之兄弟二人助理朝政，企图调和子侄之间的关系。

按理说，武则天这样处心积虑的安排，总该天下太平了。只要武则天归西后让皇太子即位，天下还是会回到李姓的手中，为什么五王还要发动政变提前逼她下台呢？自古以来的史书都认为张易之兄弟俩是武则天的男宠，但历代皇帝都是后宫佳丽三千，武则天作为女皇帝，养两个男性嫔妃本也无可厚非。二张因为是男性，他们参与政治的可能性就要比女性嫔妃大得多。况且，二张兄弟是高宗时宰相张行成的族孙，出身于山东地区的世家大族，又颇受恩宠，所以在政治上有较大的号召力。二张与当时许多官员都有密切关系，有些甚至还当过宰相。当时的朝臣们见武则天年老了，就根据自己的恩怨排列组合，相互比附，从而形成拥武派、拥李派和附张派。随着二张势力不断扩张，他们与李、武两家的矛盾也逐渐显露出来。

大足元年（701），中宗的长子重润与他的妹妹永泰郡主及永泰郡主的丈夫、武三思的孙子武延基，三人私下里说二张专政，不利于朝政。张易之知道后，向武则天哭诉，结果武则天把三人都杀了。后来，御史大夫魏元忠又被二张诬陷，说他与司礼丞高戬云私下里议论"天子老矣，当挟太子而令天下"，意思是说魏元忠两人有谋反之心。二张还请了凤阁舍人张说为证人，没想到张说当面揭穿二张是在诬陷两人。但武则天还是将魏元忠、高戬云以及无辜的张说贬官流放。这司礼丞高戬云正是"太平公主之所爱"，而太平公主是武则天的亲生女儿，武攸暨的妻子。此时，二张的势力在三派中最盛。

由于武则天已决定要立李显为帝，拥李派就特别担心二张派抢去拥立皇帝之功，害怕二张得势以后，自身的利益受到损失，因此他们必然要铤而走险，与二张进行殊死的搏斗，抢夺拥立之功，以改变自己受排挤的不利处境。张柬之等人就是拥李派的代表。

史书记载张柬之"沈厚有谋，能断大事"，很有政治头脑和手腕。80多岁时才当上宰相，十分想施展自己的政治才能。当时武则天重病，而二张控制了政权，他这个宰相并不能发挥较大的作用。他自己不满意女人执政，经常私下唠叨应该还政李唐。当他看到不少士人也思念李唐时，就以发动宫廷政变为己任，开始了秘密筹划。其他的几位宰相如桓彦范、崔玄等皆与二张不合，曾多次上疏要求罢免二张。在这种情况，张柬之和桓彦范等一拍即合，因为有着共同的敌人，遂很轻易地组织起力量，联络太子，以诛二张为名发动了政变。

长安四年（704），武则天病重，在长生院养病，二张伺候左右，朝中官员皆不得见。当时"屡有人为飞书及榜其事于通衢，云'易之兄弟谋反'"，但武则天都不闻不问。可见，此时武则天已明显倾向于二张兄弟。随着武则天的病重，朝中形势也顿时紧张起来。太子和朝臣见不到皇帝，担心二张兄弟从中作梗，使李、武两家的江山不保。二张虽没有资格觊觎皇位，但他们确实不得不担心一旦武则天病死，自己失去靠山后的处境，故"引用党援，阴为之备"。一时间，朝中显现出一派风雨欲来的紧张气氛。很快，政变就被提上了议事日程。宰相张柬之等人争取到了掌管禁兵北门守卫20余年的右羽林大将军李多祚，又联合了皇太子李显、相王李旦、太平公主及其夫武攸暨和武三思，于神龙元年（705）发动了政变，剪除了二张势力。

五王政变是唐代太子地位不稳固的一种表现。李显虽被立为太子，但能否坐上皇位还不一定，五王就趁势而起。政变的主要目的是铲除二张势力，而五王并不是仅仅想灭二张，更重要的是要废黜武则天，想得到拥立新皇帝的功劳。张柬之入相前，曾与人谈到国事，"有匡复之志"。二张被杀，太子返回东宫，事情基本已定，桓彦范等又逼武则天"传位太子，以顺天人之望"。五王还与禁军关系密切，利用了禁军的力量发动了这场政变。禁军将领杨元琰、李多祚、王同皎等与张柬之关系密切。王同皎到东宫迎太子时说："先帝以神器付殿下，横遭幽废，人神同愤，二十三年矣。今天诱其衰，北门南牙同心协力，以诛凶竖，复李氏社稷，愿殿下暂至玄武门以负众望。"武则天和二张派没有意识到五王已经联络了禁军，毫无准备，而且太子李显、相王李旦及太平公主后来都参加了政变，加上武氏诸王因与二张有一定的矛盾，在政变发生过程中全都按兵不动，所以政变得以顺利进行。

五王政变的结果是二张被杀，武则天被逼下台，中宗继位。今天来看，武则天失败的原因是她放任二张操纵朝政，才会使朝臣各自结党、互相攻击，最后导致兵戈相见。也有人认为武则天荒淫无度的宫廷生活，在当时社会上引起了极大的反感，失去了人心，最后众叛亲离。而她在政治上、经济上的措施都是倒退的，因而招致了最后的失败。这种说法虽然不是十分准确，但也有一定的道理。

与这个问题相关的是，五王提出当时政变的原因是二张谋反，二张是否谋反了？《旧唐书》卷六《则天本纪》说"麟台监张易之与弟司仆卿昌宗谋反"，皇太子才率桓彦范等带了禁兵入内诛杀二张。卷九一《桓彦范传》也说："则天不豫，张易之与弟昌宗入阁侍疾，潜图逆乱。"《资治通鉴》卷207说武则天病时，连宰相都是很长时间见不到她，只有二张侍奉在旁边。二张"见太后疾笃，恐祸及己，引用党援，阴为之备，屡有人为飞书及榜其事于通衢，云'易之兄弟谋反'"。

当代一些史学家认为二张是不可能谋反的。武则天生病时宰相不能见到她，只有二张侍奉在她身边的讲法是不符合实际的。这段时间内，官员照样在任命，武则天仍在坚持处理朝政。《新唐书》卷120《崔玄传》还记载则天疾病稍有好转时，崔玄上奏说："皇太子、相王皆仁明孝友，宜侍医药，不宜引异姓出入禁闼。"之后，"皇太子每于北门起居"。看来史书上的说法是夸大其词的。其次张易之兄弟作乱的观点也不可信。二张的确是红极一时，但也出过一些问题。如他们因受同宗史弟张昌仪、张同休的赃款曾被下狱。长安四年十二月有人飞书贴于大街，说二张谋反，二张就受到审问，幸亏得到武则天的庇护。后来又有人飞书言谋反，二张第二次被审，崔玄等请求逮捕，处以死刑，武则天又为其辩护，赦其无罪。

张昌宗的确有一件事基本符合了谋反的程度。这年十二月中旬，张昌宗曾让术士李弘泰为自己占相，李弘泰说昌宗有天子相。术士乱讲一气，如果被相者认为是真的，想入非非，结果会被当作死罪诛灭九族。而张昌宗听后，可能内心会很开心，但他毕竟不敢有什么轻举妄动，只能把李弘泰的话说给武则天听。如果单凭这件事情说张昌宗是谋反了，比较牵强。

看来，说二张谋反，是当时政变者的策略，这十分有利于政变的成功。

一代女皇，就这样被逼下了台，最后弄得晚景凄凉，不久就病死在上阳宫。

马嵬兵变主谋之谜

唐玄宗天宝十四年(755)，安禄山在范阳发动叛乱。由于事先没有防备，安禄山的军队势如破竹，很快便打到了潼关。唐玄宗见势不妙，仓皇出逃。逃至长安西北的马嵬驿时，疲惫饥饿的士兵把宰相杨国忠斩杀，又逼玄宗赐死杨贵妃。而杨贵妃的两位姐妹，韩国夫人和虢国夫人也被乱兵所杀。这便是历史上有名的马嵬兵变。

马嵬兵变，是唐代历史上一次重要的政治事件。它标志着唐玄宗统治的结束和唐肃宗统治的开始，在唐代政治史上具有十分重要的意义。关于兵变的历史真相，历来是唐史学界积极讨论的课题，不少学者已经做了十分深入有益的研究。

756年，安禄山大军西进，唐军守将哥舒翰虽组织了强有力的抵抗，但最后还是失败，叛军直逼都城长安。玄宗见势不妙，连夜带着杨贵妃姐妹和皇子皇孙们奔蜀，禁军将领陈玄礼、宦官高力士和宰相杨国忠护卫在左右，大家乱作一团，急急地朝蜀中逃命。途经马嵬驿时，饥饿疲乏的禁军将士发动了一场军事动乱，他们要求玄宗处死杨国忠和杨贵妃兄妹两人，否则大家都不走了。玄宗在禁军们的逼迫下忍痛下令杀掉杨家兄

唐玄宗李隆基

妹，这一历史事件史称马嵬驿兵变。不过在关于谁是兵变幕后主谋的问题上，大家出现了分歧。那么到底是谁在煽动士兵们发动兵变？

一种看法认为，这是一场自发的士兵哗变。由于士兵们饥饿不堪，在龙武大将军陈玄礼的组织指挥下，士兵们发动了这场群众性自发性的救亡运动，没有幕后主使者。这种说法显然流于现象，因为在封建专制时代，一个禁军将军是不可能发动这场兵变的，因为他既没有足够的权力和兵力来逼迫皇帝，也没有足够的政治地位来发动兵变。

一些人认为，种种迹象表明，兵变是早有预谋的，是一场有计划、有指挥的军事行动。马嵬驿离长安城不过一百多里，走一天工夫就能到达，禁军不可能这样娇嫩，也不可能当时已饥饿到要发动兵变的地步。

有人提出，当时唐玄宗身边的宦官高力士是兵变的主谋。著名唐史专家黄永年先生认为高力士是唐玄宗时期的大权宦，对当时的政治有极大的影响。唐朝自长孙无忌、褚遂良被高宗贬谪并杀死后，外朝宰相久未能参与内廷政权核心，其权力只限于一般日常政务。此时李林甫、杨国忠均欲染指于政权核心，自会引起高力士的妒恨。李林甫、安禄山等人都是由高力士推引而登上高位的。高力士首开唐代宦官掌管中央政权的先例，"每四方文表，必先呈力士，然后进御，小事便决之"。朝中官吏上呈的奏折都要先经过高力士，然后再上呈给皇帝，小事就由他直接决断了，这实际上已经是后来所谓的"内相"了。朝中有了内相，必然会与外相也就是宰相为了争夺权利而发生冲突，特别是遇上想弄权的外相，如李林甫、杨国忠之类，就一定会闹到水火不容的地步。双方的对立发展到使高力士在玄宗面前公开对李、杨进行攻击，要求玄宗表态，说明此前双方在私底下早有过多次斗争倾轧。因此，高力士有兵变的动机。而他又深得玄宗赏识，手握大权，也就有了谋划兵变的实力。

高力士和禁军的关系是怎样的？黄先生认为自开元十九年（731）禁军首脑王毛仲、葛福顺等与高力士争宠不胜被贬逐后，禁军在另一长官陈玄礼统率下早投入高力士怀抱。因此马嵬驿事变就是高力士在天宝十三年（754）攻击杨国忠未达到目的后，乘安禄山叛乱之机指使陈玄礼利用禁军所发动的一次清君侧行动。由于扈从禁军全在高、陈掌握之下，肃宗还毫无实力可资凭借。对当时兵变的陈玄礼来说，他是不需要毫无实力可言的太子的支持，而且兵变发生后，陈玄礼与太子的另一位宦官李辅国之间更不存在特殊关系，故太子绝不可能是兵变的后台主谋人物。

另有一种观点认为兵变的幕后主谋是当时的太子李亨。他比高力士有更大的权力，也更有发动兵变的理由。发动兵变的主谋势必要具备两个条件：一是他要与杨国忠有着不可调和的矛盾。也就是说，他要有置杨国忠于死地的理由。这是发动兵变的动机，是最根本的前提条件。二是要有控制和调动禁军的能力，这是使预谋付诸行动的实力。高力士与李亨谁更具备这两个条件呢？

让我们先来看第一个条件。高力士与杨国忠的矛盾在玄宗后期并不十分突出，更没有到"内相"与"外相"相抗衡以至于不可调和的程度。高力士虽然拥有不小的权力，但并不具备操纵政局而与宰相抗衡的实力。他所做的只是上传下达以及辅佐玄宗处理一些细小政务之类的工作。他与杨国忠虽有矛盾，但还不至于到你死我活的程度。在史籍中，也没有两者刀剑相向的记载。

相对于高力士而言，太子李亨与杨国忠的矛盾则要尖锐得多。玄宗末年，皇位继承权的争夺成为统治阶级内部矛盾的焦点，李亨继位的过程是艰难的。唐玄宗在开元三年（715）册封次子李瑛为皇太子，后来由于种种原因，李瑛被废为庶人，皇太子之位顿时悬空。当时的宰相李林甫等人极力主张立武惠妃之子寿王李瑁为太子，但玄宗却立了忠王李亨。李林甫深知不佐太子的后果是可怕的，要消除这场灾难，只有将李亨拉下太子之位，拥立李瑁，因此他不断地阴谋推翻李亨。而此时，杨国忠为了谋求高位，依附李林甫，积极地参与其中，与李林甫一起想方设法欲置李亨于死地。后来杨国忠、李林甫为争夺权力失和，但在反对李亨为太子这一点上，杨国忠始终没有改变。李亨为了保卫自己的皇位继承权，只有消灭杨国忠一条路可以走。

安史之乱爆发后，玄宗想传位给李亨，杨国忠听闻此事后大惊。如果李亨即位，就意味着杨氏家族的败落，杨国忠也会性命不保。于是他赶紧通过杨贵妃"衔土请命"，终于使玄宗打消了这个念头。这必然引起太子愤怒，只有铲除杨国忠，李亨才能尽快即位称帝。潼关失守后，杨国忠建议玄宗移驾蜀地。蜀是杨国忠的势力范围，是他的发迹之处。如果李亨随之入蜀，不要说即位无望，就是性命也难保。在这种情况下，李亨怎么肯深入虎穴？因此，为了维护自己的既得利益，李亨只有除掉杨国忠。可见，李亨与杨国忠的矛盾一直十分突出尖锐，他比高力士更有理由欲置杨国忠于死地，他成为兵变主谋的可能性大大超过高力士。

其次，从控制禁军的能力来看，李亨也比高力士更具备这个条件。众所周知，在玄宗即位前朝廷便有规定，亲王、驸马不能掌管禁军。这条禁令在玄宗时期一直坚持实行并没有解除。但是，在玄宗仓皇出逃蜀地的时候，他却给了李亨的两个儿子建宁王、广平王指挥调动禁军的权力。由此可见，李亨完全有条件通过两个儿子调动部分禁军来发动兵变。因而，李亨成为兵变主谋的可能性远远超过高力士。

除以上两个条件，我们还可以从兵变以后的受益情况来比较。马嵬兵变是一次成功的政变，兵变后的最大受益者一定就是幕后主谋者。在兵变之后，高力士仍随唐玄宗到了蜀地，不仅没有获得任何实际的政治利益，反而处境艰难。而李亨自兵变后分兵北上，彻底摆脱了其父的控制，在灵武自立称帝。显然，他是马嵬兵变最大的获益者，兵变的幕后主使，自然非他莫属。

也有人赞同李亨是事件的主谋者，但对禁军将领陈玄礼的看法有所不同。一些人认为陈玄礼不是李亨的私党，而是玄宗的心腹侍从，很可能当时只是一个被迫的支持者。有人更进一步认为事变中玄宗幸免于难，主要是得益于陈玄礼的忠心护主。也有人认为陈玄礼是听命于李亨的。

一种观点认为，兵变的主谋是李亨身边的宦官李辅国。香港学者章群认为马嵬驿事变，实际是太子宦侍与河西将士共成之，其主要人物，则为李辅国与王思礼，但通过陈玄礼之手来完成的。由于王思礼为王忠嗣的部将，因而一直想除掉杨国忠。陈玄礼是获得了太子许可后行事的。他的结论是："观乎李辅国日后之跋扈，必有所恃，是虽告于太子，而辅国为谋主，但无思礼河西之兵，陈玄礼未必为同。"从这种观点推论，内地有学者认为事变是太子和李辅国共同策划和发动的。

不过也有很多人对李辅国的作用提出了不同看法。他们认为参与兵变的除李亨外，还有建宁王俶、广平王俶、张良娣等，李辅国是起了一定的作用，但不能夸大。

也有人指出，马嵬驿事变中夹杂着太子李亨与宰相杨国忠之间的尖锐矛盾，而且这一矛盾由来已久。太子是支持了陈玄礼发动兵变，也为自己消灭了最大的政敌，达到了自己的政治目的，但太子不是那股政治潮流的后台或支柱，参与谋划和主谋是完全不一样的。在兵变的前后过程中，也看不出陈玄礼与太子之间有什么特殊的关系，丝毫不见太子具备控制与指使禁军的条件。事后陈玄礼也没有跟随李亨到灵武，却一直紧跟着唐玄宗。高力士是马嵬驿事变的支持者，他的确与杨国忠之间存在着矛盾，其性质是属于内廷宦官和外朝宰相的矛盾，但高力士是否让陈玄礼对杨国忠下手，单凭推论是不够的，很难令人信服。高力士确实具备控制与指挥禁军的条件，但没有史料可以证明高力士在暗中策动与指使陈玄礼搞兵变。

其实大可不必去寻找兵变的后台主谋。以六军将士为主体而发动的兵变，实质上是各种势力反对杨国忠的一场群众性运动，并不是个别人能够煽动起来的。陈玄礼曾经慷慨陈词："今天下崩离，皇帝出逃，国家蒙难，人民死亡，这一切难道不是杨国忠专权所造成的吗！若不诛之以谢天下，何以塞四海之怨愤！"这种呼声，喊出了广大军士们的真诚愿望。兵变一结束，陈玄礼就向玄宗谢罪，说杨国忠"挠败国经，构兴祸乱，使黎元涂炭，乘舆播越，此而不诛，患难未已"。因此禁军发动兵变是为"社稷大计，请矫制之罪"。杜甫称赞事变中的陈玄礼说："桓桓陈将军，仗钺奋忠烈。微尔人尽非，于今国犹活。"他赞美陈将军在兵变中的忠烈举动，肯定了事变的救亡性质与重大意义。如果他真是权力斗争中的工具，只是听命于后台人物的指使，杜甫说这话就实在是太迂了。

尽管兵变只有半天，很快以大家山呼"万岁"就结束了，但这件事本身的影响很大，它标志着唐玄宗统治时代的结束，唐肃宗新时代的开始。兵变的确至今仍是一个大谜，令人猜想不已。

杨贵妃下落之谜

　　绝色佳人杨贵妃是众所周知的我国古代四大美女之一，她和唐玄宗之间传奇式的恋情故事也在民间流传了千年。就好像善良的人们总是希望每一个故事都有美好的结局一样，尽管正史上明确记载杨贵妃于755年被缢死于马嵬坡，但是在人们的心中还是存在着不同于史书的美好想象。

　　安史之乱后，叛军向唐朝的首都长安步步进逼。哥舒翰战败，潼关失守，附近的河东、华阴、冯翊、上洛等郡的守将都弃郡而逃，长安危在旦夕。

　　潼关最为吃紧的当天夜里，玄宗命龙武大将军陈玄礼整集禁卫六军和马匹。次日黎明，玄宗和杨玉环姐妹及众皇子、嫔妃、皇孙，还有大臣杨国忠等从禁苑西边的延秋门出宫。中午到达咸阳，县令早已逃走，杨国忠从集市上买来胡饼给玄宗充饥。饭后又赶路，半夜才到达距京城85里的金城。当夜，从前线赶来报信的人说，哥舒翰被擒。次日，来到马嵬驿。随行将士个个又饥又渴，于是怒火中烧。这时杨国忠正好走过，士兵愤怒之下将他斩杀肢解。玄宗出驿让哗变的士兵返回部队，士兵拒不散开。陈玄礼说："杨国忠谋反，杨贵妃不宜再在御前供奉，希望陛下为国法而舍割恩情。"高力士劝玄宗说："贵妃确实无罪，但是将士们已经杀死了杨国忠，而贵妃还在陛下身边，他们能安心吗？望陛下好好考虑。将士安心，陛下也就平安了。"无奈之下，玄宗只得命高力士带杨贵妃到后面佛堂，用白绫缢死，陈尸在驿庭中，让陈玄礼等来验看。传说在运尸时，贵妃脚上的一只鞋子失落，被一位老婆婆拾得，此后又借机发了一笔横财。

　　根据《资治通鉴》等史书记载，杨贵妃死在了马嵬驿，这也是为大多数人所接受的史实。中唐白居易《李夫人》和郑隅《津阳门诗注》等均明确提到了杨贵妃死后葬在马嵬驿，郑隅还详细记载了玄宗命高力士移葬杨妃的情况。宋朝乐史的《杨太真外传》甚至说高力士将杨贵妃缢死于佛堂前的梨树下。著名学者陈寅恪先生在《元白诗笺证稿》中认为乐史可能是受了白居易《长恨歌》中"梨花一枝春带雨"的影响。

　　一部分学者认为杨贵妃是死于马嵬驿，但不是被高力士缢死的，而是死于乱军的枪下，这种说法的根据是一些唐诗的描述。如杜甫有《哀江头》一首，其中有"明眸皓齿今何在，血污游魂归不得"句。

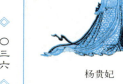

杨贵妃

此诗作于安禄山占据的长安城中，所以他有可能在暗示贵妃并不是被缢死的，因为缢死是不会有血污的。唐代另一诗人李益有七绝《过马嵬》和七律《过马嵬二首》，其中有"托君休洗莲花血"和"太真血染马蹄尽"等句，究其实也是讲贵妃死于乱军丛中，而不是缢死的。杜牧《华清宫三十韵》也说："喧呼马嵬血，零落羽林枪。"意指贵妃是死于禁军士兵的乱枪下。

其实杨贵妃的死因在唐代还有多种猜测，除上述死于乱枪之外，还有人认为是吞金而死。刘禹锡《马嵬行》说："绿野扶风道，黄尘马嵬驿，路边杨贵人，坟高三四尺。乃问里中儿，皆言幸蜀时，军家诛戚族，天子舍妖姬。群吏伏门屏，贵人牵帝衣，低回转美目，风日为无晖。贵人饮金屑，倏忽舜英暮，平生服杏丹，颜色真如故。"这种讲法在其他书中并不多见，陈寅恪先生也是十分怀疑，认为可能与"里中儿"的传说有关。

然而也有一部分人并不认为贵妃死在马嵬驿，他们提出了自己的看法。

有人认为杨贵妃逃往日本了。在日本民间和学术界有这样一种看法，当时被缢身亡的，乃是一个侍女，杨贵妃并没有死，她由陈玄礼的亲信护送南逃，行至现在上海附近扬帆出海，漂泊到日本久谷町久津。唐玄宗曾命方士出海搜寻，至久津向杨贵妃面呈佛像两尊，贵妃亦以玉簪答复，但始终未能回归故国，最后在日本终其天年。据说，日本国至今仍有杨妃之墓，而日本著名演员山口百惠也称她自己是杨贵妃的后代。持这种观点的学者认为，当时提出要缢死杨贵妃的陈玄礼本人其实与杨妃并没有深仇大恨，而且据史料的记载，马嵬坡事件之后，他仍深得唐玄宗的信任和器重，如果他真的让杨妃死了，玄宗应对他恨之入骨才对，怎会依旧信任他呢？唯一的可能就是陈玄礼通过斡旋，使杨妃保住了性命。

与上述大同小异的一种说法，认为杨贵妃确是东渡日本了，但不是高力士和陈玄礼用的调包计，而是死而复生。日本学者渡边龙策在《杨贵妃复活秘史》中认为高力士仅是使杨贵妃窒息昏迷，杨贵妃醒后在舞女谢阿蛮和乐师马仙期的帮助下，往东南潜入襄阳，再漂泊到武昌，沿长江到达扬州。日本遣唐使团团长藤原刷雄将贵妃带上了海船，逃到了日本山口县的久津。杨贵妃出走日本后，谢阿蛮和马仙期设法把杨贵妃东渡的消息呈达玄宗，玄宗闻讯，感叹不已，就派方士去日本找杨贵妃，并面呈两尊佛像，劝她回国。双方虽互通了消息，但杨贵妃最后未能随方士回国。

与杨贵妃逃亡日本的说法相似，另有一种新颖的观点认为杨贵妃逃到美洲去了。台湾学者魏聚贤在《中国人发现美洲》一书中称，杨贵妃并没有死在马嵬驿，而是被人带到了美洲。这种说法因为没有足够的资料支撑，相信的人很少。

中国有一部分学者认为杨贵妃最终流落于民间。俞平伯首先于上20世纪20年代提出这一看法，他主要是对白居易《长恨歌》和陈鸿《长恨歌传》进行了考释。他指出，白氏诗中说"似马嵬之事不足为恨"，看来只有生离才称得上"长恨"。白氏又说："马嵬坡下泥土中，不见玉颜空死处。"玄宗正是由于马嵬驿坟中没有杨妃的尸体，才遣方士四处寻觅。白氏诗中又说："上穷碧落下黄泉，两处茫茫皆不见。"其实是说杨妃仍居于人间。基于以上种种原因，俞平伯认为马嵬驿事起仓促，杨贵妃虽被赐死，但未必真死，可另觅替死鬼。杨妃流落民间后，大约当了女道士。唐代的女道士院就是娼家妓院，故杨贵妃最终沦落为娼女。所以对深爱杨贵妃的玄宗来说，真是"此恨绵绵无绝期"了。有不少学者赞成俞平伯的说法，并进一步做了论证。

杨贵妃是个有着倾国倾城美貌的特殊人物，她的死被蒙上了一层特殊的面纱。对美的追忆，使我们对杨贵妃的最后归宿，至今仍持有不同的观点。也许在这些观点中，包含着过多的感情色彩！

唐武宗灭佛之谜

佛教自东汉传入中土后，一直是蓬蓬勃勃发展着。不过也曾经出现过四次较大的灭佛事件，这就是北魏太武帝灭佛，北周武帝灭佛，唐武宗灭佛，后周世宗灭佛。这四次灭佛事件中，以唐武宗的灭佛影响最大，受到了后人的广泛关注。唐武宗灭佛原因何在？

会昌五年（845）七月，唐武宗下令灭佛，筛汰寺院僧尼。先是拆毁在山野中的寺院，随后下诏长安、洛阳的两地各留二寺，每寺留僧30人。全国节度使、观察使下的镇地和同、华、商、汝各州留一寺，上等寺留僧20人，中等寺留僧10人，下等寺留僧5人，勒令其余被筛汰寺院的僧人全部还俗。在筛汰之列的寺院，派御史前去督令限期拆毁，寺产收归官府所有，拆下的木材用来建造官署，铜像钟磬都用来铸钱。至这年八月，武宗宣布全国共拆毁寺院4600所，还俗僧尼26万人，山野中的小寺庙拆去4万余所，收得良田数千顷，寺院奴婢15万人。

唐武宗原本也是喜欢佛教的，但即位数年后就对佛教怀有刻骨仇恨，这到底是为什么？

有人认为武宗之所以下令灭佛，主要是与当时的宗教斗争有关。《旧唐书》说："武宗想学神仙方术，拜道士赵归真为师。归真得宠后，每次与武宗谈话，就一直讲佛教的坏话，说佛教不是中国的宗教，只会蠹耗生灵，应该全部铲除。武宗听后觉得很有道理。"佛教传入中国后，一方面和儒家思想常有冲突，另一方面又和土生土长的道教也矛盾重重。为争取最高统治者的青睐，佛道两家常常进行激烈的辩论，两教的地位也常发生变化。根据这种说法，道教和佛教之间的严重矛盾，道士在武宗面前攻击佛教，促成了武宗灭佛。

从一些材料看，这种说法的确是有一定道理的。由于佛教的教义在理论深度上远远超过道教，因果报应、轮回转世等内容很能够取得人们的信任，因此道教在教义上无法与佛教相争，于是道教就利用政治上的优势排斥佛教。武宗宠幸赵归真后，朝官屡屡进谏，武宗说："我在宫中没有什么事情，常常与他谈玄说道来解除胸中烦闷。"看来赵归真的话对武宗的影响越来越大，武宗灭佛是从重用赵归真等道士开始的。他刚做皇帝时就召赵归真等81人入禁中，同时进行崇道活动。赵归真一方面挑起了武宗要求长生的愿望，另一方面又不断地排斥佛教，使武宗的崇道思想不断增强。武宗还任命赵归真为右街道门教授先生，使赵老道一下子成了风云人物，连宰相李德裕也看不下去了，对武宗说："听说近来赵归真的家门，车马毕集，希望陛下好好警戒他。"因此，持这种观点者认为道教利用政治上的优势排斥佛教，是武宗灭佛的直接原因。

唐·骆驼纹军用水壶

　　另一种说法认为灭佛事件的发生是朝廷与佛教的经济矛盾所导致的。武宗对全国发布的《拆寺制》中，列举了佛教的一系列罪状，其中最主要的是"蠹耗国风，诱惑人意"，"劳人力于土木之功，夺人利于金宝之饰"。他认为"寺宇招提，莫知纪极，皆云构藻饰，僭拟宫居"，使得"物力凋瘵，风俗浇诈"。自己灭佛的主要目的是"惩千古之蠹源"，以"济人利众"。早在即位前，武宗就曾说过："穷吾天下，佛也。"灭佛的结果，确有比较明显的经济效用，大批僧尼还俗，寺院奴婢编入税户，把寺院钱物收归官府，铜铁佛像铸为钱币与农具等。

　　灭佛的主要参与者是宰相李德裕，早在敬宗时他在浙西观察使任内，就提出要限制佛教的发展。徐州节度使王智兴泗州置僧坛，很多江南人北渡落发为僧，李德裕就提出要禁止这种做法。他提出如果不禁止，江南就会损失60万丁壮的租赋。当时连敬宗这样昏庸的皇帝也看到了佛教在经济上对政府造成的损失，"即日诏徐州罢之"。武宗灭佛后，李德裕对武宗的做法大加称赞，认为武宗"独发英断，破逃亡之薮，皆列齐人；收高壤之田，尽归王税。正群生之在惑，返六合之浇风。出前圣之谟，为后王之法。巍巍功德，焕炳图书"。佛教势力的发展，必然影响政府的财政来源，武宗灭佛是佛教势力日益膨胀的必然结果。武宗之前的皇帝之所以没有灭佛，主要是矛盾的发展还不到最尖锐的程度。

　　不过也有人对这种说法提出不同的看法，他们认为佛教与朝廷的矛盾从唐一代始终存在，历代反佛的士大夫很多，他们对佛教耗财蠹国的攻击十分猛烈，却从未受到帝王的重视，除武宗外，再也没有一个皇帝废佛，相反崇佛的君主却是一个接着一个。唐武宗灭佛后，对道教极度崇信，曾举行长达一百多天的道场，连续五个月修建宏伟壮丽的仙台，厚赐道士，从经济角度看，唐武宗对佛教有清醒的态度，那么他为什么又马上会沉溺于道教？

　　一种比较新颖的观点认为唐武宗灭佛的根本原因是唐武宗与唐宣宗之间的权力斗争。宣宗是武宗的叔叔，他当时从宫中逃出之后，隐身于佛门，而武宗的灭佛，其实是为了查杀宣宗，毁灭他的栖身之所。

日僧圆仁在武宗灭佛时恰好居中国，在他的《入唐求法巡礼行记》中有这样一段记载：道士上奏武宗："孔子说云：'李氏十八子昌运方尽，便有黑衣天子理国。'臣等窃惟黑衣者，是僧人也。"圆仁自己猜测说："李氏十八子，为今上第十八代，恐李家运尽，便有黑衣夺位软？"他认为武宗听到了这段话后，从此"憎嫌僧尼"了。这是一条伪托孔子所说的谶语，是精心炮制出来的。武宗是唐代第十八个皇帝，而且"十八子"与"李"字相合，黑衣是当时僧尼突出的标志。谶语向人们明白预告：唐武宗的祚运就要完结，佛门中将有人要登上天子的宝座。

佛门中的黑衣天子是谁？ 是武宗的叔叔唐宣宗。唐武宗上台后，对可能构成皇位威胁者进行迫害，唐宣宗被迫出游为僧。武宗初时尚崇奉释教，但在会昌元年六月突然改变了态度，于自己生日棒决入内斋与道士谈经的僧人，这很可能是武宗这时得到了宣宗逃入佛门的消息，从而把佛教视为异己力量。会昌二年、三年，武宗屡次下令对寺院僧尼加以勘问盘查，大概是在对不知去向的宣宗进行搜捕追拿。在灭佛过程中，对僧尼进行了残酷的、非理性的迫害与杀戮。武宗灭佛不久，宣宗即位，马上大兴佛教，其原因就在于佛门曾是宣宗的避难场所，而且又为隐藏宣宗付出了惨重的代价，宣宗兴佛实有还愿报恩的动机。

这种说法提出后，也遭到了一些人的反驳。他们认为宣宗隐身于佛门，其实是无稽之谈。武宗在未做皇帝的时候就信奉道教，曾在开成五年（840）秋召赵归真等81人入禁中修道场，他并不是在会昌元年突然间的态度改变。会昌二年、三年对僧尼的勘问，根本不是对宣宗的搜捕，因为其时宣宗32岁，武宗只要对30多岁的僧人查问就可以了，没有必要兴师动众。会昌五年规定50岁以下的僧尼全部还俗，后来外国僧尼也要还俗回国，为了查杀宣宗，至少所有的尼和外国僧是被冤枉了。即使宣宗隐身于僧中，僧还俗为民后，宣宗还可以隐身于民间，仍不能达到目的。"李氏十八子"这条谶语出自于道士之口，只能说明佛道间的矛盾，并不能说明武宗与宣宗之间的权力之争。因为如果宣宗代替武宗，政权仍在李姓手里，根本没有必要"恐李家运尽"。以"黑衣"暗示佛教徒要改朝换代并非始于唐武宗，南北朝时曾经出现过。道士之所以散布这种谶语，不过是前人的故技重演，并不是针对唐宣宗的。宣宗恢复佛教，也不是针对武宗本人的，而是崇佛者对反佛者斗争的一次胜利。

唐武宗灭佛，对唐朝历史和佛教的发展影响极大，促使他灭佛的根本原因，尽管已有很多人在探索，但至今仍是一个有待于进一步研讨的谜团。

石敬瑭甘当儿皇帝之谜

五代十国的后晋高祖石敬瑭被视为中国历史上最臭名昭著的皇帝，因为他恬不知耻地对契丹首领自称"儿皇帝"。究竟出于什么考虑，让石敬瑭甘心忍辱受屈呢？

有人认为石敬瑭此举实在是出于无奈。历史真相到底是怎样的呢？石敬瑭生于唐景福元年（892），祖先是沙陀人。沙陀是古代突厥人的一个部落，早先居住在金莎山（今尼赤金山）以南、蒲类海（今新疆巴里坤湖）以东一带，唐宪宗时，沙陀人酋长朱邪执宜率部归附唐。懿宗咸通十年（869），朱邪执宜的儿子朱邪赤心因征战有功，拜单于大都护、振武军节度使，并被赐予汉姓名李国昌。李国昌的儿子李存勖（xù）后来灭后梁，建立了后唐国。

石敬瑭从小沉默寡言，喜欢读兵书，长大后文韬武略，显露出过人的政治智慧。李存勖的儿子李嗣源对石敬瑭非常器重，将自己的女儿嫁给他，石敬瑭跟随李嗣源转战各地，成为李存勖的一员骁将。石敬瑭最大的功劳是劝李嗣源顺应时势，在兵乱中追求帝位，最后李嗣源果然坐上皇帝宝座，石敬瑭因功被授予"竭忠建策兴复功臣"的称号，并任六军诸卫副使，相当于侍卫队的副总司令。但总司令的儿子李从荣自认为是皇位继承人，骄横跋扈，把谁都不放在眼里。石敬瑭料他日后必然出事，便极力推辞，改任河东节度使兼云州（今山西大同）蕃汉马步军总管。后来，李从荣果然因为急于继位而被诛。

933年十二月，李嗣源病死，儿子李从厚继帝位，李嗣源的养子李从珂发动兵变。石敬瑭活捉了从洛阳逃出的李从厚，押往洛阳向李从珂请功，李从珂杀死义兄后自己称帝。李从厚在位只短短三个月。李从珂称帝后，一直把石敬瑭留在京师，实际上是担心他造反而将他软禁起来了。石敬瑭整天装病在家，然后由夫人李氏出面去向曹太后求情，加上李从珂以为石敬瑭真的体病人衰，从而低估了他，石敬瑭始得归河东。石敬瑭回到河东后，屡次以契丹侵扰边境，需要囤粮备战为名，要李从珂拨给大批军粮，实际是为自己打算。

936年五月，李从珂采纳老臣薛文通的主意，调石敬瑭任天平节度使，想借此试探石敬瑭，如果石不从，即是他怀有谋反之心的最好证据。石敬瑭对属下说："先帝授我太原这个地方，让我终此一生，今无故而迁，是怀疑我要谋反也。太原是个地险粮

石敬瑭

多的地方，有利于起事，我打算内檄诸镇，外求援于契丹，诸位以为如何？"桑维翰、刘知远等大将都认为可行并积极响应。于是，石敬瑭上表，要求李从珂让位给李嗣源的亲生儿子李从益。李从珂大怒，下诏削夺石的所有官爵，然后命张敬达率领大军讨伐。石敬瑭见大军兵临城下，便向契丹许诺了丰厚的条件，请求太宗耶律德光出兵相助。正愁没机会南下的耶律德光喜出望外，亲自领兵援救石敬瑭，打败了张敬达的十数万兵马，攻灭后唐。石敬瑭于这年十一月建国，史称后晋。

为了使契丹出兵助其建国，石敬瑭许诺的条件是：一、称臣；二、尊耶律德光为父；三、每年进奉帛三十万匹；四、割让燕云十六州。

石敬瑭的大将刘知远认为，称臣和进贡是必须的，尊父与割地则太屈辱，恐为天下人不齿，但石敬瑭没有采纳刘的建议。

一千多年来，人们对石敬瑭当年的行径无不嗤之以鼻。的确，在他之前，中国历史上群雄纷争时期，一些弱小王朝面对势力强大、时时觊觎中原的外族国家，俯首称臣，贡纳财物的先例是有的，但还从没有过一国皇帝甘认外族首领为父，何况耶律德光比石敬瑭还小十岁。欧阳修在《新五代史·唐本纪第四》中记下了这耻辱的一笔："敬瑭夜出北门见耶律德光，约为父子。"

另一个让后人谴责的就是割让长城以南的燕云十六州（相当于今北京市、天津蓟县、河北、山西一带），东西长600公里，南北宽200公里，总面积达12万平方公里。十六州割予契丹，使得中原北方的屏障尽失，契丹轻而易举地占据了长城一带的险要地带，从此，凶悍的铁骑便可以长驱直入到黄河，给中原人民带来长达数百年的灾难。对此，石敬瑭是推卸不掉历史责任的。

然而，也有人冷静地分析了当时的情势后指出，石敬瑭此举实在是出于无奈。

当时石敬瑭功高震主，自从石敬瑭帮助李从珂登上后唐皇帝宝座，李从珂对他就疑忌不断。有一次，石敬瑭妻子去京师参加李从珂的生日宴会，结束后想早点回河东，李从珂醉醺醺地对她说："这么着急回去，是不是要和石郎造反呀？"这说明李从珂无时不在戒备着石敬瑭。调任天平节度使，明摆着是要收回石敬瑭的根据地，铲除石的势力。老臣薛文通就一语道破了天机："调动也要反，不调动也会反，不如先下手为强。"因此石敬瑭造反已经如箭在弦上，不得不反了。而石敬瑭以一个河东去对抗整个后唐，明显是以卵击石。所以石敬瑭为了自保，必然要借助外力，寻求契丹的支持。这一决断就事论事讲应该是没错。

为了确保契丹全力支持自己，石敬瑭不得不以最优惠的条件去说动耶律德光。尤其是当时后唐方面以送还俘虏，每年献赠银两财物等条件，向契丹提出结盟，以断绝其援助石敬瑭之念。与此同时，后唐大将赵延寿也提出优厚条件，要求契丹封他为皇帝。石敬瑭在得此消息后，才下定决心以更加优厚的条件事奉契丹。这证明了在当时的情况下，石敬瑭为了生存，许诺这些条件是必须的。否则，契丹未必肯出兵支持他，至少不会是太宗耶律德光亲率5万精兵南下。

石敬瑭付出沉重的代价换来后晋的建国之后，对契丹采取低姿态，谦卑以对。对内则整顿军事，加强操练，鼓励人民耕田种桑，恢复自由贸易。在一段时期内，中原与契丹之间没有发生大的军事冲突，后晋也社会安定，出现了小康生活局面，在五代五个开国皇帝中，石敬瑭的治绩还算是好的。从这个角度来说，石敬瑭牺牲了国家和民族利益，也牺牲了个人尊严，才换取短时的建国安邦，只是这个牺牲超出了国家和民族所能够承受的限度，因而才为后人不齿。

《旧五代史》说石敬瑭能礼贤下士，能纳谏，生活节俭，但是不该为图帝位引契丹进中原而给人民带来灾难，这如同"决鲸海以救焚，何逃没溺；饮鸩浆而止渴，终取丧亡"。这一评价还是比较客观中肯的。

花蕊夫人之谜

在五代十国时期，有几位被称作花蕊夫人的女性，她们不仅容貌美丽，而且精通诗词，多才多艺。有关她们的事迹，多散见于五代至两宋的各种史籍之中，因其所处时代相同，且又均被称为花蕊夫人，她们的身份、事迹至今仍有许多疑谜。

五代十国间，被称为花蕊夫人者，一共有三人。由于传说中的三人身份相近，这使得花蕊夫人的事迹朦胧不清，成为一个至今搞不清的谜案。

宋人蔡绦《铁围山丛谈》上说花蕊夫人是前蜀主王建的妃子，姓徐，与其姐都有美色，都受到王建的宠幸。初封为淑妃，人称"小徐妃"，又号花蕊夫人，生子衍（后主）。王衍即位，封为顺圣太后。后来唐庄宗灭掉蜀国，这位"小徐妃"被唐庄宗杀害于长安秦川驿。世传花蕊夫人的《宫词》，就是她所创作的，写的都是前蜀宣华宫游乐的故事，用辞华丽典雅，艺术技巧较高。

第二位花蕊夫人是在清代学者赵翼的《陔余丛考》中出现的，说这位花蕊夫人是南唐后主李煜的妃子，闽人之女，雅好赋诗。她于南唐亡后，被俘入宋宫，后为晋王所杀。人称小花蕊。

还有一位花蕊夫人是后蜀主孟昶的妃子，徐姓，一说姓费，青城人。初封贵妃，又加号慧妃，别号花蕊夫人。工诗，曾仿照王建赋宫词百首，蜀亡入宋。

几位花蕊夫人都是有较高的文学修养，擅长写作，工诗词，传说中都写了宫词，那么今天相传的宫词百首者到底是哪一位花蕊夫人写作的呢？有人主张是前蜀的花蕊夫人所作，有人认为是后蜀的花蕊夫人所作，

未知孰是孰非。

大多数人认为，历史上的花蕊夫人其实只有一位，那就是五代时后蜀主孟昶的妃子。明初学者陶宗仪在《辍耕录》中说："蜀主孟昶纳徐匡璋女，拜贵妃，别号花蕊夫人。意花不足以拟其色，似花蕊之翾轻也。或以为姓费氏，则误矣。"这种说法得到了许多人的认可。王建被称为花蕊夫人的妃子不可能就是后来孟昶的花蕊夫人。首先是从时间上看，从五代时的前蜀，经后蜀孟昶到宋太祖开国，历经50多年；如果说花蕊夫人15岁入宫为前蜀主王建之妃，那么，宋太祖在俘虏她时，她已经是70多岁的老太太了。宋太祖怎么会对她宠爱有加呢？而后蜀主孟昶到宋太祖开国，只有20余年，花蕊夫人入宋时尽管已是三四十岁，却风韵犹存。其次，前蜀主王建，是屠夫和贩私盐出身，人称狡猾枭雄，唐末因镇压黄巢起义有功，升为禁军八都头之一。唐亡后不受梁命，才入蜀称王。纯属一介武夫的王建，文笔不通。他虽然娶了大小徐妃那对姊妹花，但她们只不过徒有其貌，并无一字诗文留世。有人猜测，后人可能是前后蜀相混，将后蜀的花蕊夫人的称号误戴到前蜀的小徐妃头上了，而且前蜀的大小徐妃与后蜀的花蕊夫人可能血统上有相连的关系。

确定了这位花蕊夫人的身份，但仍然存在着很多疑点。

有关这位后蜀的花蕊夫人的姓氏，历史上有两种说法：一说姓徐；一说姓费。那么花蕊夫人究竟姓徐还是姓费呢？据宋人黄休复《茅亭客话》记：孟昶为帝初，有一种叫"虹"的怪物到徐光溥家的井中饮水，他母亲说前蜀时有这种怪物到我家井中饮水，先主王建娶吾家女为妃，今又至此，一定是好的征兆。果不其然，后来她的女儿被后蜀主选入宫中，称为惠妃。"惠"与"慧"同音，此"惠妃"即是孟昶"慧妃"花蕊夫人。而且这位花蕊夫人是徐光溥的妹妹，必定姓徐。从这段文字也可看出，前后蜀花蕊夫人当同属徐氏一族。徐光溥的爷爷叫徐耕，曾任眉州刺史，有二子，即太师延琼与侍中延珪，其中一个字匡璋。据《能改斋漫录》卷16记载："徐匡璋纳女于昶。"则花蕊与光溥并为徐耕之孙，而大小徐妃则为后蜀花蕊夫人之姑。

关于后蜀花蕊夫人何时入孟昶后宫，其时间已不可考。有一种说法认为，孟昶最初所宠爱的妃子为张太华。有一次在游览青城山时，突然雷电四起，张太华不幸遭电击身亡。孟昶悲痛不已，将她葬在一个道观前的一棵白杨树下。有人为了想方设法让孟昶高兴起来，在青城山地区找到了一个绝色美人。孟昶看后，说这个女子花容月貌，与张太华相貌很像，秀外慧中。一问，小姑娘还擅长文墨，诗词赋样样精通，于是封为花蕊夫人。由于这位美丽的夫人酷爱牡丹和芙蓉，孟昶下令在成都的城墙上遍植芙蓉树，就是为了讨她的喜欢。孟昶于后蜀明德元年（934）继位，继位时年仅16岁。在他20岁时改年号为广政。广政年号到后蜀被宋所亡，一直沿用了28年。从"张太华死于广政初年"之说推算，花蕊夫人受宠至少20年以上。如果以广政八年花蕊夫人15岁计算，至广政二十八年后蜀灭亡之时，花蕊夫人已经人到中年，大约在35岁到40岁之间。

世传花蕊夫人作《宫词》百首，有一些流传至今。《宫词》果真是花蕊夫人所写？花蕊夫人的《宫词》到底有多少首呢？关于《宫词》的作者，大多数人认为是后蜀的花蕊夫人所作。明人毛晋曾作考证认为，花蕊夫人是后蜀孟昶妃费氏，今所流传的《宫词》是宋熙宁五年王安国在崇文院检校蜀国所献之书而发现了她的手写本，告诉了王安石，王安石又转告王珪、冯京，从而使花蕊夫人的宫词流传下来。另一种说法认为《宫词》的作者是前蜀主王建之小徐妃。宫词中有"法云寺里中元节，又是官家降诞时"之句，如果《宫词》作者为孟昶之妃，则此官家非孟昶莫属，而昶生日在十一月，只有前蜀主王建的生日在七月十五中元之时。再者，《宫词》中所提到的会真殿、龙跃池都是宣华苑中的建筑物，《宫词》作者必在宣华苑竣工后（即921—922年），因此不可能是后蜀的花蕊夫人。有人考证说，这些宫词根本不是出自于一人之手，前蜀花蕊夫人徐氏（王衍母）、王衍、翊圣太妃徐氏、昭仪李舜弦、宫人李玉箫、中舍欧阳炯等都是其中的作者，今只是暂统归花蕊夫人徐氏的名下而已。关于《宫词》的数量：世人多传百首；明人林志尹《历代宫词》本认为并非百首，而是98首，说百首是为了凑够整数。

据《能改斋漫录》记载：花蕊夫人于蜀亡之后，在入宋途中作词自解曰："初离蜀道心将碎，离恨绵绵。度日如年，马上声声闻杜鹃。三千宫女皆花貌，妾最婵娟。此去朝天，只恐君王宠爱偏。"有人认为这词不可能是花蕊夫人蜀道题词。花蕊夫人的入宋路线是从成都经眉州乘船下三峡入汴京的。《眉山县志》云：眉州仍有"蜀王滩"，"蜀王滩治东南。后蜀孟昶降宋入朝，舟过此，国人送而哭之，因名"。据此则花蕊夫人入宋路线不是北上经蜀道入汴的，故不可能在蜀道题词。

五代作宫词的诗人很多，唯独花蕊宫词以宫中人写宫中事而显得一枝独俏。诗人怀着惬意自得的心情，写帝王嫔妃的宫苑宴乐场景，打球射猎、载妓游水、斗鸡走马、排宴赏花等，用轻松的笔调把宫苑描绘成美好的乐园。宫词中最集中而突出地表现宫中女子的生活，但所写女性并不献媚取宠或争风妒忌，而是个个纯真机敏、活泼可爱，与一般诗人的"宫怨"作品旨趣颇异。

北宋乾德二年（964）冬，宋太祖发兵讨伐后蜀，花蕊夫人同孟昶被宋军俘虏，被押往汴京开封。花蕊夫人入侍宋宫，太祖惊其国色天香，不久即册为妃，宠爱专于其身。然而花蕊夫人却对于孟昶很是亲爱，如今迫于主威，侍奉太祖，心中不免时常眷恋孟昶，于是亲手绘制孟昶像，朝夕供奉，以寄托悲情。一次，不巧被太祖发现，她急中生智，诡称"此乃张仙，每日祈祷，可以得子"，才得以掩饰过去。自此，宫中嫔妃盼望生男抱子者皆照样绘制，俗称张仙送子，便由花蕊夫人而来。后人有诗咏曰："供灵诡说是张仙，如此牵情也可怜。千古艰难惟一死，桃花移赠旧诗篇。"也有人认为这则"悬像祀昶"的说法是假的，《续资治通鉴长编》记载：花蕊夫人与孟昶被押入汴京，宋太祖在崇德殿，召见后蜀降臣，这其中不可能没有孟昶。后来，又在大明殿设宴款待孟昶及其弟子，并封他为秦国公，因此宋太祖不可能不认识孟昶。如果花蕊夫人所祀之像果为孟昶，则太祖焉能不识，又岂会怪而问之，并号令天下供奉？笔者认为，这种说法也不是没有道理的。

花蕊夫人以才思敏捷著称于时，机智速辩为她的一生增添了不少传奇色彩。据传，太祖听说花蕊夫人的诗名，曾召她即兴赋诗。在太祖面前，她当即口占一绝："君王城上树降旗，妾在深宫哪得知？十四万人齐解甲，宁无一个是男儿！"宋太祖听了，非但不恼怒，而且还称赞她道："卿真可谓锦心绣口了！"

自古红颜多薄命。花蕊夫人是怎么死的？有几种不同的看法。

《铁围山丛谈》中说，太祖的弟弟赵光义（宋太宗）因不满花蕊夫人的日益专宠，一日，兄弟俩一同游猎于苑中，花蕊夫人陪伴在侧，赵光义拉满弓箭，假装瞄准走兽，突然掉转箭头对准花蕊夫人就是一箭，致使她中箭身亡。但据同时人王巩所记，太宗所射杀者，乃宋金城夫人。另据宋人晁公武《郡斋读书志》记载认为，花蕊夫人是因为有罪而被太祖赐死的。还有一种说法更为传奇，将花蕊夫人的死与宋朝历史上的"烛影斧声"联系在一起。《烬余录》甲编说：宋太宗平日里在太祖面前多次称赞花蕊夫人很有才能。几个月后，蜀主孟昶死。太祖很想看看费氏长得怎样，就马上召费氏入宫。由于费氏十分敏慧，宋太祖十分喜欢她，把她留在身边长达十年之久。这天晚上，太祖因病卧床。到了半夜，太宗叫他，见太祖不应，就乘机调戏费氏。太祖醒过来看到后，用玉斧砍赵光义，于是两人扭打起来。等到皇后和太子来时，太祖已经奄奄一息了。赵光义砍伤太祖，感到十分羞愧，慌慌张张地回到自己的府第。第二天早上，宋太祖崩。有关专家认为，太宗调戏花蕊夫人直接导致了"烛影斧声"的发生。

花蕊夫人死后葬身何处，史书上也有几种不同的说法。

一说在福建省崇安县。《十国春秋》卷50云，墓在闽崇安。但反对者认为福建崇安的墓是南唐宫人小花蕊的墓地，不是真正的花蕊夫人。

一说认为在四川广汉。其根据是1952年3月在四川广汉发现的一座古墓，这座墓有近两米高的石碑，碑上刻有"故蜀王孟昶暨花蕊夫人墓"。在碑阴，有类似"墓志铭"的小字。但据史书记载，孟昶死后被葬在洛阳，怎么会跑到四川呢？有关方面曾特函洛阳博物馆，询问是否发现孟昶墓，该馆专家复函说，迄今没有在洛阳发现孟昶墓，极有可能在古时已经迁回四川。对此，有学者认为此墓是孟昶与花蕊夫人的合葬墓，其迁葬到广汉的原因是宋太祖为了安定民心，缓和矛盾，从而使两川安定。对此说法，史学界还有争论。

关于花蕊夫人的生平事迹，仍然存在着众多千古谜团。不过她真情吟咏的诗文，却永久地雕镂人心，永不漫漶。"殿前宫女总纤腰，初学乘骑怯又娇。上得马来才欲走，几回抛鞚抱鞍桥。"诗人擅长截取各种生意盎然的生活片段，通过动态描写表现人物的特有心理，其笔调流畅宛转，娴熟，风格清丽，令后人难忘。

李煜与小周后之谜

南唐灭亡后，后主李煜及小周后被宋军押解至开封，过着与犯人相差无几的囚禁生活。李煜与小周后恩爱相亲，但小周后却常常被宋太宗召进宫内，一住就是好多天，李煜的人格受到极大的侮辱。李煜被宋太宗毒死后，小周后带着缠绵哀怨也离开了人间。

南唐后主李煜18岁那年就结了婚，妻子是南唐开国老臣周宗的长女、19岁的娥皇。李煜不是一个好皇帝，但他善诗词、精书画、知音律，十分富有艺术天赋。娥皇凤眼星眸，朱唇皓齿，冰肌玉肤，骨清神秀，她通书史、能歌舞、工琵琶，与李煜有着相同的志趣和追求。两人婚后恩爱无比，如胶似漆，情感有增无减，生了两个活泼可爱的儿子。可惜好景不长，乐极生悲，结婚十年后的一天，娥皇突然病倒，久治不愈。病魔将娥皇折磨得形体枯槁，神态木然，终日昏睡。忧心如焚的李煜，情绪随着娥皇的病情而日益恶化，从希望到失望，又从失望走向绝望。

此时，有一位风姿绰约、妖艳欲滴的芳龄少女突然闯到李煜的身边。这位阴差阳错的少女，是李煜爱妻娥皇的胞妹，因为史佚其名，加之娥皇死后李煜续弦将她立为国后，所以时人称她为小周后，以示与她的胞姐周后相区别。

小周后比她的姐姐小14岁，听说姐姐得了重病，就专程从老家扬州前来金陵探视。想不到李煜一见这位小姨子就被她迷上了，之后他主动作词给她，说自己见到她是"相看无限情"。又特地让有关部门在清辉殿举办歌筵，让她看歌舞表演，欣赏宫中名花。一来二去，小周后就倒入了李煜的怀中。娥皇死后，小周后就代替自己的姐姐与李煜生活在一起了。

968年，也就是娥皇死后一年，李煜重新用皇家规格最高的仪仗迎娶小周后，接着又接连数日举行庆贺仪式。其时南唐内外交困，久被国事折磨的李煜只有在小周后的柔情和妩媚下才感到自己的生活仍有乐趣可言，但这使他更不理国政，整日与小周后等女宠浪迹在一起。

975年，北宋向南唐发动了全面进攻，由宣徽南院使曹彬率领的部队没有遇上什么强有力的抵抗就拿下了金陵。李煜为了不使金陵成为涂炭战场，按照宋兵的要求，率领王公后妃、百官僚属在江边码头集结，登上宋船北上。数月后，李煜来到开封，

南唐后主李煜

中国历史之谜

朝觐赵匡胤，得到了一个带有极大侮辱性的封爵"违命侯"，还要违心叩头谢恩，高呼万岁。

宋太祖赵匡胤不明不白地死后，赵光义称帝。当年十一月，他废除李煜的爵位"违命侯"，改封"陇西郡公"。表面上看，似乎意味着李煜身份的提高，然而事实并非如此。他常常用言语侮辱李煜，使李煜感到十分难堪。尽管面对太宗的羞辱还要强颜欢笑，而内心却感到无限的伤痛。

最使李煜痛苦的是，"江南剩得李花开，也被君王强折来"。小周后跟着他降宋后虽然被封为郑国夫人，但李煜却连自己的皇后也无力保护。宋太宗常召小周后和其他南唐命妇一道入宫陪宴侍寝，一去便是多日，使得一往情深的伉俪，咫尺天涯，难以相聚。小周后每次入宫归来，都要扑在李煜的怀中，向他哭诉宋太宗对她的无耻威逼和野蛮摧残，为了李煜的安全，小周后只能满足宋太宗的任何要求。李煜望着小周后那充满屈辱和痛苦的泪眼，唉声叹气，自惭自责地陪着她悄悄流泪，还能有什么办法？他深为自己无力保护爱妻的身心而内疚，更为宋太宗的残忍而愤恨。但这个时候，南唐君臣的命运操纵在他人手里，李煜对亲人遭受的这种难以启齿的凌辱也就无能为力了。他除了强忍心灵深处创伤的剧痛，长时间同小周后抱头饮泣之外，只能强压耻辱，加以回避。每次小周后应召入宫，李煜就失魂落魄，坐卧不宁，彻夜难眠，望眼欲穿。小周后巧笑顾盼的可爱形象，总是如梦似幻般地萦绕在他的眼前。尤其是暮春之夜，他惆怅无言，倚枕遥望宫殿。想念之中，窗外似乎又响起了他熟悉的小周后夜归的脚步声。他赶紧起身，凭窗环顾深院，却不见小周后飘飘欲仙的倩影，只有满地落红。随手拈笔，即成一首《喜迁莺》："晓月坠，宿云微，无语枕边倚。梦回芳草思依依，天远雁声稀。啼莺散，余花乱，寂寞画堂深院。片红休扫尽从伊，留待舞人归。"

从金陵的安富尊荣的享乐生活，到开封的萧索凄凉，李煜和小周后满腔都是悲愤和怨恨。978年的乞巧节，这天恰好是李煜的42岁诞辰，后妃们为李煜拜寿，她们在庭院中张灯结彩，备置几案，摆上酒食瓜果。这天月色朦胧，大家的心突然感到无比茫然和凄凉。酒过三巡，沦落在异乡受人凌辱到几乎麻木的李煜勾起了对不堪回首诸多往事的苦思苦恋，想到自己的江山故国早已物是人非，巨大的失落感使得他心力交瘁，无穷无尽的愁恨，就像泛着春潮的大江流水，在他的胸膛里翻滚激荡："问君能有几多愁？恰似一江春水向东流。"

李煜这边又是牢骚又是情绪激昂的填词，消息传到了赵光义的耳中，他暴跳如雷，宋朝的皇帝怎么能容忍亡国之君在大宋京师怀念故国？于是决定除掉李煜。他知道自己的弟弟赵廷美与李煜过从甚密，于是他让毫不知情的赵廷美代表他前去祝寿，并赐一剂"牵机妙药"，供李煜和酒服后扶摇星汉，观赏织女牵机织布，以解胸中郁闷。李煜服下后当即中毒身亡。

李煜死于非命之后，小周后失魂落魄，悲不自胜。她整日不理云鬓，不思茶饭，以泪洗面，终因经不起愁苦与惊惧的折磨也于当年离开了人世。小周后虽然悲惨地死了，但她却为后世文人墨客留下了一个吟咏爱情诗篇的美好形象。直到清代，还有人在作画吟诗，赞美她与李煜的那段浪漫往事。

一个妖艳的小女人形象深深地印在了人们的心中。

赵匡胤陈桥兵变之谜

大宋王朝建立于公元960年的陈桥兵变，赵匡胤黄袍加身而成为宋太祖，这一基本史实并不存在疑点。而令人不解的是此次政变过程中，有关史籍的一些细节方面的描述充满着矛盾，主要围绕赵匡胤是完全被动接受黄袍加身，还是其集团进行的一次早有预谋和准备的政变？有关的史料与素材矛盾百出，使这一事件的进程变得扑朔迷离。

五代末，显德七年（960）的正月初一，后周朝廷接到镇、定二州的军情急报，说北汉勾结契丹，大军声势甚盛，南下侵入边境，形势十分危急。宰相范质、王溥等商讨后奏准太后，立即派检校太尉、殿前都点检赵匡胤率诸将领兵出征。大将慕容延钊简选精锐，率前军先行启程。赵匡胤调集各路人马，领大军也随即北征。初三，军队驻扎于开封东北40里的陈桥驿，诸将聚谋，以为主上幼弱，他们出死力破敌，有谁知道？也为国家着想，不如立太尉为天子，然后北征也不晚。乃找匡胤之弟、时任供奉官都知的赵光义和掌书记赵普商议。光义以为："哥哥忠赤，不会同意。"赵普认为："外寇压境，大敌当前，应先御敌，战归再议。"

宋太祖赵匡胤

而众将坚持说："若太尉不受命，六军难以向前。"此时，赵匡胤却醉酒卧营不省，有拥立之意的将士便环立待旦。次日黎明，军营四周呐喊声起，震动原野。光义与赵普入营告知，而诸将士也直叩寝帐之门，高呼："诸将无主，愿策太尉为天子。"赵匡胤惊起披衣，未及应酬，便被扶到议事厅，有人把皇帝的黄袍加到他身上，众人都罗拜庭下，口称万岁。匡胤要推辞，众人不答应，并相与扶匡胤上马，拥逼南行。匡胤在马上说："你等自贪富贵，立我为天子，那就必须听从我的命令，不然我不做这个皇帝。"众将下马回答："惟命是从。"然后匡胤严肃颁布了有关入京以后士兵秋毫无犯的约法，并令众立誓，这才率军返回开封城，遂取代后周政权，建立了大宋王朝。

上述故事情节，主要意译自宋代最具权威的史籍《续资治通鉴长编》卷一，其他重要史料记载也差不多。从其具体过程考察，此次陈桥兵变、黄袍加身似乎是一次偶发事件，是遵循五代将士拥立主帅的旧例行事，赵氏集团事先并不知情，赵匡胤完全是被动接受众将的请求，不得已才同意做皇帝。然而从其他相关史料分析，却使人感到其描述是大有疑问的，黄袍加身应是一次有预谋有准备的政变，所谓"黄袍不是寻常物，谁信军中偶得之"（岳蒙泉《绿雪亭杂言》）。

赵匡胤出身将门，22岁时投到后汉枢密使郭威帐下效力，因战功卓著，30岁就升至殿前都指挥使。他以拜把子的方式，团聚了一批生死与共的高级将领铁哥们，号称"义社十兄弟"，开始发展自己的势力。显德六年（959），33岁的赵匡胤升任殿前都点检，执掌了禁军最精锐部队。六月，周世宗去世，恭帝即位，时才7岁，太后也年轻少谋，孤儿寡妇无能力执政，几位宰相也较懦弱。而这时在京城的禁军两司将领，除侍卫马步军副都指挥使韩通外，基本上都是赵匡胤的结义兄弟或好友。可以说一场政变在如此成熟的条件下已开始酝酿，问题只在于找一个怎样的契机发动而已。

据司马光《涑水记闻》记载："及将北征，京师喧言，出师之日，将策点检为天子。故富室或挈家远避于外州，独宫中未之知也。"《续资治通鉴长编》也说："时都下欢言，将以出军之日策点检为天子，士民恐怖，争为逃匿之计，惟内庭晏然不知。"说明此事早在政变之前已于京城一带传得沸沸扬扬，且能断定政变将发生于"出师之日"，此绝非普通民众所能猜测和指定的。所谓只有"宫中未之知"，应指宫廷中后周皇帝的孤儿寡妇还被蒙在鼓里。不能判定的是：这些传言是赵氏集团为政变故意所做的舆论准备，还是有一定地位的人在有关征兆的预见中所做的推测？大军在开拔途中，一个号称谙知天文的军校苗训，也指点了当时"日下复有一日"的天象，是即将改朝换代的"天命"。这一宣传与京城传闻相配合，使人感到有故意做舆论准备之嫌。

此传闻在京城造成民众如此的恐慌，应该说绝大部分人都会听说，那么宰相范质、王溥等大臣是否知晓呢？如果知晓，他们仍派赵匡胤率军出征，是否与赵氏集团同谋呢？不过从后来事态的发展来看，范质与王溥似乎又不知情。据有关记载，兵变消息传到京师，范质受到太后的谕责，退出朝门，握住王溥的手道："仓促遣将，竟致此变，这都是我们的过失，为之奈何？"王溥听了发愣而无法回答，忽口中呼出呻吟声来，原来范质握手之指甲已陷入他手腕皮肤，几乎出血。赵匡胤入城后，还对范质等人"呜咽流涕，具言拥逼之状……（范）质不知所措，乃与（王）溥等降阶受命"（《宋史·范质传》）。等到赵匡胤诣崇元殿行禅代礼之时，召文武百官就列，班定礼仪程序之时，独缺周帝禅位制书，这时翰林学士承旨陶谷出诸袖中，进曰："制书成矣。"遂完成此禅位之礼，使赵匡胤登上皇帝宝座。其中，像翰林学士之类的官员已早有准备，而宰相范质等居然一点也不知情，似乎又很难说得过去。

《宋史·杜太后传》载，杜太后得知其子赵匡胤黄袍加身后，脱口说道："吾儿素有大志，今果然。"依

周世宗柴荣

然谈笑自若，没有任何惊诧之表情。《涑水记闻》也载，杜太后说："吾儿生平奇异，人皆言当极贵，又何忧也。"据说，匡胤年轻时，杜氏劝他好好读书，匡胤奋然回答："治世用文，乱世用武，现世事扰乱，愿习武艺，安邦定国。"杜氏笑道："儿能继承祖业，便算幸事，还想什么大功名哩。"匡胤道："唐太宗也不过一将门之子，后造成帝业，儿想与他一样干番轰轰烈烈的大事业，母亲以为如何？"杜氏怒道："不要信口胡说，世上说大话的人，后来往往没用，还是读书去罢！"而这时，连年老的母亲都变得如此胸有成竹，遇事不惊，说明赵氏集团对这事的准备应已相当充分。所以后人以诗讽讥道："阿母素知儿有志，外人反道帝无心。"

一些宋人笔记记载，赵匡胤早年曾到高辛庙算卦，占卜功名前程，据说自小校以上至节度使，一一掷之，卦皆不应，最后唯剩"天子"时，一掷而得此卦。这事真伪已无法考定，然而从其为当时广为流传的逸闻而言，也或是赵氏集团所做的舆论准备，至少说明赵匡胤自己早已对此事有所谋划。而政变发生之际，赵光义和赵普马上派快骑入京，通知其死党殿前都指挥使石守信和殿前都虞侯王审琦，让他们在京城做好改朝换代的接应准备。有意思的是，此时赵匡胤居然醉酒卧营不省，而使将士们环立等待，直到次日黎明。这一情节是真实的，还是故意做作，抑或后人编造？也令人颇感困惑。

大军返回京城，城门早在石守信诸将的控制之下，不但入城顺利，整个京城也没有因此发生大的动乱。时正早朝，副都指挥使韩通闻讯，还没来得及集结军队应变，就被入城的殿前司勇将王彦升追杀，并诛灭其全家。这是后周将相中唯一的罹难者，他还没来得及组织起反抗，就被迅速剿灭，如没有事先布置安排，怎么会如此周全。当然，事后还要掩饰一番，将韩通以礼葬之，并嘉其临难不苟，赠中书令之职。有意思的是，后来宋太祖幸开宝寺，见壁上供有韩通的画像，立即令涂去，应是内心有愧吧。

尤其令人不解的是：本因边境军情告急，这才令赵匡胤率军北征，为何黄袍加身后便率军回京，而不用去抵御强敌了呢？有所谓"千秋疑案陈桥驿，一着黄袍便罢兵"（查初白《敬业堂集》）。一般认为，镇、定二州是在谎报军事，以配合此次政变。这样，镇、定二州节度使也理应是赵氏集团的成员了。有学者提出不同看法，认为镇、定二州军情并没有谎报，《续资治通鉴长编》、《宋史》、《契丹国志》诸重要史籍都有相关军情记载。而二州节度使郭崇和孙行友，据《宋史》两人的传记所载，宋初，郭崇"追感周室恩遇，时复泣下"。监军密奏："崇有异心，宜谨备之。"同时，"孙行友不自安，累表乞解官归山，诏不允。建隆二年，乃徙其帑廪，召集丁壮，缮治兵甲，欲还狼山以自固"。被人告密，令举族迁赴都城，审问后削夺官爵，勒归私第，并严惩其部下。可见，两人不可能属于赵氏集团成员。那么，为什么北汉与契丹入寇之军队没有长驱南下，确实令人不解。其后，郭崇曾来报："契丹与北汉军皆遁。"为什么会自动撤退呢？难道是其趁后周"主少国乱"之机起兵入侵，而得知政变后"宋立国安"，就自动退兵了吗？五代诸帝多由军队拥立，如唐废帝李从珂、唐明宗李嗣源、周太祖郭威等，它是唐代藩镇割据后军人擅废立之权而留下的遗风，自然为儒家正统思想所不齿。所以在宋代官方文献中，都把陈桥兵变说成赵匡胤事先完全不知内情，以洗刷其篡夺王位的千古骂名，于是在有关文献中遮遮掩掩，弄得历史记载矛盾百出，整个过程疑团丛生。再如邵伯温在《闻见录》中引证王禹偁的《建隆遗事》，认为赵光义压根儿就没参与陈桥兵变，那时，他正留在开封城里陪母亲杜氏。而有的史书（《太祖实录》新版）却说，陈桥兵变后军队入城，秋毫无犯，是光义叩门而谏，才有太祖约法立誓之举。这里是乘机烘托宋太宗的高大形象，亦可见官方在有关文献记载中所做的手脚。实际上，赵匡胤后来的开国措施结束了五代动荡和中原分裂的政局，拉开了经济与文化都颇为繁荣的宋代序幕，是有功于社会历史发展的，人们对其如何取得政权的细枝末节已不太在意了。

宋太祖杯酒释兵权之谜

"杯酒释兵权"是北宋初年著名的历史事件，说的是宋太祖陈桥兵变夺取天下后，又对那些作为开国功臣的高级将领们产生猜忌，担心兵变夺权的故事重现，于是导演了一出用酒宴解除众将兵权的历史剧。千余年来，人们一直将它作为一个真实的历史故事，在各种相关的历史书籍中重复着。然而近来有学者指出，这幕有声有色的历史剧，很可能出自宋代文人的杜撰和演绎，而不是真实的历史事件。果真如此吗？

建隆二年（961）七月，也就是在陈桥兵变建立宋朝的第二年。宋太祖召宰相赵普问道："天下自唐末以来，数十年间，帝王就换了十个姓，战事频繁，苍生涂炭，这是为什么呢？我想从此停止战争，为国家长久考虑，应该怎么做？"赵普回答："陛下能考虑到这些，真天下人民之福也。唐末以来，兵战不息，国家不安，其原因不是别的，而是武将兵权太重，君弱而臣强。今天要治好此患，没有别的奇巧办法，唯有夺其权力，收其精兵，控其财政，天下自然就安定了。"话还未说完，太祖插言："卿不用再说，我已明白了。"

一天晚朝结束，宋太祖在宫中摆下丰盛的酒宴，请来石守信、王审琦等一班禁军宿将。饮至酒酣耳热之时，太祖屏去左右侍从，对这些故友勋臣说："朕没有你们的帮助，就没有今天，你们的功劳非常之大。但做天子也太艰难了，倒不如当节度使来得快活。朕现在是长年累月不敢安枕而睡呵！"石守信等人忙问："这是何故呢？"太祖说："这有什么不明白的呢，天子这个位置，谁不想坐坐呢？"石守信等人一听，连忙诚惶诚恐地起身叩头道："陛下何出此言，如

今天命已定，谁敢再有异心？"太祖说："不对吧，你们虽然没
有异心，你们麾下的将士如果要贪图富贵怎么办？一旦把黄
袍加在你身上，你想不干，恐怕也办不到吧。"众将这时已
一身冷汗，知道受到猜忌，弄不好就有杀身之祸，于是
一边流泪，一边叩首，连声祈求："臣等愚钝，望陛下
哀怜，指条生路。"太祖坦然开导道："人生一世，草木
一秋，所以企求富贵者，不过多积攒些金银，自个好好
享乐，也让子孙不再贫穷。你们何不放弃兵权，选择好的
田宅买下来，为子孙置下永久的产业；再多买些歌伎舞女，
每天饮酒作乐，以终天年。我还可以与你们结成儿女亲家，共享富贵。这样，
君臣之间，都无猜疑，上下相安，不是很好吗？"众将听罢，都一再感谢太祖
为臣下想得如此周全。

赵 普

第二天，侍卫亲军马步军都指挥使石守信、殿前司都指挥使王审琦、殿前
司副都点检高怀德、侍卫亲军都虞侯张令铎等都上疏称病，求解兵权。宋太祖
一概允准，皆以散官就第，并给以丰厚的赏赐，然后派他们出任地方节度使，
使禁军中资深的将帅都先后离开军队，只剩下几个职位较低、资历浅薄，且才
干平庸的将领，皇权比较容易驾驭。太祖还将自己的两个女儿分别许配给石守
信和王审琦的儿子，又让弟弟赵光义做了张令铎的乘龙快婿。宋太祖就是这样
用酒宴解除了高级将领们的兵权，又用赏赐金钱和联姻手段消弭了他们的离心
倾向，从而解决了宋代巩固政权统治中的一大难题。

上述故事主要取自司马光的《涑水记闻》，后李焘的《续资治通鉴长编》也
做了详细记载，此外，宋人王辟之、邵伯温、陈均等也在其著作中记录了这件
事。这样，人们就把它作为宋初一件重要的历史事件，认为宋太祖此举，非常
成功地消弭了五代以来武将左右政权的祸患，为加强宋王朝的中央集权统治开
辟了道路。几乎所有相关的历史书中，都一遍又一遍地重复着这个故事，史学
界也很少有人怀疑。直到20世纪90年代，顾吉辰先生在排比和考证史料的过
程中，对这一生动又带有戏剧性的历史故事提出了质疑。

宋人首先有与这事相关的记载，是宋真宗时的宰相丁谓所写的《谈录》。丁
谓叙述了这样一个故事：一天，宰相赵普对太祖说："石守信、王审琦等人不
能再让他们领兵了。"太祖问："难道这二人要造反吗？"赵普回答："这二人肯
定不会造反。我仔细考察过他们的才能，担心的是他们不能制服下属。如果发
生其属下将官要造反的话，他们也会身不由己的。"太祖又问道："这二人受国
家如此重用和恩惠，难道会有负于我？"赵普从容回答："只怕就如陛下，怎么
也负于周世宗呢？"太祖顿时大悟，就听从了赵普的提议。

这段记载说明，解除众将的兵权是宰相赵普的建议，且提出了非常有说服
力的理由，太祖是在被说服后，才按照赵普的建议而着手进行解除兵权这件事
的计划。其中没有戏剧性的"杯酒释兵权"的故事发生，但赵普所起的作用是
关键性的。

到宋仁宗时，宰相王曾的《笔录》中，就出现了"杯酒释兵权"故事的雏形。不过，王曾是这样描述的：相国赵普屡以为言，宋太祖于是不得已召来石守信等于宫中酒宴，谈到过去彼此亲密无间的快乐往事，就乘机明白告之："朕与诸位，兄弟相称，义同骨肉，哪里有什么芥蒂？但是言官们进说不已，朕也不得不有所考虑。以今天的情况讲，不如各位自选风水宝地，出守外藩，世袭官爵，而租赋所入，也足以自奉，这样优哉游哉地安度晚年，不亦乐乎？朕后宫中有几个女儿，当与诸位的公子攀亲，以示君臣无间。诸位看如何？"石守信等都心领神会，叩首称谢。由是，石、高、王、魏诸人各归藩镇，俱蒙皇亲婚约。后20多年，仍贵裔显赫。前人称后汉光武能保全功臣，也不过如此吧。

这段记载说明，仁宗时首次出现"杯酒释兵权"之故事，但其情节较为简略，没有后来那样充满着戏剧性的内容。直到宋神宗时，司马光的《涑水记闻》才出现了上述如此生动详尽，且充满着戏剧性的故事情节。就是说距离当事人的时代愈远，记载反而更生动详细。南宋初，李焘《续资治通鉴长编》中的有关记载，他在注中如此说明："此事最大，而《正史》、《实录》皆略之，甚可惜也，今追书。按司马光《涑水记闻》云守信等皆以散官就第，误矣。王曾《笔录》皆得其实，今从之。文辞则多取《涑水记闻》，稍增益以丁谓《谈录》。"就是说其基本上摘抄了司马光的《涑水记闻》，然而又对照王曾的《笔录》和丁谓的《谈录》有所增益和订正。其中最重要的，就是透露出这样一个信息："杯酒释兵权"这样一件大事，居然在当时官方的文书（如《国史》、《实录》、《会要》之类）中都基本没有记录。元末，根据《太祖实录》、《三朝国史》编成的《宋史·太祖纪》，对此事也居然不着点墨。为什么如此一件国政大事，《国史》、《实录》会惜墨如金呢？此信息说明什么问题？

首先，宋人王辟之、邵伯温、陈均等著作中相关记录，或录自王曾的《笔录》，或参考司马光的《涑水记闻》，或抄摘李焘的《续资治通鉴长编》。后元人编的正史《宋史》中的《石守信传》中的相关记载，也应来自李焘的《续资治通鉴长编》。就是说，"杯酒释兵权"之故事主要来源于宋人笔记《谈录》、《笔录》和《涑水记闻》，而不是官方正式文书记载。

其次，"杯酒释兵权"故事之出现与记载，在北宋中后期，似乎经历了一个从无到有，再从简到详的过程，同时各说之间增益补充、人为渲染，最终演绎出一个有声有色的戏剧化故事。可以说其故事约在宋真宗、仁宗时期出现，到神宗、哲宗年间完成，以司马光《涑水记闻》中的记载作为标志。北宋末、南宋初，王辟之、李焘等人又行摘抄，有的还擅自增添一些情节。总之，这时人们对此历史事件已没有怀疑。

再次，"杯酒释兵权"这件事究竟发生在哪一年？说它发生于建隆二年（961）七月，主要是依据李焘的《续资治通鉴长编》。就是说此前诸书都没有具体的时间记录，直到南宋李焘才将它安排到这一时间段中。而这一年的六月初二，太祖母亲杜太后病逝。这样，六月初到七月初，按照当时的惯例，应是国丧时期，朝廷上下是不准宴饮作乐的。赵匡胤这样一个孝子是不可能违反这个礼仪，而在此间设宴招待诸将。有的史籍记载，此事是发生在赵普担任宰相之后，而建隆二年时，赵普还只是一名幕僚，第一次拜相要到乾德二年（964）。可见，此事发生的年代，由于《国史》、《实录》的缺载而很成问题。

最后，对于此故事在宋代如此演绎的原委，顾吉辰先生指出，"杯酒释兵权"的后果，虽然中央集中了兵权，防止了武将的颠覆，改变了五代以来"国擅于将，将擅于兵"的状况，但它在调整军事机构时采用"兵将分离"、"强干弱枝"诸做法上，使调兵者与统兵者之间，将帅和士兵之间，彼此钳制而游离，严重削弱了军队的战斗力，由此产生的一系列弊端，导致对外战争中许多重大战役失败，影响着宋王朝整个的历史进程。一些有见识的大臣对宋太祖有关的军事改革产生不满，这种情绪伴随着宋王朝由盛转衰，由强至弱，由统一到偏安的历史进程而日益强烈，从而导致"杯酒释兵权"之故事越来越详细，越来越戏剧化，最后完成此经过歪曲加工的历史故事。

所以，可以说丁谓《谈录》的记载较为符合历史事实，即宋太祖是在赵普的提醒下，在北宋初期对石守信、王审琦等人罢免了有关军职，目的是担心兵变的重演。整个事件主要通过太祖与赵普之间的对话展示出来，而王曾的《笔录》、司马光的《涑水记闻》等有关酒宴的记载大都是后人杜撰的。

那么，这个对宋代政治军事历程产生过重大影响的"杯酒释兵权"之故事，难道真是宋代文人或官员演绎和杜撰出来的吗？王曾是位忠直刚正的官员，一生两拜参知政事，两次出任宰相，还任过枢密使，可谓出帅入相，遍历二府，对宋代高层军政史必知之甚详。真宗迷信天书时，他有所规谏；仁宗即位，刘太后听政时，他身为宰相，却裁抑太后姻亲，被罢知青州。颇有正气感的王曾，有什么必要对前朝政事进行造假呢？尤其是司马光作为一个非常严谨的史学家，其写《资治通鉴》时是如此一字不苟，对史实都做过严格的一番审核工作，难道写此"杯酒释兵权"之宋初重大历史事件，会只在王曾《笔录》的基础上，没有多少根据而增加这么多的新内容和戏剧性的情节吗？

由是，有学者提出反驳意见：一是王曾（978—1038）虽比丁谓（966—1037）晚生11年，但他的《笔录》成书却早于《谈录》。《四库全书总目提要》说："《丁晋公谈录》一卷，不著撰人姓名，皆述丁谓所谈当代故事。晁公武《读书志》以其出于洪州潘延之家，疑即延之所作。延之，谓甥也。今观所记谓事，皆溢美，而叙澶渊之盟事，归之于天象，一字不及寇准。又载寇挟嫌私改冯拯转官文字事，皆颠倒是非，有乖公论。即未必延之所作，其出于谓之余党，更无疑义也。"可见所谓丁谓的《谈录》，其实并非丁氏亲撰，有可能是其外甥或余党对丁氏谈话的追述，其成书要晚于王曾的《笔录》，所以不应以晚出的《谈录》来否定

司马光

早出的《笔录》中的相关内容。再从丁谓的履历和人品而言，我们虽不应以人废言，但《谈录》的史料价值决不会在《笔录》之上，这一点前人也早有定评，如《四库提要》。

二是皇太后的丧期问题。《宋史·礼志》载："建隆二年六月二日，皇太后杜氏薨……准故事，合随皇帝以日易月之制，二十五日释服。"所谓"以日易月"，即以一天等于一月丧期，三年丧即为二十四天。所以到二十五日即可脱去丧服，当然此后还有"葬安陵"、"附太庙"诸事，整个丧期要到十一月才告结束，而不是"六月初到七月初"。然而，在严格意义的丧期内，即前24天，要禁止作乐、宴饮；脱去丧服后，除特别隆重的国宴以外，已不禁止一般的宴饮和娱乐。如《宋会要辑稿·礼》中就有当年"七月十九日……宴群臣于广政殿"的记载，所以像"杯酒释兵权"那样的君臣叙旧私宴，又有何不可呢？

由此，说"杯酒释兵权"经历了一个从简到详的发展过程，也许是可以成立的，或者说对某些细节的夸张和渲染，是肯定存在的。但说它经历了一个从无（《谈录》中无）到有（《笔录》中有）的编造过程，则是不能成立。

当然，也有学者认为没有必要纠缠于那个酒酣耳热的小说性传闻故事，即尽可以忽略"杯酒"之细节，而关注"释兵权"之本质。太祖收兵权可分为两部分：一是朝内罢去典领禁兵的宿将，二是朝外罢去拥兵自重的藩镇。由此，"释兵权"作为宋初建国的一件大事，不但存在，而且确为当时一项重要的国策。收众将兵权后逐渐形成了宋代猜忌和抑制武将的所谓祖宗家法，因而北宋一代，武将以保身留名为大幸，太宗以后几无名将，确实影响了军队的素质和战斗力。在其后与西夏、女真、蒙古诸外族的较量中，在面对北方少数民族的凌厉攻势时，宋军在军事上绝无优势可言，与此也不无关系。但不能以此来全面否定宋初太祖削夺兵权、改革兵制的必要性，因为这是当时稳固统治所必需的一项措施。尤其是它较好地解决了皇帝与开国功臣之间的矛盾问题，选择了一种较为理性和文明的方式，将双方可能激化的矛盾化解在一种较为宽缓、平和的气氛之中，应当有利于国家的政治生活向着相对宽松和平稳的方向发展。其对宋代军事方面产生的不利影响，似乎更应该追究其继任者，没有进一步完善太祖着手的兵制改革，反而在加强专制集权的过程中更增加了其中的弊端。所以认为一些有见识的大臣会将宋代军事上的削弱，都一股脑儿责怪于宋太祖建国初期"释兵权"这项改革措施之上，从而演绎和杜撰出这个戏剧性的传闻故事，看来也是很难成立的。

宋太宗弑兄夺位之谜

宋太祖50岁时突然暴死，第二天其弟赵光义便于灵柩前即位。宋太宗是否弑兄夺位？前一天晚上"斧声烛影"的情况，古籍记载中也只是语气隐隐约约，文辞闪闪烁烁，给人留下遐想的天地，给历史留下千古之谜。

据文莹《续湘山野录》记载：开宝九年（976）十月十九日晚，天空清朗，星斗明灿，太祖在太清阁散步赏景，颇觉心旷神怡。忽然阴霾四起，天气陡变，雪雹骤降。急传宫人开端门，召弟弟晋王赵光义入宫。光义到后，兄弟两人在大内酌酒对饮，命宦官、宫嫔都退下。宫人们只能在稍远处伺候，只见大内烛影下，光义时或离席，好像是谦让退避的样子。饮罢，漏鼓已敲三更，殿外积雪数寸。只见太祖手持柱斧戳雪击地，看着光义说："好做，好做！"说完就解带就寝，鼻息如雷霆。当晚，光义也留宿宫内。次日早晨将五更时分，宫人在寂静无声中发现，太祖已经驾崩。

司马光《涑水记闻》诸书记载：当晚四更时分，太祖晏驾。宫人马上报知宋皇后，皇后命内侍都知王继恩立即召四子秦王赵德芳进宫。而王继恩以为太祖一直打算传位给弟弟光义，竟不去宣德芳，而径赴开封府召光义入宫。继恩来到开封府门前，只见长于医术的左押衙程德玄坐在门口，便上前问其缘故。德玄说："二更时分，有人叫门说晋王有事召见，出门却不见人影。如是者先后三次，我恐怕晋王真有病，所以赶来。"继恩告以宫中之事，两人共同入见光义。光义听后大惊，犹豫不敢入宫，声称要与家人商议。一旁继恩催促道："时间一长，将为他人所有了。"一句话点醒光义，三人便踏着大雪，步行入宫。

到达宫门，继恩让光义在直庐等待，自己好去通报。德玄说："等待什么？直接进去！"三人遂俱入大内。宋皇后听到继恩的声音，便问："德芳来了吗？"继恩答："晋王到了。"皇后见到光义，不禁愕然失色，等缓过神来只得怅然说道："我们母子的性命都交给官家了。"（官家是宋时宗室大臣对皇帝的昵称。）光义也边落泪边回答："共保富贵，别怕别怕。"第二天，光义继皇帝位，是为宋太宗。

一种意见认为，宋太宗是弑兄夺位。以《续湘山野录》所载，太祖就是在斧声烛影中突然死去，当晚光义又留宿于宫中，以便在次日抢班夺位。是时，光义虽隐然被视为皇位继承人，但太祖诸子也都已成年，都可名正言顺地即位，太祖之所以迟迟不宣布皇储人选，应仍在思想矛盾之中。同时，太祖与光义兄弟间也时有矛盾产生，如在对待北汉、契丹的政策上，是和平收买还是武力征伐，兄弟间存在着严重分歧。太祖曾一度考虑迁都洛阳，原因之一就是试图摆脱光义在开封府业已形成的盘根错节的势力范围。更何况历史上皇位兄终弟及者毕竟属不太正常，太祖随时可能改变想法，就是说对赵光义来讲，能否继承皇位还存在不小的变数。那么，如何抢班夺位？自然就成为光义当时最需苦苦思索的问题。而"斧声烛影"的当晚，应该说是一次极好的机会。

据《烬余录》记载，"斧声烛影"为突发性事件，存在具体生动的偶发起因。后蜀花蕊夫人费氏在亡国后被召入后宫，成为太祖宠姬，而光义垂涎其美色已久。这晚，太宗趁太祖酒酣入睡之时，就乘机调戏花蕊夫人，太祖朦胧间发觉而怒斥之。太祖手持柱斧愤慨击地，并看着光义说："好做，好做！"就是怒斥道："你做的好事！"太宗自知无法取得兄长的宽宥，也早有抢班夺位的预谋在胸，所以乘此机会下了毒手。

根据相关史料记载，如果为太祖开列一张开宝九年的活动日程表，就可发现他当时精力非常充沛，频繁出巡各地，幸西京（洛阳），次巩县，拜安陵……而且于其时，史书从未有太祖生病、大臣问疾的记载，身体应该是健康的。故太祖暴卒，显然不是因为生病。有人推测太祖是饮酒过度而猝死，但太祖一向以为"沉湎于酒，何以为人"，其饮酒还是有节制的。如果说此次因酒致死，其时与光义共饮，太祖贪杯猝死而光义安然无恙，这也太蹊跷，或可说明光义在其中做有手脚。因为太宗的确精于此道，南唐后主李煜就是被酒里下药而毒死；后蜀降王孟昶也因此而暴卒；吴越国主钱俶是在生日那天，太宗遣使赐宴，当晚就暴死。所以很有可能是太祖发现了酒中有问题，才连声对光义大呼："你做的好事！"

此外，太宗及其亲信是预知其政变登基之时日的。据《宋史·马韶传》，马韶私习星象天文之学，与光义亲信程德玄友善，开宝九年十月十九日来见德玄，说："明日乃晋王利见之辰。"德玄连忙报告光义，光义下令把马韶看管起来，继位后才将他放出，很快授以司天监主簿之职，这说明程德玄也完全预知即将发生的政变。尤其可疑的是：程德玄是医官，《涑水记闻》卷一载："德玄后为班行，性贪，故官不甚达，然太宗亦优容之。"《续资治通鉴长编》卷三二说："程德玄攀附至近列，上颇信任之，众多趋其门。"一个医官会受到太宗的如此宠遇，很可能是其用有关医术帮助赵光义取得了帝位。或者说"斧声烛影"当晚的酒毒由他配制，所以他急于知晓结果，到开封府门口彻夜长坐，其实是在等候宫中的消息。而太监王继恩居然敢冒死违抗皇后的旨令，不宣召赵德芳，径赴开封府找赵光义，也说明两人或早有约定。当赵光义犹豫不决时，王继恩更是直言不讳地提醒道："时间一长，将为他人所有。"都透露出太宗幕僚集团的事先默契。

最后，从宋皇后的言行中也可推见太宗继位出自强取。皇后得知太祖暴卒，令太监召儿子赵德芳进宫，而不宣赵光义，表明太祖至死都没有确定光义是皇位继承人，由于是猝死，也不会有传位的遗诏。所以皇后想召儿子进宫继位，是很正常的举动。哪知被光义抢先一步，以其在开封的势力而言，皇后母子根本不是对手，所以一见光义便大惊失色，下意识地感觉到自己母子的性命堪忧，惊恐之余只能说："我们母子的性命都交给官家了。"实际上只能认输，以求一条生路。如果赵光义是正常继位，皇后没有必要如此反应。

另一种意见认为，宋太祖的死与光义无关。以《涑水记闻》所载为据，光义是回到开封府，由太监王继恩报告消息，再步行入宫。就是说太祖暴死时，光义不在寝殿。而兄弟对饮时，太祖对光义所说"好做"，意为"好好做事"，李焘《续资治通鉴长编》就改成"好为之"。从医学角度看，太祖身材矮胖，宋末元初画家钱选所摹南宋宫廷藏画《蹴鞠图》中的赵匡胤像就是如此，加上他嗜酒如命，去世的那天晚上，饮酒睡下后，鼻息如雷霆，这应该是脑溢血发病前的典型症状。也有人认为，太祖死于家族遗传的躁狂忧郁症。所以《续湘山野录》所载"斧声烛影"之故事，实是不经之谈。

有人误解史书中所说的"柱斧"，以为"斧声烛影"就是赵光义在烛影下用利斧劈死太祖。这是不可置信的，柱斧一为武士所用，一为文房用具。文房用具的柱斧也称玉斧，以水晶或玉石为材料，"斧声烛影"中的柱斧显然只能是文具，大内寝宫中不可能放有利斧这样的杀人凶器，况且光义也无须做得如此露骨。

总之，在这一疑案中，太宗存在许多难解的疑点，有些细节也许永远将是历史之谜。太宗继位后，也有一些蛛丝马迹很耐人寻味。如太宗是十月二十一日即位的，十二月二十二日就宣布改元太平兴国元年。一般来说，子继父位，或弟承兄业，出于对前任皇帝的承认和尊重，当年是不改元的，更何况已近年底。太宗这么急于改元，急到还有几天都等不及的程度，后人估计是出于逆取皇位的心虚理亏而干出的傻事。还有太宗登基没几天就仓促下令：全国禁止传习天文星象、阴阳卜相诸书，有私习者斩首；并通知各地官府，迅速将全国原本已知的天文相术之士全部送京甄别。十二月，太宗又下令对各地送到的300多名天文相术之士于甄别后，把其中60余人留在司天监任职，其余近300人以"矫言祸福，诳耀流俗"的罪名，全部发配到沙门岛。太宗如此迫不及待地处置这些术士和严禁私习有关书籍，显然想禁止有关不利的舆论和流言的产生与传播，这是否为其心虚的表露呢？

太平兴国四年（978），太宗亲自率军灭了北汉，又乘胜北上攻辽。这次北征由于轻敌被辽兵打得大败，全线溃退，太宗在混战中腿上中箭而仓皇奔逃。军中一时不见主帅，大臣疑太宗或已蒙难，诸将遂谋立太祖之子德昭继位。未成事实，太宗很快返回军中，闻知经过，心中愤懑异常。归朝后，德昭请太宗论功行赏，主要是对剪除北汉的有功之臣。太宗不待侄儿言毕，就怒目斥责道："战败回来论什么功？等你为帝时，再行赏也不晚。"德昭回宫后竟然拔剑自刎而亡。德昭为什么如此想不开，估计一定受到什么威逼，然而史载已将其中隐情抹去。只载，太宗闻讯，抱着尸体大哭道："痴儿，何至此邪！"既掩饰自己的威逼，又推卸有关的责任。两年后，其弟德芳也不明不白地病殁。太祖过世才四五年时间，他的两个青春年华的儿子就双双辞世。看来，当年宋皇后之担忧，完全应验了。甚至在宋皇后去世时，太宗也不按皇后的礼仪治丧。

中国历史之谜

这种种迹象，难道都是偶然的吗？

最让人深感蹊跷的是，事隔150多年之后，赵光义的后代，南宋高宗赵构的唯一幼子早夭，而高宗也就此丧失生育能力，就是说没有儿子继承皇位了，那怎么办呢？绍兴年间，官员中暗暗谈论着天下战乱，二帝北虏，实为冥报的传说，早有的"太祖之后，当再有天下"的说法也更为流传，有的官员甚至上言，希望高宗遴选太祖诸孙有贤德者立为皇储。这时隆佑太后"尝感异梦，密为高宗言之，高宗大悟"。在诸臣的请求下，高宗说："太祖以神武定天下，子孙不得享之，遭时多艰，零落可悯。朕若不法仁宗，为天下计，何以慰在天之灵。"（《宋史·孝宗纪》）于是，赵构终于找到了赵匡胤的七世孙赵伯琮，后把皇位传给了他。这是否为上天感知，而强迫太宗的子孙赵构以实际行动做一些弥补呢？

李师师归宿之谜

李师师是北宋末年冠盖满京华的名妓，她的事迹虽不见于正史纪传，但在笔记野史里却也够热闹的，成为徽宗时期的一个风流人物。那么，北宋亡国后，这位风尘女子的下落如何呢？笔记野史中也众说纷纭，其遭际悲凉透心。

一位名妓与天子搞上关系，其地位之腾起就不言而喻了。《瓮天脞语》载有"山东巨寇宋江，将图归顺，潜入东京访李师师"等语。连水泊梁山的好汉们，为了招安都要找李师师帮忙，可见她当时在东京的风光程度了。加上其风姿绰约、慷慨大度，琴棋书画无一不通，人称"飞将军"。甚至有人说，后来宋徽宗干脆把她召进后宫，册封为瀛国夫人或李明妃。查风流天子徽宗的嫔妃，确要比其他皇帝多，在政和年间就"册妃至六七人"，如政和六年（1116）仅贵妃就有四名，为两名王氏和乔氏、崔氏，其中并不见有"李明妃"。不知是史载有漏，还是后人故意锦上乱添花。不过这点是可以肯定的，就是李师师深受宫廷宠信，社会地位日隆，生活条件优裕，且积累有相当私有财产，这在歌伎中是少有的。

然而好景不长。徽宗慑于金兵的淫威，禅位给太子钦宗，自己慌忙南逃，后又躲进太乙宫，号称道君教主，不理天下政务，李师师失去靠山。据《三朝北盟会编》载，靖康初（1126）钦宗为搜刮金银财宝以向金人乞和，居然下旨籍没了李师师等"娼优之家"的家产。也有记载说她自知难逃抄家之灾，时值金兵

宋徽宗赵佶

侵扰河北,"乃集前后所赐之钱,呈牒开封府,愿入官,助河北饷",并自乞为女道士。(《李师师外传》)无论是抄家籍没家产,还是自愿缴纳入官,经过这次浩劫,李师师几乎一贫如洗,地位自然也一落千丈,真所谓从天上落到人间。而随着北宋王朝的灭亡,她更为凄惨的命运还在后面。

　　《李师师外传》这样描写:金兵攻破北宋都城,烧杀掳掠,无恶不作。金兵主帅还点名索要李师师,声称金国君主也听说了她的名声,一定要得到活人,以进献金主。然而追查了几天,都还没有线索。奸臣张邦昌为讨好金兵,帮助搜寻李师师的踪迹,终于将她献到金营。金营摆出宴席为李师师接风,而李师师对张邦昌骂道:"你们得到高官厚禄,朝廷哪点对不起你们,为什么事事帮敌人来危害国家? 我蒙皇帝眷宠,宁愿一死,别无他图。"乃摘下金簪刺喉自杀,没有马上咽气,又折断金簪吞下,才气绝身亡。此结局,李师师不甘凌辱,颇有侠士风度,得到后世通俗小说和一些文人的称道。一些史学家却对此持有异议,如邓广铭《东京梦华录注》称"一望而知为明季人妄作"。但其描写的历史背景却是真实的。如《靖康纪闻》载:那些被官府搜捕到,并送往金营的各色妇女,对着这些卖国的官吏斥骂道:"尔等任朝廷大臣官吏,作坏国家至此,今日却令我辈塞金人意,尔等果何面目!"当然,李师师的这个结局是否真实,已不可考,但写这篇传奇小说的作者,至少是在借李师师之死来鞭挞奸臣之罪恶,抒发亡国之感慨。

　　有人说,她被金兵俘获后,押解北上,一路上受尽折磨,苦不堪言,容颜憔悴,求死不得,只能嫁给一个病残的老军士为妻,最后凄凉悲惨地死去。清人的《续金瓶梅》等书皆宗其说,这一说法有没有根据呢? 汴京失陷后,金人除大肆掳掠外,还乘机要挟,大量索取金银、宫女、乐工,乃至妓女。而开封府官员竟也可耻地追捕宫女、妓女,捕至教坊选择后押送往金营,络绎不绝,哭声遍野,惨不忍闻。《靖康要录》卷十五记:金人"胁帝传旨取……教坊乐工四百人……又取内人、街巷子弟、女童及权贵戚里家细人……凡千余人,选端丽者。府尹悉捕诸娼于教坊中,以俟采择,里巷为之一空……粉黛盛饰毕,满车送军中。父母夫妻相抱持而哭,观者莫不嘘欷陨涕"。最后,金兵在汴京掠走成千上万名各色俘虏。在这种情况下,金人或许会指名追索李师师,官府也会帮助搜索,然而她是否被官府捕着,却很难下结论。许多人认为她应该没有被官府捕着,也未被押往金营。按照一般的逻辑推理,李师师在被抄家后,其自身的地位与国家的势态均已非常不妙,这时李师师唯一的出路只有藏匿于民间,大多会随着难民离开京城,从而开始了她历尽艰辛的南方流浪生涯。

　　中州词人朱敦儒也是逃难到了南方,他曾在一次宴会上听到李师师的歌声,激动而感慨地写下了这首《鹧鸪天》:

唱得梨园绝代声，前朝惟数李夫人。

自从惊破霓裳后，楚奏吴歌扇里新。

秦峰雁，越溪砧，西风北客两飘零。

尊前忽听当时曲，侧帽停杯泪满巾。

其"李夫人"就是对李师师的尊称，同在异乡为异客，"忽听当时曲"，怎不令人"泪满巾"呢。南宋张邦基《墨庄漫录》称，靖康间，李师师与同辈赵元奴诸人，流落到浙江，"士大夫犹邀之以听其歌，然憔悴无复向来之态矣"。宋人评话《宣和遗事》说，李师师南下流落到湖湘，嫁作商人妇，过起寂寞无闻的日子。宋刘子翚《汴京纪事诗》也有"辇毂繁华事可纷，师师垂老过湖湘，镂金檀板今无色，一曲当年动帝王"的诗句。所以明代梅鼎祚《青泥莲花记》说，"靖康之乱，师师南徙，有人遇之湖湘间，衰老憔悴，无复向时风态"。清人陈忱《水浒后传》记述了李师师来到临安（今杭州），仍操旧业的故事。都沿袭上述说法而来，应该说李师师晚年在南方的说法较为合乎情理。

当然，富于传奇色彩的李师师，由于其身世不记于正统史籍之中，而笔记小说中的有关传闻难免有讹传和臆测之处，因此她的晚境究竟是如何度过的，恐怕永远是一个谜了。

岳飞被害之谜

一些史书和许多文艺作品，都把它描绘成基本是由奸臣秦桧一手制造的一件千古冤狱。通过学术界的深入研究，元凶应是宋高宗赵构的观点已日益为人们所接受。然而，赵构为什么要杀害岳飞呢？这其中还是疑团重重。

宋代未署撰写人名字的《朝野遗记》这样记叙岳飞被害前的一幕：

绍兴十一年（1141）腊月二十九日，南宋临安的丞相府内，秦桧在苦苦思索着如何了结已被关在大理寺狱中两个多月的岳飞父子一案。此时，夫人王氏走了进来，她料定丈夫正在考虑如何处置岳飞案的问题，便趋前阴狠地说道："相公竟这般缺乏果断吗？要知道捉虎容易放虎难呀！"秦桧这才恍然大悟，拿过纸笔写了几个字，派人送往狱中。御史中丞万俟卨遵命再次提审岳飞，逼迫岳飞在一张事先杜撰好的供状上画押。岳飞无限悲痛地仰视了一阵天空，便提笔在供状上写下"天日昭昭，天日昭昭"八个大字。不久，岳飞就被毒死，张宪和岳云被斩首。这就是所谓"秦桧矫诏害岳飞"，其中宋高宗赵构只是一个听奸臣摆布的糊涂皇帝而已。

然而，南宋李心传《建炎以来朝野杂记》乙集卷十二《岳少保诬证断案》中，保存有此案完整的判决书。前面都为狱司的造谣诬蔑之词和罗织的罪名，其判决是："岳飞私罪斩，张宪私罪绞。""岳云私罪徒"，当然"今奉圣旨根勘，合取旨裁断"。后载："有旨：岳飞特赐死，张宪、岳云并依军法施行，令杨沂中监斩，仍多差兵将防护。余并依断。"从中可见，此案是奉圣旨办案，最后也由宋高宗最终裁决，这样赵构应为此案的主谋。

宋高宗赵构

岳飞平反昭雪后，其子岳霖开始搜集资料，整理父亲的历史，临死又将重任托付给儿子岳珂。岳珂靠人们的帮助，先后编成《金佗粹编》二十八卷和《续编》三十卷，取得了相当的成就，部分恢复了历史的本来面目。但是，祖父既然还是在赵宋政权之下恢复名誉，作者自然只能竭力回避赵构与岳飞之间的矛盾，而客观上为高宗开脱罪责，以致不得不歪曲某些历史真相。尤其是岳珂应该看过上述案卷的有关材料，却宁肯引用野史的描述，说秦桧写出纸条交付狱官，而杀害了岳飞。其中的苦衷，自然可悯，但这样苦心掩饰的结果，给后世有关此事的记载，尤其是小说、戏剧的演绎，产生极大影响。所以宋、元以来，史家文人对此案的说法仍各执一词，众说纷纭。

明朝中叶，苏州名士文徵明曾为杭州的岳飞庙题写了一首《满江红》：

拂拭残碑、敕飞字，依稀堪读。慨当初，倚飞何重，后来何酷。岂是功成身合死？可怜事去言难赎。最无端，堪恨又堪悲，风波狱。

岂不惜、中原蹙，岂不念，徽钦辱，但徽钦既返，此身何属！千载休谈南渡错，当时自怕中原复！彼区区一桧亦何能，逢其欲！

作者清楚表明了写此词的用意，那就是指出杀害岳飞的主谋和元凶，应是宋高宗赵构，而不是奸臣秦桧。词意从高宗极不愿意岳家军恢复中原，迎回徽、钦二帝的内心出发，判断赵构最怕的就是"徽钦既返，此身何属"！所以为了保住皇位，赵构宁肯把岳飞和他的军队先消除掉，免得再有此类后患。所以，赵构杀害岳飞，是这一矛盾的必然结果。而秦桧在这一冤狱中的作用，只是迎合或依照宋高宗的旨意而加以执行罢了。

此后，赞同文徵明观点者不时在提出更为确凿证据的基础上进一步予以论证。如有学者指出，此案在当时是被称为"诏狱"的，也就是皇帝交办的大狱，哪里有高宗不知情的道理。有学者认为，绍兴七年（1137），岳飞在奏请立储问题上，以武将的身份干预朝廷立储的大事，引起高宗的极大不满。还有学者指出，秦桧死后，赵构曾不止一次地告诫臣僚，对金媾和乃出于他本人的决策，不允许任何人因秦桧之死而对此提出异议，以动摇既定国策。而岳飞案也应从属于此"与金媾和"的既定国策，所以元凶应是宋高宗赵构。

然而秦桧为主凶的说法在社会上仍然占有优势。如清代钱彩的《说岳全传》，把秦桧描写成金国派来的一个奸细。岳飞在朱仙镇大破金兀术的大军，兀术写信令秦桧想办法将岳飞害死。于是秦桧说动高宗，发十二道金牌将岳家军招回，又传下一道假圣旨，将岳飞逮入大理寺狱问罪。在万俟卨、张俊、罗汝楫诸爪牙狼狈为奸之下，给岳飞加上莫须有的罪名，并诱捕了岳云、张宪诸将，终日用酷刑拷打逼供，但三人宁死不屈，绝无口供。一拖已两月有余。秦桧担心事情传到高宗耳中，一旦放了岳氏父子，如何向金兀术交代，便与其妻王氏商量。王氏提议在黄柑中下一道密令，命大理寺今夜三更就将其父子三人结果了。秦桧听了大喜，立刻照办。岳飞以为圣旨下来，并亲自捆绑了企图造反的岳云和张宪，最后引颈受戮。

这类故事在民间已传得家喻户晓，人人都知道杀害民族英雄岳飞的罪魁祸首是奸臣秦桧，所以在如今杭州的岳飞坟前跪着秦桧、王氏、万俟卨、张俊等奸贼，受万人的唾骂。其实近代以来，也有许多学者在史事考证方面给予大量的佐证，如宋史权威邓广铭先生的《岳飞传》。该书第十九章以"秦桧、张俊肆意罗织诬陷，岳飞、岳云和张宪惨遭杀害"为题，着力论证了"岳飞被劾罢官"、"王雕儿诬告张宪，意在牵连岳飞"、"岳飞的入狱、受审和惨遭杀害"，都是以秦桧为首的一群奸臣故意陷害造成的。并论证了"当最初制造这一冤案的谋划时，赵构并未与闻其事，但在他闻知之后，也不过只是表示了一下'惊骇'而已，也并无要加以制止之意；再以后，则更是听任秦桧放手去干，并不稍持异议"。

邓广铭的《岳飞传》再用一个章节的篇幅来论证"秦桧是杀害岳飞的元凶"。认为秦桧、万俟卨等在加害岳飞父子的过程中，对有关罪状和刑名，"匆遽间无法炮制出来。因此，是在对岳飞父子下了毒手之后，才用倒填月日的办法把判决书炮制出笼，也借此对其事实上的先斩后奏的行径痕迹稍作遮掩"。并反驳了文徵明"区区一桧亦何能"的观点，确认秦桧是金国派遣到南宋王朝的一个奸细，以为秦桧已逐步获得擅权朝中的地位，完全可能矫诏杀人，所以岳飞的狱案"名曰诏狱，实非诏旨"。

而宋史专家王曾瑜的《岳飞新传》经过较为全面的论述，在努力阐明这个观点：宋高宗是杀害岳飞的元凶。指出赵构绝非无能之辈，他文能博学强记，读书"日诵千余言"；武能"挽弓至一石五斗"，即能拉开160多斤重的劲弓，其能力在当时应算上乘。在经历了南宋初期这段艰难险恶的历程之后，至绍兴十一年（1141），赵构已当了十五年的皇帝，由一个深宫的花花太岁而变为深通机谋权术、极其狡猾阴险的最高统治者。这年的十月，即杀害岳飞的一个多月前，赵构还在儆戒众臣说："人主之权，在乎独断！"

秦桧虽为宰相，但没有这么大的权势，能够不经过皇帝而谋害像岳飞这样一个武功赫赫、威名远震的勋臣。绍兴初年，秦桧为赵构看中而拜相当政，但由于秦桧急于植党专权，很快就被罢免，高宗还亲自写其罪迹，榜告朝野，以示不能容忍之意。绍兴八年（1138），赵构应迫不及待地想与金求和，才再次起用秦桧为相。这次，秦桧不得不吸取前次的教训，唯高宗的马首是瞻，小心翼翼地做事，以求稳步发展。这年冬天，秦桧欲展开议和活动，又心存当年被罢相的余悸，害怕高宗反复，便

秦　桧

中国历史之谜

单独对高宗说："若陛下决欲讲和，乞陛下英断，独与臣议其事，不许群臣干预，则事乃可成；不然，无益也。"高宗首肯后，他要皇帝"精加思虑三日"。三天之后，他还要高宗"更思虑三日"。再过三天，当秦桧"知上意坚确不移"时，才奏上和议方案。由于其能仔细揣摩高宗的内心世界，然后再审时度事，去迎合赵构的需要，开始深得皇帝的宠信。

一般以为高宗与岳飞的矛盾主要在军队北伐及"迎还二圣"的问题上，因为如果钦宗回朝，高宗就保不住帝位了。这其实是后人想当然的猜想，不太可信。宋金之间谈判，几次谈到"迎还二圣"之事，绍兴八年还差点成功，高宗曾下诏："渊圣皇帝（即钦宗）宫殿令临安府计度修建"，准备让钦宗回来优养天年。因为高宗心里清楚，经过如此惨痛的俘虏生涯，钦宗定已心力交瘁，回来也不会威胁到自己的宝座。可见，赵构无须在"迎还二圣"问题上深忌岳飞。高宗对岳飞产生嫌隙，继而到后来"始有诛飞意"，冰冻三尺，非一日之寒，其间有一个发展积累的过程，其与岳飞的个人脾性也大有关系。

如绍兴七年（1137），高宗一时冲动，委岳飞以北伐重任，又立即取消成命。岳飞一怒之下擅离职守，上庐山给母亲守孝去了。此举使高宗震怒，儆戒岳飞"犯吾法者，唯有剑耳"等，内中已隐含杀机。最使高宗恼火者，莫过于岳飞坚决抗金的态度及其一系列行动。如第二年，岳飞又提出增兵要求，再一次触犯赵构的嫌忌而遭拒绝。事后，岳飞再上奏折，力申"不可与和"之志，并乞整兵"复取旧疆"。高宗完全不予理睬。绍兴九年（1139），宋金讲和初定，岳飞沉痛地提出辞呈。翌年，金兀术毁约大举南犯，岳家军鏖战初胜，却又被迫班师，"十年之功，废于一旦"，又愤而辞职。高宗虽对岳飞的屡次辞呈照例不准，但对岳飞刚直不阿行为的嫉恨却在不断加深。

绍兴十一年（1141）正月，金兵又以10万人马直侵淮西。朝廷派张俊、杨存中、刘锜率军迎敌，并命岳飞领兵东援。等岳飞率军赶到，金兵已渡淮北撤。岳飞此次增援慢了半拍，其理由一是本人"寒嗽"（感冒），一是军队"乏粮"，是否夹杂有对高宗阻挠北伐的不满，不得而知。但这次援淮的无功，很快成为岳飞受迫害的口实。据秦桧党羽所撰笔记《王次翁叙记》透露，约在绍兴十一年的二、三月间，"上始有诛飞意"，并将此旨意秘密传下。秦桧就是在此旨意之下，开始组织部署对岳飞进行迫害的冤狱。

其实这一问题的关键在于：当时秦桧的权势达到什么程度？是否已经能够"挟虏势以要君"，玩高宗于股掌之上？有学者指出，秦桧虽极受高宗宠信，但也只是宠信而已，决不能任意摆布高宗，不能用矫诏的手段铲除异己。如绍兴九年（1139），枢密院编修官胡铨上疏反对与金和议，并要求"斩秦桧之头挂诸街衢"，以谢天下。该声讨雄文很快广为流传，高宗下令将胡铨"送昭州编管"。秦桧虽对胡铨恨之入骨，"必欲杀之而后已"，然而在以后的许多年中，却始终对这位职位低微的编修官无法动用屠刀。对胡铨这样的小官尚且如此，对有赫赫战功而曾任枢密副使的岳飞就更不能擅自处置了。值得注意的是，宋代审理大案和诏狱，在表面上依然有一套较为严格的司法程序，尤其是大理寺治狱，其审讯、详断、判刑、评议、定判、复核等都有详细规定，秦桧诸奸臣虽然能于其中起一定作用，但最终裁决权在皇帝手上，秦桧的权势再大，也是无法公开"矫诏"杀害大臣的。秦桧死后，高宗曾为一些人平反，不少大臣上疏要求为岳飞恢复名誉，但高宗始终不予理会，从中亦可见赵构对此案的肯定态度。

也有学者认为，在杀岳飞问题上，高宗与秦桧是各怀鬼胎、互相利用的关系。在秦桧看来，岳飞是他向金投降的最大障碍，不杀岳飞，难成和议；而在高宗看来，更重要的是所谓"示逗留之罚与跋扈之诛"，是杀鸡儆猴，以便他更自如地驾驭诸将，控制朝政与军权。所以，高宗与秦桧玩弄的是"交相用而曲相成"之把戏，于是，岳飞非死不可。

目前或可说，史学界许多人已倾向于元凶是宋高宗的观点。然而令人费解的是：赵构为什么要杀害自己倚为军事支柱的大将岳飞？其原因还是众说纷纭。有人认为是岳飞在"迎还二圣"问题上，触犯了高宗的心病。有人认为，防范武将兵权过大，一直是赵宋王朝恪守的家法，功高权重的岳飞，就被看成是对皇权的潜在威胁。有人认为岳飞个性耿直倔强，往往锋芒毕露，不搞韬晦之计，不知明哲保身而我行我素，便使高宗觉得岳飞自恃掌有兵权，难以驾驭，以致在收缴兵权之后，仍不想放过岳飞，要杀一儆百。也有人认为是岳飞在立储问题上，越职言事，犯了大忌。还有学者认为，据说金兀术在绍兴和议前有"必杀岳飞而后可和"之条件，为了表明求和的诚意，赵构只有除掉岳飞这一障碍。甚至台湾有学者提出，高宗特别思念被金人掳去的生母韦太后，曾向金人表示，只要放回太后，什么条件均可答应。金人利用了高宗这一心理，以释母必杀岳飞为交换条件，迫使他下此毒手。或者说，其各类矛盾的综合，遂使高宗做出这一决定。

杀害岳飞的元凶之争，似乎日趋明朗。然而高宗杀害岳飞的原因之争，依然是扑朔迷离。这也可算是中国传统专制政治统治的一大特色吧。

《满江红》作者之谜

人们都知道，脍炙人口、流传千古的词作《满江红》，是南宋民族英雄岳飞的作品。然而近代以来，不断遭到学者的质疑，也有不少学者为之辩解，展开了几轮激烈的争论。由于双方都拿不出过硬的证据，问题依然无法解决。

岳飞这首慷慨激昂、气壮山河的《满江红》，曾激起古今多少能人志士的英雄豪情。认真读来，确令人心潮澎湃，久久不能平静：

怒发冲冠，凭阑处，潇潇雨歇。抬望眼，仰天长啸，壮怀激烈。三十功名尘与土，八千里路云和月。莫等闲，白了少年头，空悲切。

靖康耻，犹未雪；臣子恨，何时灭？驾长车、踏破贺兰山缺。壮志饥餐胡虏肉，笑谈渴饮匈奴血。待从头，收拾旧山河，朝天阙。

　　岳飞写此词时，中原人民正遭受着北方少数民族铁骑的践踏和蹂躏。其雄壮激昂的词文，抒发着岳飞对外族侵略者和朝廷投降派的满腔悲愤，表达了岳飞决心驱逐敌寇、收复国土的豪情壮志，更反映出岳飞忧国忧民、不屈不挠的爱国思绪。这首千古绝唱似乎也浓缩了岳飞一生征战的业绩，其所铸就的文化精神，一直在神州大地上为人们所传颂。

　　然而从近代开始，此词作者是否为岳飞的问题引发了学术界不断的争议，看来问题确实还颇为棘手。首先提出质疑的是学者余嘉锡，他在《四库提要辨证》中指出：这首词最早见于明嘉靖十五年（1536）徐阶编的《岳武穆遗文》，它是根据弘治十五年（1502）浙江提学副使赵宽所书岳坟词碑而收入的，赵宽对这首弥足珍贵的词作之源流出处，却无一言提及。在此前也从未见有宋、元时人的记载或题咏跋尾，更不见于岳飞孙子岳珂所编的《金佗粹编·岳王家集》。要知道，岳珂在收集岳飞的遗文时，曾是那样地不遗余力，此集从编定到重刊，经历了31年，为何如此长时间内仍没收到此词？为什么此词突然出现在明朝中叶？而且赵宽碑记中提及的岳飞另一首诗《送紫岩张先生北伐》，经明朝人的考证是伪作。所以该词的来历同样可疑，可能是明朝人的伪托之作。

　　持不同意见的学者指出，岳飞被害时，家存文稿被查封，家人无法妥为保管。此后，秦桧及其余党把持朝政数十年，岳飞的文稿进一步散佚。宋孝宗时，岳飞冤狱虽得平反，但已历数十年的劫难，经岳霖、岳珂两代人的努力，仍然不能收集到岳飞全部的遗文，也是很自然的事。据现有的史料来看，岳霖父子的收集确有遗漏的实证，如《宾退录》中载有岳飞的《题新淦萧寺壁》一诗"雄气堂堂贯斗牛，暂将直节报君仇。斩除顽恶还车驾，不问登坛万户侯"，就不见于《岳王家集》中。后又历经元朝异族的统治，岳飞的声名还是受到压抑，直到明朝才逐渐改观。这一历史事实，造成《满江红》不见于宋、元人著录，而到明代中叶才出现和流传。同时，历史上一些作品湮没多年，历久始彰的情况也不乏其例，如唐末韦庄的《秦妇吟》就被湮没了900年，但人们并不因此而怀疑其真实性。古代私人一些孤本藏书，往往被视为珍宝，不肯轻易宣泄于外人，因而某些作品手稿在经历了一段年月后方才出现的情况，也并不稀奇。

　　著名词学家夏承焘对余氏持赞同意见，并进一步提出，词中的"贺兰山"位于今河套之西的宁夏境内，南宋时属西夏，不属于宋金交战的境域之内。而岳飞伐金是要"直捣黄龙府"，该金国的大本营位于今吉林省境内，与贺兰山几乎是南辕北辙。如果此词真出于岳飞

岳飞

之手，那么不应方向乖背如此。此外，"贺兰山"不同于泛称边塞的"玉门"、"天山"之类，其入于史记诗文，唐宋人一般都是实指，明朝中叶也同样如此，不应该只在岳飞此词中是泛指。在明代，北方鞑靼人常取道贺兰山入犯甘州、凉州一带，弘治十一年（1498），明将王越率军在此打败了鞑靼。因此，"踏破贺兰山缺"在明代中叶实是一句抗战口号，在南宋是决不会有此说法的。这首词出现在明代中叶，正是作者对当时的地理形势和时代意识的反映，所以推测作伪者可能是进士出身的王越或其幕僚。

持不同意见的学者认为，贺兰山应是泛指而非实指，就如词中写"胡虏肉、匈奴血"，而不用"女真肉、金人血"一样，都是文学上惯用的比喻手法。当时，辛弃疾曾将长安比作汴京，陆游也将天山比作中原前线，不能说他们都犯了地理常识方面的错误。而且西夏与北宋向来就有战事，用贺兰山实指敌境也未尝不可。有学者还指出，根据河南浚县的有关县志，查明在王越总督军务，专办西事而率军宁夏之时（1471）的十四年前，即在天顺二年（1458），就有汤阴庠生王熙书写了《满江红》，并刻石立于岳庙。王越后亲去祭拜岳庙并赋写了《谒岳王祠》七言诗，更是在弘治元年（1488）之后。所以认为王越或其幕僚作伪的可能性也是不存在的。

持支持意见的学者还从词的风格上进行探究，认为《满江红》是如此慷慨激昂，英雄气概横溢，而岳飞的另一首词《小重山》，却是那样的低徊婉转，惆怅失望，两词的格调和风格大相径庭，似非出自一人之手。同时，《满江红》所云"三十功名尘与土"、"八千里路云和月"，都是尽人皆知的典故和材料，这是一首有事迹、有心志，但没有阅历的词，一个作伪者还是比较容易写就的。

持不同意见的学者指出，文学史上兼擅两种风格的作家很多，豪放派大师苏轼、辛弃疾诸人，也不乏婉约清丽之作。苏东坡既写过"大江东去"这样雄浑激昂的名篇，也写了一些情调幽怨缠绵的小曲。因此不能断定写了《小重山》的岳飞，就写不出《满江红》。其实《满江红》的一些思想与笔法，在岳飞其他作品中也有反映。如岳飞《五岳祠盟记》中有"蹀血虏廷，尽屠夷种"，与"饥餐胡虏肉，渴饮匈奴血"如出一辙。上引诗句"不问登坛万户侯"，可说是"三十功名尘与土"的注脚。"雄气堂堂贯斗牛"也与"怒发冲冠"、"壮怀激烈"异曲同工。再如岳飞《永州祁阳县大营驿题记》说"他日扫清胡虏，复归故国，迎两宫还朝，宽天子宵旰之忧"及上引诗句"暂将直节报君仇，斩除顽恶还车驾"，都与"待从头，收拾旧山河，朝天阙"的内容基本一致。所以《满江红》是岳飞内心真实思想情感的反映，后人不必纠缠于一些琐碎问题。

还有学者对岳飞的履历和词的内容作了详尽考证后，得出该词是岳飞三十足岁时的作品。"三十功名尘与土"是真实的写照，此时，岳飞战功卓著，正成为朝廷新擢升的名将，被任命为江南西路、舒、蕲州制置使，成为朝廷执掌大权的大臣。时岳飞置司江州，九月气候适逢秋季，当地多雨，所以词中有

"潇潇雨歇"之句。又从九江奉旨入朝觐见，"计其行程，足逾八千里"，又与"八千里路云和月"相合。将要被皇帝召见，"因责任重大，身被殊荣，感动深切，乃作成此壮怀述志的《满江红》词"。从而断定此词作于绍兴三年（1133）秋季九月的九江，是当时岳飞所处境遇的真实感受。

在人们一致肯定这首词的思想价值和历史作用的同时，人们也同时希望这首词的作者还是民族英雄岳飞，但到底其历史事实如何，还有待进一步的考证和争论。

李清照改嫁之谜

才气横溢、文笔秀婉的女词人李清照，在国土沦丧和丈夫去世的悲痛中，晚年颠沛流离，漂泊于越州（今浙江绍兴）、杭州、台州及金华一带，屡遭打击，"只恐双溪舴艋舟，载不动许多愁"。谢世后还给人们留下一个不可轻易解开的谜：她晚年有没有改嫁张汝舟？

宋人赵彦卫《云麓漫钞》卷十四中存有李清照的一封信《上内翰綦公（崇礼）启》，此信约写于绍兴三年（1133）之后，其述说中断断续续、隐隐约约地讲了这样一段自身的经历：绍兴二年（1132），这时离丈夫赵明诚去世已有三年，49岁的李清照重病在身，孤身一人，境遇颇难。官员张汝舟对她频频致意，以甜言蜜语殷勤通问，李清照"信彼如簧之说，惑兹似锦之言"，被骗得分不出东西南北。"既尔苍皇，因成造次"，便与张汝舟结婚。婚后，李清照发现两人"视听才分，实难共处"，丈夫时时暴露出的市侩嘴脸，让李清照日益觉得此次婚姻是个错误，"忍以桑榆之晚节，配兹驵侩之下才？"尤其是张汝舟开始以暴力虐待，"遂肆侵凌，日加殴击"。在实在无法忍受的情况下，正好张汝舟以不正当手段得官的事情有所暴露，李清照便甘愿冒坐牢之险而去官府揭发其丈夫。后张汝舟被撤职除名，编管柳州，其婚约也得以解除。但是宋代刑法规定：妻告夫，虽属实，仍需服徒刑二年。当李清照被关入监狱，"被桎梏而置对，同凶丑以陈词"之时，翰林学士綦崇礼伸出援助之手，使李清照在被关九天之后得以释放，免受牢狱徒刑之苦。于是，清照以无比感激的心情写下了这封书信，对綦崇礼"感戴鸿恩"，深表谢意。

关于李清照此次改嫁之事，除李清照自己在这封书信中有详细的告白外，还有七八种当时的宋人著述提及，如胡仔的《苕溪渔隐丛话》说清照"再适张汝舟，未几反目"，王灼的《碧鸡漫志》也说李清照"再嫁某氏，讼而离之"，还有洪适的《隶释》、晁公武的《郡斋读书志》等。尤其是著名史学家李心传的《建炎以来系年要录》都记载了此事，其书在绍兴二年九月戊午朔载："右承奉郎、监诸军审计司张汝舟属吏，以汝舟妻李氏讼其妄增举数入官也。其后有司当汝舟私罪徒，诏除名，柳州编管。"其继夫张汝舟，字飞卿，早在赵明诚任建康知府之时，就曾携一玉壶来访，此时正以右承奉郎衔在池州为监诸军审计司之职。有学者以为，他娶李清照是看上

李清照

她还有一些古物宝器诸财产，一旦财产到手，便露出庐山真面目，且对李清照加以虐待，以致李清照只能以控告手段谋求离异。所谓"妄增举数入官"的罪名，是指犯人因谎报参加科举的次数而得官的不正当手段。宋代对屡试不举的士人给予一种"特奏名"的优待，就是只要到一定次数和年龄，都可直接参加殿试而授予官职。张汝舟显然在这方面欺骗了朝廷而谋得官位，这一情况正好让李清照掌握。张汝舟在事实面前无言以驳，最后受到编管柳州的重惩，李清照也因此得以与其离异。

然而到明代，有一位姓徐的学者对李清照改嫁一事提出质疑。理由主要是两点：一是绍兴二年，清照已年近五十，似无改嫁的可能。当时国破家亡，作为南逃的官员家属，李清照还会有多少财产？说如此市侩之张汝舟会追求如此年纪之李清照，令人不可思议。二是宋代官宦出身的妇女，一般是不允许改嫁的。李清照父李格非，工词章，有笔力，熙宁进士、历官太学博士、著作佐郎、礼部员外郎、提点京东刑狱。其夫赵明诚，出身宰相之家，由太学生入仕，历守莱州、淄州，终知江宁府，著有《金石录》。这样官宦家庭出身的李清照不可能改嫁，所以改嫁之事不可信。

清代更有许多学者为李清照改嫁"辩诬"。学者卢见曾根据李清照与丈夫赵明诚真挚坚贞、生死不渝的感情生活，夫妇志趣相投、同研金石的人生佳话，及李清照对《金石录》卷轴百般爱护，赵明诚过世后，她又为《金石录》的出版耿耿于怀、尽心尽力，约在绍兴二十一年（1151），李清照以六七十岁高龄，还表上《金石录》一书于朝廷诸有关事迹，推断改嫁之事不可能发生。李清照曾言"虽处忧患而志不屈"，其他一些词文作品，也都可作相关佐证。卢氏在《雅雨堂本金石录》中这样感叹道：李清照曾经丧乱，犹复爱惜丈夫留下的一二不全卷轴，如见故人一般。其眷恋明诚若是，安有一旦相忍背负之理？

学者俞正燮《易安居士事辑》从几个方面论述了李清照改嫁的不可信。他先采用史家编年的方法排比岁月，从中指责有关著作记载的不可靠，而《建炎以来系年要录》的作者李心传，其所居之地与李清照远隔万里，很可能是误传误听而误载的结果。然后考证了李清照的生平经历，也认为没有改嫁的可能。最后是指出上面李清照那封信的可疑之处，如信中记载了改嫁、不和及矛盾加剧的整个过程，由是李清照告发张汝舟的罪行，涉讼要求离异，应该是正当的行为，为什么信中后面又称此事为"无根之谤"？且以为"已难逃万世之讥"，更"何以见中朝之士"？以至于"清照敢不省过知惭"，把问题说得如此严重

呢？再如男婚女嫁为世间常事，朝廷不需过问，但信中怎么会有"持官文书来辄信"诸语呢？此信前后矛盾，文笔劣下，却又杂有佳语，定是经后人篡改过的本子，信中有关改嫁方面的内容，定是后人恶意添加上去的。据此信的内容分析，应是李清照感谢綦崇礼解救"颁金通敌"一案的信函。这是李清照在建炎三年（1129）遭遇的冤案，有人诬蔑她曾把玉壶献给金人，为了洗清罪名，李清照追随御舟做了辨明，此案延续了二年多时间。

近代学者况周颐写文考证了李清照与张汝舟在赵明诚死后的行踪，结论是两人的踪迹各在一方，判然有别，不可能有婚配之事。学者黄墨谷还补充道，綦崇礼与赵明诚有亲戚关系，李清照如果真的改嫁，且还因改嫁而涉讼，会好意思向前夫的亲戚求援吗？赵明诚的表甥，綦崇礼的亲家谢伋在《四六谈麈》中引用李清照对赵明诚表示坚贞的祭文，仍称李清照为"赵令人李"，难道他对李清照改嫁之事会一无所知？李清照自传性文章《金石录后序》约作于绍兴五年（1135），却只字未提自己改嫁之事。李清照晚年曾自称"嫠妇"，意即寡妇，若改嫁后又离婚的话，她能这样自称吗？所以李清照前面那封书信只有为了感谢綦崇礼解救"颁金通敌"一案而作，那才说得通。写信感激朋友数年前的帮助，也是常有之事。

尽管上述学者提出这么多有价值的理由，现代学者王仲闻、王廷悌、黄盛璋等人，还是坚持李清照改嫁是无可否认的事实。如黄盛璋《李清照事迹考辨》一文中指出，胡仔、洪迈、王灼、晁公武诸人都是李清照同时代人，其著述的性质又都是史书、金石、目录等严肃的东西，胡仔一书写成于湖州，洪迈一书写成于越州，离李清照生活之地并非遥远，不至于讹传如此。况且这些著作成书时，李清照尚健在，难道这些学者敢于就在李清照面前明目张胆地造谣中伤，或者伪造那封书信，这是不合情理的。何况，南渡后赵明诚的哥哥存诚、思诚都曾做到不小的官，赵家那时并不是没有权势。而"颁金通敌"案发生于建炎三年，李清照那封信写于绍兴三年之后，之间相隔好几年，两事应并不相关。谢伋之所以仍称李清照为"赵令人李"，是在看到李清照改嫁后仍眷眷于赵明诚，为完成前夫遗志而不辞辛苦的事实之后，存心避开有关旧事的做法。中国古代妇女守节之风要到明清两代才趋严格，而改嫁在宋代是极为平常之事，有关官员家中妇女改嫁之事史书中时有记载，甚至对皇室宗女都有诏准许改嫁，所以，宋人对李清照改嫁一事是不会大惊小怪的。至于明、清时期有关学者的那些"辩诬"，主要是卫道士们不能接受一代才女没有从一而终的这段历史"污点"，从而拼命地加以掩饰，力图否认她改嫁的事实，是没有什么奇怪的。

近年又有学者提出"强迫同居"说，认为是张汝舟利用官府司法的力量，强迫李清照同居。过去人们对李清照那封书信中"弟既可欺，持官文书来辄信"一句中的"官文书"，错误理解为"告身"、"委任状"之类的证明文件，张汝舟以此来骗取李清照的信任。其实，"官文书"在这里应指司法判决书之类文件，李清照因"颁金通敌"之谤而被官府问罪，从而成为"犯妇"，按照当时的规定，其出路之一就是沦为官婢而被强卖。张汝舟对李清照这位才女仰慕已久，便用手段搞到有关的官文书批条，并骗取李清照的信任，将她据为己有，所以书信中接着说"呻吟未定，强以同归"，终被强迫来到张家。这样，一个孀妇因冤狱被官府错判而为人强占，这类强迫同居的性质与自愿"改嫁"的婚姻是两回事。由此，前面反对"改嫁"和肯定"改嫁"二说的观点都不能成立。

此说虽有新意，但能成立吗？有学者以为也不足信。张汝舟作为一名有特权、有地位的官员，有必要用司法判决书之类文件去强迫一个近50岁的女词人为自己的妻室吗？再者，既然将"犯妇"李清照断给张汝舟有"官文书"，且只是强迫"同居"，就无所谓婚姻关系，那为何后来李清照要涉讼去谋求官府批准离异呢？同时，赵明诚的两个哥哥都为朝廷命官，权势不小，怎能对弟媳如此受辱之事袖手旁观？尤其是官任"内翰承旨"的綦崇礼，也早该在李清照被逼为人妇之际出手营救，何必等到李清照涉讼要坐牢之时再费力气呢？总之，"同居"一说也经不起推敲。

上述诸说，都能说出一定的理由，然而也有臆测的成分，孰是孰非，谁能判断呢？

宋代徽、钦二宗结局之谜

宋徽宗和宋钦宗是北宋王朝的最后两个皇帝，他们代表了宋代历史上最为屈辱的一页，这就是"靖康之变"，即一代民族英雄岳飞在浩气长存的《满江红》中悲愤地吟到的"靖康耻"。徽、钦二宗个人的结局也非常凄惨。

宋徽宗赵佶是一名少有的风流倜傥的皇帝，他在中国的书画史上享有不容忽视的一席之地。他的"瘦金体"书法闻名于世，瘦劲峻丽，飘逸劲特，有"屈铁断金"之誉，自成法度。传世作品《真草千字文》、《临写兰亭绢本》、《秾芳依翠萼诗帖》等均为千年国宝。他的绘画作品则不仅带动了当时画坛的发展新潮，而且对后世影响极大，尤其是他的花鸟画，达到了空前的艺术境界，至今还无人能企及。他的画既有用笔精细、艳丽富贵的一面，对画院派画家影响颇深，同时又有纯用水墨表现，崇尚清淡情趣的一面，在他笔下，将这两种风格很好地结合在了一起。宋徽宗的《虢国夫人游春图》、《瑞鹤图》、《芙蓉锦鸡图》、《听琴图》、《柳鸭芦雁图》、《池塘秋晚》、《雪江归棹》等画作，无一不是花草、鸟兽、人物形象俱佳，画面生动，令人神驰遐想的作品。此外，他还是一位很有造诣的诗人，存世有《宋徽宗诗》、《宋徽宗词》，另有《宣和宫词》三卷今已失传。

宋钦宗赵桓是宋徽宗的儿子，宋宣和七年（1125）受父亲禅让即位。

在文学艺术上天分极高的宋徽宗在政治上却昏庸无能。在他统治期间，重用蔡京、童贯等奸臣权阉，贪污横暴，掠夺民财，设"花石纲"搜刮各地奇花异石，大兴土木广建宫观庭院，导致农民不堪负担，揭竿起义。对外则面对北方金兵的南侵毫无抵抗之力，屡屡媾和。宣和七年金兵进逼汴京（今河南开封）之际，宋徽宗下罪己诏，命天下勤王，同时料知难敌来势凶猛的金军，便仓皇传位于皇太子赵桓。赵桓即位称钦宗，翌年改年号为靖康，徽宗则带着后妃们逃往南方

宋徽宗赵佶

避难。但是命运乖舛的宋钦宗只当了一年零四个月的皇帝，就被金人攻破汴京，丢掉了江山。

靖康元年（1126）正月，金兵渡过黄河，直逼汴京。宋钦宗不得不斩杀罢黜了蔡京一党，并在抗金主战派李纲的指挥下，击退了金兵的进攻，京城暂时得以解围，南逃的太上皇徽宗也在群臣的劝谏下回到汴京，但钦宗却仍向金国提出割让太原等三镇以求和，并在京城内搜刮大量金银献于金军。同年十月，金兵又卷土重来对北宋发动进攻，太原、真定很快失守。十一月中旬，西、东两路金军相继渡过黄河。钦宗及一帮君臣得知金兵渡河向汴京进军的消息后，吓得惊慌失措，于十二月初二乞降。金军于次年四月一日攻入汴京城，将钦宗、徽宗、后妃、六宫皇族、宫女等，连同内侍、御医、乐官、工匠、艺伎数千人掳回金国，同时掠走了大量金银宝货，将宋宫中所有的文玩古物、仪仗图籍、礼器、法服、图书、衮冕、九鼎以及浑天仪、刻漏、府州县地图等席卷一空，北宋王朝灭亡。

北宋灭亡、二帝被掳，在中华汉民族历史上留下了最为屈辱的一页，史称"靖康之耻"。纷乱之中，钦宗九弟康王赵构侥幸脱身，逃至南京（今河南商丘），并于当年五月一日在南京应天府称帝，建立南宋王朝，为宋高宗，改靖康二年为建炎元年。但他即位未久又被金人追赶至江浙沿海一带，有一段时间甚至亡命于海舟之上，后来总算定都于临安（今浙江杭州）。直到祥兴二年（1279），南宋被蒙古族建立的元朝所灭。

徽、钦二宗被金人俘虏以后，辗转北行，受尽屈辱与折磨，金人对他们的残酷折磨令人发指。金人先是下令废二帝为庶人，逼他们穿上庶人衣服，贪生怕死的徽、钦二宗丝毫没有反抗的表示，乖乖地从命，在百姓的沿路围观之下，前后衣带相结着被带往金营。太子面对百姓只会哭喊："百姓救我！"徽、钦二宗一行一路北去，完全步行，即使北风呼啸，衣单衫薄，也不得停下歇息，而且随时被押解的金人鞭打，吃的东西粗粝不堪下咽，而且常常吃不饱肚子。从春天一直到了夏天，他们都不得更换衣服，满身垢腻，生出了虮虱，钦宗的皇后朱氏还多次受到押解士兵的侮辱，欲死不得。一天，负责押解徽、钦二宗一

行的金人头目泽利在半路摆酒大吃大喝，喝到正酣，忽然要朱皇后唱歌为其助兴。朱皇后怕钦宗吃亏，只得挣扎着虚弱的身体，悲哀地唱道："幼富贵兮厌罗绮裳，长入宫兮奉尊觞。今委顿兮流落异乡，嗟造物兮速死为强。昔居天上兮珠宫玉阙，今日草莽兮事何可说。屈身辱志兮恨何可雪，誓速归泉下兮此愁可绝。"

徽、钦二宗及皇后等人被押解到燕京（今北京城西南隅），以庶人身份叩见过金主后，被关在斗室中七天七夜，朱皇后羸弱不支，终于病死，金人用黍荐卷着尸体，不知埋在了何处。随后他们被发往安肃军（今河北徐水），后来又流移至灵州（今宁夏灵武）。金人不让二帝及徽宗的皇后郑氏三人在一个地方久居，在灵州住了一年左右，又将他们发往更加穷僻的西污州、涞州。这天晚上，徽宗等三人露宿林下，抬头看见月光皎洁，忽然听见有人在月下吹笛，声音呜咽。徽宗不禁对月长叹，随口吟道："玉京曾忆旧繁华，万里帝王家。琼林玉殿，朝喧弦管，暮奏笙琶。花城人去今萧索，春梦绕胡沙。家山何处？忍听羌笛，吹彻梅花！"徽宗吟罢，钦宗也继韵一首："宸传四百旧京华，仁孝自名家。一旦奸邪，倾天拆地，忍听挡琶。如今塞外多离索，迤通远胡沙。家邦万里，伶仃父子，向晓霜花！"然后，三人相视大哭。

高宗绍兴元年（1131），徽宗等人又被押解到五国城（今黑龙江依兰），这里是他们流放生涯中生活时间最长的地方。就在到达五国城的途中，郑太后病死在路边杂树下，二帝只能用刀在路旁掘一个坑，用衣服裹之草草埋葬。徽宗哀伤悲痛得成日以泪洗面，白天枯坐，晚上就蜷伏在草垫上，不久他的一只眼睛因此而失明，三年后，另一只眼睛也瞎了。在流亡8年后，公元1135年，徽宗病死于五国城。钦宗当时才30多岁，后来他继续被流放、迁移，一个人又熬过了20多年的苦难岁月。57岁那年，也就是金主完颜亮准备发动侵宋战争的前夕，钦宗被完颜亮派人当作箭靶子射死，再以乱马践踏，蹂之于土中。

明建文帝踪迹之谜

朱元璋死后，他的孙子建文帝以皇太孙的身份即帝位，而各位叔叔在内心并不敬服。建文帝进行的削藩，使他与诸王矛盾公开化。靖难之役，燕王攻克南京，建文帝战败。建文帝的最后下落，或说他自焚而死，或说他被杀，也有说他为僧浪迹天涯。究竟哪一说为真？

朱元璋建立明朝，制定了一套嫡长子继承皇位、余子分封王爵的制度："国家建储，礼以长嫡，天下之本在焉。"又说："居长者必正储位，其诸子当以封王爵。"而且还规定："兄终弟及，须立嫡母所生者，庶母所生，虽长不得立。"

在《明史》中记载了明朝的制度：皇子封亲王，受金册、金宝，岁禄万石，府置官属。亲王嫡长子，年及十岁，就授金册、金宝，立为王世子，长孙立为世孙。为巩固朱姓天下，从洪武三年开始，朱元璋模仿汉高祖，大封诸子为王。此后又屡有封建，将自己的儿子全部分封到各地为王，辽、宁、燕、谷、代、晋、秦、庆、肃等王是其中实力最强者，诸王成了皇权的重要支柱。

明太祖对自己死后的嗣位十分重视。洪武三十年（1397），他生了大病，认为自己可能不久于人世，就命足智多谋的李淑妃自尽，以防像唐朝一样出现"武后之祸"。太祖的长子朱标，为马皇后所生，洪武二十五年（1392）因病医治无效死了，再选一个继位者成了朱元璋十分紧迫的事情。朱标子朱允炆生下来时额颅稍偏，人虽聪颖，但仁柔少断，朱元璋觉得不是最适合。燕王朱棣智虑过人，性格像朱元璋，朱元璋十分钟爱他，一度想把皇位给他。朱标死时已有五个儿子，嫡子早殇，次子朱允炆也已长大，朱元璋要舍孙立子，不合自己制定的礼仪。于是他召开群臣大会，以欲立燕王朱棣之意询问诸臣，学士刘三吾当场反对："皇孙年富，且系嫡出，孙承嫡统，是古今的通礼。若立燕王，那么秦王、晋王该怎么办？"这样朱允炆就成了皇位的继承人。

各地分封的藩王，都恃叔父的尊严，看不起侄儿朱允炆，只是因为父皇还活着，大家隐忍不发罢了。洪武三十一年（1398）朱元璋死，在遗嘱中他称赞皇孙朱允炆人很聪明，讲究孝道，希望各位大臣尽心辅助，各地诸王驻守原地，不用赴京奔丧。几天后朱允炆即位，称明惠帝，改元建文，所以又叫建文帝。建文帝明白各地藩王实力强大，战功卓著，就以太祖遗诏为由，禁止各位王叔入京，朱棣人已到淮安，只能掉头回到北京，内心充满着怨恨。

建文帝上台后，对王叔们不把他放在眼里十分忌恨。特别是力量最强大的朱棣，入朝见他时竟然立而不拜，令他十分恼火，遂着手做削藩的准备。他先是将周王贬为平民，后接连治代王、岷王、湘王、齐王等罪。接着在自己当年的伴读老师黄子澄等人的谋划下派人到北京去，控制燕地兵权，监督燕王行动。建文元年（1399）七月，建文帝走了最为冒险的一招，他命北平左布政使张昺等发兵逮捕燕王，但早有准备的燕王把张昺等全部擒杀，以清君侧为名，打着靖难的旗帜，废除建文帝的年号，续称洪武三十二年，正式开始了靖难之役。

靖难之役共历时四年，至建文四年（1402）六月，朱棣兵临南京城下，守卫京城的大将李景隆开门投降，朱棣带兵入城，在任官员四处逃窜。气急败坏的建文帝下令放火烧宫，当燕王来到皇宫时，宫中已是一片火海，建文帝不知去向，所使用的宝玺也随他一起消失。那么建文帝哪里去了？

正史记载建文帝在宫中自焚而死。当燕王到来时，建文帝自知大势无可挽回，遂纵火自杀。《太宗实录》说，朱棣兵攻至南京城下，文武百官诸王无计可施只

明太祖朱元璋

中国历史之谜

能前来见皇帝，建文帝想出去迎接，想不到左右的人已全部散尽，仅有内侍太监数人而已。建文叹曰："我何面目见耶。"就关了门自焚而死。朱棣上台后，在给朝鲜国王的诏书中就谈道："不期建文为权奸逼胁，阖宫自焚。"但建文是否真死于自焚，很多人表示出怀疑。因为事后朱棣命太监在火烧后的余烬中反复搜检，发现了皇后和太子朱文奎的遗骸，却就是不见建文帝。《太宗实录》说朱棣找到了建文帝，并令以皇帝规格举行葬礼，但明清两代从未有人提到在南京附近有建文帝的陵园。《春明梦余录》谈到明末有人请崇祯帝将建文列入祀典，崇祯叹道："建文无陵，从何处祭？"20世纪30年代，明清史专家孟森就认为虽然《明实录》载建文帝在宫中起大火时被烧死，但明代却无人相信。清朝修《明史》说"燕王遣中使出帝、后尸于火中"，这是因为康熙时朱三太子案搅得人心惶惶，因而"故有此曲笔耳"。

没有被火烧死，建文帝哪里去了？ 孟森认为在宫中火起之前，建文帝逃出去了。《明史·姚广孝传》谈到永乐十六年（1418），84岁的姚广孝不能入朝，成祖到庆寿寺去看望，问姚有什么事要他办。姚什么也没说，唯独说起僧人溥洽被关了很长时间，希望皇帝赦免他。溥洽是建文帝的主录僧，有人说他知道建文帝的去向，明成祖以其他事情的借口将他关了起来。如果成祖找到了建文帝的尸体，何必还要将溥洽关起来而追寻建文帝的踪迹？《明史》中还说成祖怀疑建文帝出走，所以派了胡濙到天下各地去寻找，还派郑和下西洋，如果成祖有建文帝的下落，何必还要遍访十余年？

此后有人指出，嘉靖年间郑晓的《建文逊国记》，是明确说建文帝逃出金陵城的第一部书。

照上面的说法，建文帝可能是逃出去了。逃出后的建文帝在干什么？

有人认为他是做和尚去了。《明史·程济传》说："金川门启，济亡去。或曰帝也为僧出亡，济从之，莫之所终。"南京城攻破而程济失踪了，所以人们怀疑他与建文帝一起做和尚了。《明朝小史》对建文帝的去向说得活龙活现：太祖病重时，给了建文帝一个密封的小匣子，让他只有到了危难时才可开启。到靖难兵入城时，建文帝想起了小匣子，把它打开，原来是和尚的一份度牒。于是削发披缁，从地道中逃出。有人认为建文帝城破前与杨应能、叶希贤一起削发为僧，法名"应文"。明成祖曾向天下寺院颁布了《僧道度牒疏》，将所有僧人重新造册登记，对僧人进行过总调查，目的是为了寻找出建文帝。从永乐五年（1407）起，他还派胡濙以寻仙人张邋遢为名四处出巡，一找就近20年。有人指出，朱棣死后，建文帝才回到北京，迎入西内，死后葬在西山。更有人声称在西山找到了建文帝的墓地。

当了和尚的建文帝到过些什么地方？ 许多人认为建文帝以僧人的身份浪迹天涯，足迹遍及江苏、浙江、四川、贵州、云南以及缅甸等地。有人指出建文帝曾到重庆三次，住在大竹山善庆里。有人主张，建文帝出亡在近不在远，不是在云、贵、川、粤，而是在吴县的穹隆山皇驾庵，永乐二十一年殁亡，葬于皇驾庵后的山坡上。有人认为徐霞客在贵州广顺东南的白云山间，看到建文帝手植的巨杉二株，树西半里的古寺，是建文帝所立。也有人认为建文帝是以滇为家，在最初三十多年中，以躲避朝廷追缉，他行踪不定。《神宗万历实录》记载万历二年，首辅张居正曾说："先朝故老相传言：建文帝当靖难师入城，即剃发披缁，从间道走出。后云游四方，人无知者。至正统间，忽云游至云南，邮壁上题诗一首。"明代人就认为他主要在云南活动。《明史》也说："或云帝由地道出亡。正统五年，有僧自云南至广西，诡称建文皇帝。"明清以来流传的许多地方文献，都可说明建文帝曾在滇中、滇西留下了足迹。有人认为建文帝到南洋去了。成祖找不到建文帝，始终有一块心病，他害怕建文帝没有死，会召集人马用朝廷的名义来讨伐他，于是派出郑和下西洋，一方面当然是为了宣扬国威，另一方面是为了寻找建文帝的下落。在随郑和下西洋的人中，有的竟然是锦衣卫的人员，他们主要任务是针对建文帝的。

郑和下西洋是为了找建文帝的说法，为很多人反对。有人指出，燕王朱棣攻下国都南京，火烧皇宫，但没有找到其侄建文帝的遗体。朱棣虽马上自号永乐帝，但对于此事及建文帝遗臣逃散各地，可能仍有挂怀。明朝历史文献里，留有一些建文帝可能没有被烧死而逃亡海外之传言，甚至有说出家二十年后返北京之故事。所以，人们认为永乐帝派郑和下西洋主因之一为追寻建文帝。此种说法不可能成立，因为郑和每次出使海外都是那么浩浩荡荡，建文帝若亡命海外，当闻风而躲藏起来，大规模下西洋寻建文帝绝非有效之方法。目前，绝大多数学者已不相信此说。但历史小说常常为了戏剧化的效果，还在强调这种可能。

文帝出逃做和尚的说法为许多人津津乐道，但也有学者发表了不同的声音，他们认为为僧之说不足信，因为当时京师内宫并无秘密地道或御沟通往城外，所谓剃发为僧、云游四方，都是民间传说而已，是无稽之谈。这大概是明成祖明白自己是抢夺帝位的，"欲曲讳其自弑恶名，故反隐播此说"，这样做想说明他还没有置建文帝于死地，而后来的文人不明其理，"缘饰其间，遂成千古疑案"。也有人认为建文帝既非自焚，也非出亡，而是被成祖所杀而灭迹。

建文帝究竟哪里去了？如果说建文帝是自焚死了，的确是无法解释史书中的种种矛盾；如果说建文帝是出逃为僧了，但大多是笔记小说所记和民间传说，确凿有力的证据还十分缺乏。郑和下西洋是否全是为了建文帝，应该是很难说。至少这个谜案在目前是不易解决的。

明成祖屠杀宫女之谜

明成祖朱棣在历史上很有作为，但他又是一位性格固执、刚愎自用、猜忌多疑、杀人如麻的皇帝。永乐年间，他大肆屠杀宫女、宦官，在两次大屠杀中，有近3000名宫女被杀，为明朝后宫最大的惨案。如此滥杀宫女，许多人不明白明成祖此举目的何在。

明成祖（1360—1424）朱棣，1402年至1424年在位，年号"永乐"。他是明太祖朱元璋的第四子，原来被封为燕王，后通过"靖难之役"从侄儿建文帝手中夺取了皇位。即位后，五征漠北，80万大军下安南，浚通大运河，大规模营建北京紫禁城，七次遣郑和下西洋，其文治武功为其在历史上留下美名，可以说他完全有资格跻身于著名帝王之列。但是他的名字不仅和郑和下西洋、奴儿干都司（明永乐时设置于东北的指挥使司，其管辖范围直到黑龙江北和外兴安岭，乌苏里江东至海，包括今库页岛在内的广大地区，对开发和巩固东北地区的治理具有重要历史意义）、《永乐大典》等联系在一起，而且也和"诛十族"、"瓜蔓抄"之类的残暴行为联系在一起。永乐末年的"怒斩三千宫女"就是其性格固执、刚愎自用、猜忌多疑、杀人如麻的最好罪证。明成祖究竟为何要将三千宫女杀死？对此，很多人都感到困惑。

一些人认为，明成祖之所以动此大怒是为了两个女人。永乐初年，随着国家逐渐强大，明成祖也开始滋生安逸享乐思想，后宫美女逐渐增多。但随着皇后徐氏的病死，明成祖将所有的宠爱给了两个女人，即王贵妃和贤妃权氏。尤其是贤妃权氏，是一位来自朝鲜的美女，其姿色可谓倾国倾城，并且聪明过人，能歌善舞，尤其是善吹玉箫，因此明成祖对其倍加宠爱，无论走到哪，都会带着她。永乐八年（1410），明成祖率大军出征，特地带权贤妃作为随侍嫔妃，随军出塞。没想到，这位独得天宠的妃子，却在大军凯旋回宫时，死于临城，葬在峄县。贤妃权氏的死让明成祖悲恸欲绝。恰在此时，宫中发生了两名姓吕的朝鲜宫人与宦官相好之事。这原本是件极其平常的事，因为历代宫中都有宫人和宦官相好之事。宫中的很多宫女嫔妃，因得不到皇帝的宠幸，便和宦官相好，虽然宦官不能行夫妻之事，但多少可以给予一些心理上的慰藉和生活上的照顾，这种现象宫中称之为"对食"，与宦官对食的宫女称为"菜户"。对此，皇帝一般是睁一只眼闭一只眼，采取听之任

明成祖朱棣

之的态度，有的皇帝还亲自撮合宦官和宫女结为对食。这种现象在永乐年间并不盛行，尽管不盛行，但此举应该不会招来什么杀身之祸，顶多也就是会遭到皇帝的制止。但是此次事件却使宫中遭受了一次大的震荡，数百宫女和宦官被杀。促发明成祖痛下杀手的原因可能是：一方面明成祖正经历丧失爱妃之痛，心情不佳，而别人却在行好事，出于嫉妒而杀人；另一方面是因为当时宫中有人散布谣言，说贤妃权氏是被宫女吕氏下毒致死的，明成祖闻后大怒，于是将有关人员一起诛杀。究竟是谁和宫女吕氏过不去呢？其实这个吕氏就是这次相好事件的主角，另一个叫贾吕的宫女对吕氏倾慕已久，想与其交往。但是吕氏对贾吕的为人很是不屑，拒绝与她结好。贾吕心存不满，于是散布谣言说，在北征凯旋回师途中，服侍贤妃的吕氏在贤妃的茶中下毒药。这样，很多宫人成为冤魂。

此事过去没几年，又发生了另一件让朱棣十分恼火的事，这真可谓"一波未平，一波又起"。永乐十八年（1420），明成祖宠爱的另一个女人王贵妃也死去，他再次经历丧失宠妃之痛，而此时又发生贾吕和宫人鱼氏私下与小宦结好之事。明成祖雷霆大发，贾吕和鱼氏惧祸，便上吊自杀。明成祖竟以此为由，亲自刑审贾吕侍婢，不料却牵出这一班宫女要谋杀皇帝的口供。朱棣极为恼怒，亲自下手对宫女们动用酷刑，受株连被杀的宫女近2800名。据《李朝实录》记载，当宫中宫人被惨杀之时，适有宫殿被雷电击震，宫中的人都很高兴，以为朱棣会因害怕报应而停止杀人，可是朱棣全然不住手。两次屠杀事件，被诛的宫女及宦官达3000人之多。

对于上述明成祖怒斩三千宫女的缘由，一些学者从病理学的角度来剖析明成祖的异常行为，认为明成祖之所以如此残杀无辜，可能和他晚年所患的疾病有关。据官修的《明史》及《实录》记载，明成祖晚年患疾病，容易狂怒，发作时难以控制，甚至歇斯底里，再加上他生性残忍好杀，所以更加狂暴异常。

郑和下西洋使命之谜

明初，郑和"经事三朝，先后七奉使"，历时28年，帆舟遍至亚非30多个国家和地区，堪称我国航海史乃至世界航海史上的奇迹。然而郑和出使西洋究竟负有什么样的神秘使命呢？数百年来，关于这一问题一直众说纷纭，没有定论。

根据《明史·郑和传》的记载，郑和之所以要下西洋，是因为"成祖疑惠帝亡海外，欲踪迹之，且欲耀兵异域，示中国富强。"由此看来，明史的纂修者认为，郑和下西洋的目的有两个：一是到海外跟踪询查惠帝，二则是沿途炫耀武威，显示大明王朝的富强。

传中所说的惠帝，即是朱元璋的长孙建文帝。建文帝登基之初，鉴于诸王兵权过重，尾大不掉，曾决心进行削藩。1399年，当时的燕王（惠帝的叔叔）公开反叛，以"清君侧"为理由起兵北平，号称"靖难"，三年后攻陷京师，夺得帝位，是为明成祖。据说在朱棣兵入南京之时，大内火起，建文帝不知所终。因此，

郑和下西洋海船复原图

明成祖才会派遣郑和出使海外寻找惠帝，以防其东山再起，危及自身帝位。这一说法从明朝开始就得到了很多人的支持，直至中华人民共和国建立后的一些著名史学家如范文澜、吴晗等人也持这样的观点，范文澜所著《中国通史简编》便认为郑和下西洋的用意是"以探询朱允炆踪迹为首"。

不过这样的说法一直以来遭到众多学者的质疑。他们认为建文帝忠厚羸弱，被朱棣赶下台后，即使逃到国外也掀不起多大的风浪。而且，根据永乐年间修撰的《明太祖实录》，燕王的军队攻入南京金川门时，建文帝就纵火焚宫，早已被烧得尸骨无存，所以，寻找建文帝之说不能成立。而且，从常理上推断，即使真的是为了寻找建文帝，有一两次远航也就够了，何必一而再、再而三地出航，甚至达七次之多呢？因此，郑和的下西洋一定有着更为重要的目的。

至于上文所持的炫耀武威的说法，也有人提出质疑。因为事实上明朝从朱元璋开始，就一直不把对外扩张作为重点，他曾经将周边的15国定为不征国，其中的大部分就是在"西洋"地区，而且他还一直告诫子孙切不可轻启边衅，因小隙而构大祸。深得乃父要旨的朱棣也一直秉承朱元璋的意思，从来没有过耀兵异域或者侵吞他国的迹象，而且每当臣下有对外用兵之议时，他也经常加以训斥。因此，难以想象在对外关系上一向防止穷兵黩武倾向的明成祖会派郑和对所谓"不征之国"去炫耀武力。而且如果真的要耀兵，为什么不向邻近的朝鲜、日本，而要舍近求远，跑到西洋去呢？另外，在郑和出使过程中的三次用兵，也都是纯属自卫反击，毫无主动用兵的意思。

关于下西洋的目的，还有一种比较流行的说法认为是为了发展海外贸易。持这种观点的人认为，由于明朝初年朱元璋实行海禁政策，给当时的社会经济发展带来一系列问题，国家对外贸易受到损害，因此明成祖即位的时候，国家财政面临困难，因此企图向南洋发展对外贸易，增加国家收入，同时通过这样的活动，国家又想垄断外贸权利。因此郑和下西洋纯粹是一项为了促进国内经济发展而实行的对外贸易行为。

可是，也有学者对这样的观点加以反驳。他们认为，明朝直到隆庆以前的200多年间，一直十分严格地执行着海禁政策，在这样的指导思想下，明政府是不可能同时进行大规模的海外贸易的。相反，朱元璋父子都认为，天朝物产殷富，无所不有，因此不需要外国的货物，当然也不需要与外国进行贸易。而且，明政府与外国的贸易往往是遵循着"厚往薄来"的宗旨，他们建立起了所

谓的朝贡贸易体系，贸易目的中的政治需要永远是第一位的。这就能够使我们理解为什么郑和船队每到一处，总是先"开读赏赐"，然后才和当地人贸易。

还有人从当时明朝的内外处境来分析，认为郑和下西洋的目的是为了谋求内外稳定。从当时的国内情形来看，明成祖即位之初，由于经过了三年的"靖难之役"，国内经济萧条，人心不稳，因此明成祖急需要恢复国内生产。而要恢复生产，首先就要稳定边疆，郑和下西洋就担当了这样的使命。据史料记载，郑和第一次下西洋，就把当时横行的海寇陈祖义擒献朝廷。永乐七年，他又擒获了锡兰王亚烈苦奈儿，献给朝廷。通过郑和下西洋，永乐时期的明朝帝国无论是国内还是周边邻国都大大获益。倭寇活动大为减少，流民大量归来，东南海疆比较清静，商旅往来安全，从而保障了东南一壁的内外安全，促进了东南经济的恢复与发展。

目前，多数人认为郑和出使的目的是为了通好他国。因为郑和每到一地，都不厌其烦地告诉各国，天朝土地辽阔，百物富庶，风俗醇美，邀请各国君臣都前来观瞻中国的文物制度，回国以后效仿中国，并保持密切的联系。通过郑和以及其他使者的活动，各国来到中国的使臣"相望于道"，前后不绝。根据不完全的统计，在郑和下西洋期间，共有4个国家的11位国王到过中国，反映了中国与西洋各国通好的盛况，这是郑和出使的结果。

近来还有学者提出，郑和七次下西洋，其使命应随时间推移而有所不同。一种说法是，15世纪初，铁木尔帝国崛起于中西亚，永乐二年（1404）十一月，铁木尔调兵数十万准备东征中国，但于次年二月死于途中，所以同年六月明成祖朱棣遣郑和第一次出使，大概是想联络印度等国抄袭铁木尔帝国的后方，牵制它东袭。后六次则是为了寻求通西方的航路和达到通商的目的。还有一种观点虽然同意郑和后六次的使命如前所述，但同时指出第一次带有扩大贸易、提高威望和联络印度等国的三重任务。第三种看法则认为，郑和前三次下西洋，主要是为了和东南亚、南亚沿海诸国建立一种国际和平局势，附带解决"疑惠帝亡海外"的问题，后四次则主要是向南亚以西，继续向未知世界前进，通过开辟新的航路，让从来不通中国的海外远国"宾服中国"。

以上各家之言，应该说都有自己的根据，使人有众说纷纭、莫衷一是的感觉，而究竟哪一种说法更符合历史的真相，恐怕在短期内还难有定论。

明武宗豹房之谜

在明朝16个帝王中，武宗算不上是个显赫的皇帝，但他却是个另类的皇帝。他特别喜欢狩猎及尚武的生活方式，对喇嘛僧、奇异的音乐、食物、妇女有着特殊的爱好。他不住在宫禁大内中，却建了一个与虎豹相邻的豹房，一住就是十几年。有人说他是个淫荡的大魔头，有人说他是崇尚大明初期的传统。

做皇帝要讲究文治武功，而明武宗正德皇帝朱厚照留在历史书上的却不是他的治国才能。请看以下这些记载。《明史·武宗本纪》在正德二年（1507）八月条下记载："作豹房。"翻看《明武宗实录》，上面的记述比较详细："盖造豹房公廨，前后厅房，并左右厢房、歇房。时上为群奸蛊惑，朝夕处此，不复入大内矣。"从正德三年起，至十六年（1521）武宗崩为止，武宗迁出了紫禁城大内，住进了皇城西北的豹房，豹房实际上成为武宗起居及处理朝政的地方。

豹房到底是什么样的房子？《武宗外纪》有详细的介绍："乃大起营建，兴造太素殿及天鹅房、船坞诸工。又别构院御，筑宫殿数层，而造密室于两厢，勾连栉列，名曰豹房。初，日幸其处，既则歇宿比大内。令内侍环值，名豹房祗候。群小见幸者，皆集于此。"从这段记载来看，豹房原具宫殿密室，内有侍卫值勤。豹房的所在地，据有关专家研究在太液池的西北隅，在虎城北豹房的旁边。由于此地接近豹房，故其建筑遂有"豹房宫殿"及"豹房官廨"的名称。

问题是武宗迁出大内住到豹房的目的是什么？从前面记述来看，武宗往往是与"群奸蛊惑"、"群小见幸者"住在一起，古代的史学家对武宗的这种做法颇有微词。很多人认为豹房是个邪恶丛聚的巢穴，是武宗及其堕落的随从们醉生梦死的地方。在豹房中有大量的歌舞音乐人员在为武宗及其随从表演。《武宗外纪》说："上称豹房曰新宅，日召教坊乐工入新宅承应。久之，乐工诉言乐户在外府多有，今独居京都承应，不均，乃敕礼部移交，取河间诸府乐户精技业者，送教坊承应。于是有司遣官押送诸伶人，日以百计，皆乘传续食。"为什么有这么多乐工在里面，《明史》说武宗主要是受了太监钱能家奴钱宁的诱惑："（宁）请于禁内建豹房、新寺，恣音伎为乐，复诱帝微行。帝在豹房，常醉枕（钱）宁卧。百官候朝，至晡莫得帝起居。密伺宁，宁来，则知驾将出矣。"武帝在豹房中的生活，无非就是听音乐和酗酒沉醉，真正是醉生梦死了。

豹房中还挑选了大量女人供武宗享受。《武宗实录》记载道：有人说锦衣卫都督同知于永"善阴道秘术"，武宗于是把他召入豹房，与语相悦。于永，是色目人，他进言说回回女"晰润而瑳灿"，比中土的汉族女人更漂亮。其时都督吕佐也是色目人，于永就假冒圣旨索要吕佐家里善西域舞的回族女孩，共有12人，全部进献给武宗。12人在豹房中不分昼夜歌舞，武宗还在叫不够劲。于永又出一个点子，让武宗下令召诸侯伯家中原来是色目籍的女人到内宫，表面上讲是教跳舞，实际上是想见到长得漂亮的人就留下来，不让她们出宫。如此强夺民女是武宗最狼藉的行为。

明·青花
缠枝葵花纹执壶

不过有专家不同意这种看法，他们认为有关武宗豹房中生活的记载，存在着蓄意歪曲的情况，这些记载透过对细节的微妙描述，暗示武宗如果不是堕落，就是无能，因而在记录武宗形象时就会出现虚构，记录中也会出现矛盾的场面。这些矛盾，使我们对其他细节的真实性和可靠性，也不得不产生疑问。《武宗实录》正德十四年载刑部主事汪金上疏谏武帝饮酒过量，疏后附有史臣的一段话说："上嗜饮，常以杯杓自随，左右欲乘其昏醉以市权乱政，又常预备瓶罍，当其既醉而醒，又每以进。或未温，也辄冷饮之，终日酲酺，其颠倒迷乱，实以此故。"武宗末年好饮，尤其是带兵巡边时的纵饮，许多书上都有记载，但说他终日酲酺，颠倒迷乱，却与真相不符。同是《实录》讲到三年后武宗巡视西北边，从宣府返回北京："自宣府抵西陲，往返数千里，上乘马，腰弓矢，冲风雪，备历险厄，有司具辇以随，也不御。阉寺从者多疲惫弗支，而上不以为劳也。"既然是终日受到群小摆布，只知沉湎于酒的愚人，怎么又成了一个勇武有力、冲锋陷阵的英雄皇帝？

官方记载和民间传说中，把强夺妇女入充后宫作为武宗的丑恶行为，并不能全信，他们这样做主要是为了引起读者的震惊。在《武宗实录》等许多书上，说武宗曾向太原乐工杨腾索要其妻刘美人，但这段资料记述各家矛盾较多，有的说刘美人不是杨腾妻，仅是他名下的妓女，与府中他妓同送应召。其实这类皇帝倾倒于民间歌伎的故事，实属异常鄙野，是民间传说和戏剧题材。《武宗实录》这样的记载，主要是纂修官在暗示像武宗这样的人，是不适合做天子的。

另有一种观点认为武宗住到豹房，主要并不是为了享受。武宗与其父及其族弟有所不同，他对军事极有兴趣，有重振明初尚武传统的企望，并有使兵政恢复到明初时居于显要地位的意向。从种种资料来看，武宗在有意地仿效永乐和宣德两帝，并力图恢复一些早期明朝宫廷的传统，因而他对剧烈运动、狩猎、军事操练、战事等特别感兴趣。但武宗的这种做法，遭到大多数文臣的反对，这是因为武宗若如此行事，以内阁大学士为主的文官集团控制军方及中央政府的权力必被削弱。武宗因为想施政自主，摆脱以大学士为主的文臣们的干涉，从而决定在禁城之外另建宫殿和行政官廨——豹房。在豹房中，他可以从事恢复明朝军事实力的活动而免受文官的牵制。他亲自挑选豹房的随侍人员，所选大部分是外国人和武夫，这些人在他指示之下，开始重练明朝的官军。

居住在豹房中的，除武宗所嬖幸的人之外，人数最多的是当时称为"豹房官军"的一支部队。这支部队中每个人腰间悬一块牌子，牌子上刻有文字："随驾养豹官军勇士，悬带此牌，无牌者依律论罪，借者及借典者同罪。"这批人都是勇士，名为随驾养豹，实则兼有驯豹和携豹出猎两种职责，同时又是豹房地区的护卫。这些勇士中有很多是蒙古人及西域人的后裔。据《万历野获编》说豹房官军大约200多人，喂养土豹90余只。

武宗这样做的目的，是在试图恢复一种在16世纪初已几乎完全消失的生活方式和政治气氛。他的畜豹行猎，实为恢复明朝军力及帝王的勇武作风，他认为这是大政的一部分。由于朝廷中文官们的反对，武宗决定避开现行的行政体系，另在豹房设立唯己意是从的行政组织。豹房官廨的主要作用，是作为武宗的军事总部和行政中心。从军事上考虑，在豹房官廨的附近地区，由习射之所到御操之地，以及豢驯虎豹的虎城和豹房，都相互毗邻，十分方便。豹房官廨设立以后，大内朝廷形同虚设，内阁大臣们也失去了行政权力，降到了一种类似文书办公室的级别。

持这种观点者认为，武宗对狩猎、豹、外国人、武夫以及尚武的生活方式的爱好，并不符合某些官僚们心目中帝王身份的模式。到了16世纪初，多数文臣认为皇帝不应亲身暴露于任何有危险性的场合，即使是狩猎，也被认为是不适合于皇帝的娱乐。因此许多人对武宗任何与军事行动有关的内容，表现出不赞同的情绪，甚至会加以讽刺。如武宗在万寿山前阅兵，却被有的文臣称为："大要以恣驰骋，供嬉戏，非有实也。"认为此类操练不切合实际，似花拳绣腿一般。

武宗的豹房，其实是朝廷文武双方争夺统治优势，以及皇帝与最高廷臣争持操纵明帝国行政权的产物。武宗建筑豹房殿廨，是为了设立可以推行其重振明朝武力和抑制文臣权力计划的基地。武宗之所以被编写史书的文臣们抹黑，原因就在于此。

明武宗是个特别另类的皇帝，有人说他从未用心于政事，有人说他昏狂无道，有人说他荒淫残暴，而这样的评价都是与他的豹房密切有关。这个特殊的豹房，的确有着谜一般的传说，后人要掀起它的盖头，尚需用第三只眼才能解决。另类皇帝要用另类的思维才能解释。

东宫"梃击案"之谜

万历末年，围绕着皇帝宝座的争夺，紫禁城内连续发生了三件疑案，分别发生在三个皇帝在位期间，即万历皇帝和儿子光宗朱常洛以及他的孙子熹宗朱由校，这就是有名的"明末三案"——"梃击案"、"红丸案"和"移宫案"。这三案彼此牵连，影响重大，关系到明朝后期政治权力的争斗，一直被史学家们所重视。但由于这三案涉及的时间久，人物多，经纬复杂，因此其中真相一直扑朔迷离。

就在万历皇帝立太子不久后的万历四十三年(1615)，皇宫内发生了一件怪事：这天，一个中年汉子手拿一根木棍跌跌撞撞地打入太子朱常洛居住的慈庆宫，并将把守宫门的太监击伤，直到闯入前殿檐下，才被太子的内侍韩本用等人捉住。

明·青花花卉纹盖罐

说到这里，就有必要先对万历皇帝的情况作一些介绍，因为"明末三案"的起因，都和万历皇帝对立太子的态度和其本人的行事有关。

万历皇帝是明朝在位时间最长的一个皇帝，名朱翊钧，年号为万历，死后谥为神宗。他是明朝第十三个皇帝，在明朝16帝中，他在位时间最久，从隆庆六年（1572）六月即位算起，至万历四十八年（1620）七月去世，身居帝位长达48年。他同时又是明朝最有争议的皇帝，据史书记载，他贪财好色，懒散拖沓，多年倦于朝政，对国事漠不关心，曾经创下二十几年不上早朝召见大臣的纪录。曾有海外学者提出，在明朝，内阁制度长期以来形成的中央国家机器的自我运转，使得万历皇帝清醒地认识到作为皇帝，即使想有所为，也会受到各种掣肘而无所行事，因此他便以不临朝为抗争。但比较客观的事实是，万历皇帝登基时年仅10岁，还是个小孩，扶植他的一个是母亲李太后，一个是太监冯保，另一个是内阁首辅张居正。这三个人互相利用、互相合作，万历皇帝就是在他们的管制下成长起来的，最高统治权旁落到这三人手中。长期的约束，使得万历皇帝在真正能够行使自己手中的大权后，却早已厌倦了朝廷的事情，反而是贪钱之心十分重，凡是朝中大臣有什么请求，他一定要索取钱物等报酬，将朝廷的事视若商人之间的交易。在这样的心态下，又碰到了在立太子问题上与朝廷大臣之间形成对立，这就更是给了万历皇帝借题发挥的机会。

说到底，"明末三案"的发生，都是万历皇帝在立太子一事上的拖延犹豫造成的。原来，万历皇帝的正宫娘娘王皇后虽然十分贤惠，却一直没有生育。让人想不到的是，万历皇帝的长子朱常洛却是他在一个偶然的机会和一个姓王的宫女生的，对此万历皇帝本人早就忘了个一干二净。这个王姓宫女原是在慈宁宫服侍太后的婢女，有一次万历皇帝去看望太后时，偶然兴起就和她有了瓜葛，结果不久就怀上了孩子，所以当太后告诉万历皇帝这个宫女怀有他的孩子时，他矢口否认。但是皇宫中对皇帝的一言一行都十分重视，每天都会有专人作起居录记录皇帝今天干了什么事情。将当天的记录拿出来，对证之下，万历皇帝不得不承认有这个事情，却因为不喜欢这个宫女，也连带着并不喜欢这个长子朱常洛。

但不管怎么说，在母以子贵的传统观念下，王宫女最终被封为恭妃。而按照传统的皇位继承法，虽然这个宫女出身不高，但皇位的继承是立嫡立长，即皇后有子的话就以皇后的儿子为太子，如果皇后无子的话，就以妃嫔生育的庶子中的长子为皇位继承人。因此，长子朱常洛就被视为皇位继承人，得到了太后及群臣的认可。对此，万历皇帝本人起初也没有反对，朱常洛的皇位继承人身份在刚出生的头几年，也十分巩固。

这种情况到了万历十四年皇三子朱常洵出世后，发生了变化。原来皇三子朱常洵的母亲郑贵妃是万历皇帝最宠爱的妃子，她因为生下了皇三子，被封为

中国历史之谜

皇贵妃，地位比生下皇长子的王恭妃还高，这样一来引起大臣们的不满，他们认为这不符合礼法，郑贵妃的地位不应该高于生下皇长子的王恭妃。大臣们不仅私下议论纷纷，还为此专门上奏折议论此事，要讨个说法。恰巧在此时，宫中又传出，皇帝与郑贵妃有了秘密约定，许诺要将皇位传给皇三子。这样更引起了大臣们的担心和议论，纷纷上疏要求早点将皇长子朱常洛的太子地位明确下来。对此，万历皇帝既想改立皇三子，但碍于大臣们的阻力太大，又不能不考虑，况且太后也反对。为了避免两边都不好交代，就将大臣的奏章统统"留中"，就是既不答复也不发还，想拖些时候再说。于是，在太后、大臣和皇帝与郑贵妃之间就形成了长达10多年的建储之争，立太子的事就这么拖了下来。时间一年年过去，万历皇帝已经40岁了，众大臣锲而不舍，要求立太子的奏章越来越多，眼看着再拖下去是说不过去了，万历皇帝只好立朱常洛为东宫太子，这时朱常洛已经20岁了。

虽然立太子最终以大臣们的胜利告终，但是郑贵妃并不死心，仍想寻找机会废掉太子，但由于当时支持太子的李太后还在，郑贵妃也不敢轻举妄动，直到万历四十二年李太后死后，第二年就发生了前面说的"梃击案"。

事件发生以后，引起了朝廷上下的关注，京师百官群情汹涌，都认为是郑贵妃在后面捣鬼，要迫害太子。万历皇帝也不能明显包庇，就一边命令刑部官员审理，一边想大事化小。审理的结果是，说闯进宫里的人叫张差，是蓟州井儿峪人，闯宫的原因是被人烧了供应差役的粮草，一气之下来到京城，要向朝廷申冤，结果误闯宫门。刑部判案的结论是，张差语言混乱，好像是个疯子，就以"疯癫闯宫"罪论处，草草了事。这个结果最符合万历皇帝的心意，因为不用再对幕后指使人进行追究了。但是，朝廷大臣们却不相信，也不答应，不能明着和皇帝对着干，于是有个刑部主事叫王之寀（cài）的就想办法私下去牢里审问张差，结果却让人大吃一惊：张差供称是受了宫里太监指使闯宫梃击的，指使的人是郑贵妃翊坤宫中的大太监庞保、刘成及其亲戚马三道、李守才等人。供词一出，举朝哗然，大臣们再次向皇帝上奏折要求彻底查清幕后指使人，同时大臣们明确地将怀疑的对象指向了郑贵妃及其兄弟郑国泰身上，因为在"梃击案"之前就曾经发生过针对太子的"妖书案"，当时的种种迹象表明与郑国泰有关。

大臣们要求将张差及所供称的这些人一并交给三法司重新审讯，要查个水落石出。万历皇帝被弄得没办法，只好一方面命郑贵妃向皇太子表明心迹，说她是爱护太子的，另一方面又要太子向廷臣表明态度，证明此事与郑贵妃无关。而身为太子的朱常洛长期处于担惊受怕的境况下，也希望尽快了结此案。于是，皇帝召集大臣们公开处理此案，宣布此案幕后指使人是庞保、刘成，而凶犯张差是个有精神病的人，下令将这三个人处决，与其他人无关，太子也当众向大臣表了态。这样，事情才算告一段落。

然而张差被处死后，由于郑贵妃的求情，庞保和刘成并没有被当场处决，又生出一些枝节来，但最终万历皇帝担心因此而惹来麻烦，就将庞保、刘成二人在宫内秘密处死。这反而又给此案留下了种种疑云，因为庞、刘二人被灭口，恰恰暴露了当事者心虚的一面。据说，张差本人在临刑时就曾颇感冤屈地说："同谋做事，事败独推我死，而多官竟付之不问。"确实，张差成为了争夺太子之位的一个牺牲品，成为皇帝与廷臣们争斗的一个工具，而其中反映出的却是明朝宫廷内部争斗的残酷性。

明光宗"红丸案"之谜

明光宗朱常洛的皇位得来着实很不容易，他从出生后，始终处于战战兢兢、如履薄冰的境遇之中，在他正式登基之前，曾多次发生意图谋害他的事情，"妖书案"和"梃击案"就是其中较突出的。然而，命运对朱常洛又开了个不大不小的玩笑：继位仅仅4天，就忽然病倒了，并且一病不起，在他当上皇帝仅仅一个月的时候，因为吃了鸿胪寺官员所进的红丸而一命呜呼。这就是有名的"明末三案"之一"红丸案"。明光宗为什么会忽然病倒？红丸是什么样的药呢？"红丸案"是不是有什么不可告人的内幕呢？

对于光宗在登基后即病倒的原因，《明史》中有较详细的记载。据说当时京城里都盛传，说是前朝万历皇帝的宠妃郑贵妃与光宗宠爱的李选侍相勾结，向皇帝进献了8个美女，致使皇帝过度纵欲，然后郑贵妃又暗中指使以前的贴身太监崔文昇给皇上服下让人腹泻的大黄类泻药，结果弄得光宗一天之内腹泻三四十次，躺在床上不能动弹，病倒了，并埋下了日后病死的祸根。

光宗朱常洛在未登基之前长期担惊受怕，使得他在摆脱威胁之后自然开始放纵自己的欲望，尽情享乐。而按照惯例，这位年纪已经39岁的新皇帝除了自己东宫原有的妃子外，还可以占有父亲留下的妃子，并新立妃子。因此，朱常洛在刚继位几天内，就放纵地贪恋女色，虽然史书中没有明确记载具体情形，但从有关的史书记载中却能反映出，光宗的病倒确实与纵欲相关。

再说郑贵妃，她虽然未能如愿让自己的儿子朱常洵当上太子，但仍然费尽心思想维持自己的地位，"明末三案"都与她有纠葛就说明了这一点。在朱常洛继位之前，郑贵妃就已经发现长期处于被排挤处境中的太子有着贪色纵欲之心，便想用美人计来实现自己的目的。于是她唆使自己的贴身太监崔文昇去侍奉光宗，并献8名美姬。这一招确实收到了效果，光宗很快就忘记了这是一个想害自己的女人，还十分感激郑贵妃，并让礼部议封其为皇太后。这时候，又掺和进了另外一个女人——李选侍，"选侍"是晚明时代的产物，

明·五彩鱼藻纹盖罐

明朝后期称入选宫内的侍女为选侍。李选侍很受朱常洛的宠爱，并为他生了个儿子，她因此梦想被封为皇后。为了达到各自的目的，郑贵妃与李选侍勾结在了一起。

两人勾结起来意图左右朱常洛的野心很快就被朝中的大臣们注意到了，因此光宗一病倒，很快便有人上奏劝谏皇帝。兵科给事中杨涟首先进奏折说，崔文昇给皇上乱用药罪该万死。而对于郑贵妃想当太后，皇上自己既有嫡母，又有生母，如果封郑贵妃为太后，那么如何安置嫡母和生母呢？结果，三天后，光宗就召集大臣宣布驱逐崔文昇，并停止封太后。

但是，官员们对郑贵妃等人的打击并不能抑制朱常洛自身的纵欲之心。据《明史·周嘉谟传》记载，八月二十六日那天，吏部尚书周嘉谟劝皇帝不要过度纵欲，皇帝注视了他很长一会儿，才让长子向宫外宣旨说那些都是传言不可相信，这也可见皇帝纵欲之事是众人皆知的事情，光宗本人还试图掩盖有关自己的传闻以维护帝王尊严。可是纵欲的严重后果毕竟已经显露出来了，这之后光宗的精神状态变得越来越差。八月二十九日，看到病情越来越重，朱常洛已经开始召集大臣考虑自己死后寝宫的建设之事，而大臣们则要求皇上尽快定下太子的名位，以免来不及。也就是在这一天，有个鸿胪寺官员叫李可灼的向皇上进了一种红色的药丸。这个红药丸，据李可灼的说法，是得到道士传授的"仙方"炼制而成的，吃下去就可以治愈皇帝的病。在场的大臣们心存疑问，但皇帝本人却要吃。实际上李可灼并不是医生，而是负责朝廷庆贺礼仪的官员，相当于今天的司仪。李可灼上午向皇上进了一粒，下午又进了一粒。两粒红药丸吃过后，据说当时皇帝确实感觉好些了，但到了夜里情况如何，史书没有明确记载，只是到了九月初一的早上，宫中就突然传出皇上驾崩的消息。一个不到40岁的中年人突然死去，又是一国之君，这就很自然在宫廷内外引起了轩然大波。

人们首先怀疑的就是这个红色的药丸，因为皇上才吃过它就突然死去了，确实让人怀疑。《明史》中只说这是道士提供的"仙方"，但语之未详。有学者提出，红丸跟汉代的春恤胶属同类的药，主要功能是刺激男性的性欲，想想皇帝本来就因为纵欲而致病，再服这种药加以刺激，更是火上浇油，结果过量了，就导致了死亡。

不管这种红丸是什么药，吃死了皇帝，这可是不得了的事情，因此红丸一案的主要后继情节就是追查害死皇上的凶手，不想却演变成了朝廷大臣之间争夺权力的斗争，党争与私仇夹杂其中，牵连受死的人很多。

首先受到怀疑的就是崔文昇和进红丸的李可灼。杨涟认为在此之前宫廷内外传言说皇上纵欲，实际上是崔文昇用来掩盖他用药害死光宗的借口，皇帝就是被崔文昇下药毒死的。杨涟的说法得到了当时的御史左光斗等人的支持。当时不少正直的大臣都认同这一说法，认为崔文昇的罪比李可灼还要大，因为他懂得医药，是有意用药加害光宗，进而又指出幕后主使人是郑贵妃，要求严惩崔文昇等人。

但是，对崔文昇的指控很不顺利，一直到明熹宗天启二年，中间几经反复。原因是，除了杨涟、左光斗等人外，朝中大臣大多从一开始就把矛头指向了当时担任内阁首辅的大学士方从哲，认为是他同意李可灼给皇帝用药的，因此最有罪的应该是方从哲。这实际上掺杂了很浓重的权力倾轧，这样，大臣们攻击的重点就不在李、崔二人，反而是方从哲。

之所以会这样，和方从哲本人的处置不当也有关。最初，对李可灼进红丸导致皇帝死亡应该治死罪，大多数大臣都同意，但是方从哲却不同意，反而下令让李可灼以疾病引退，并送给他很多钱财。这样，其他敌对的官员就抓住了把柄，纷纷引经据典，认为方从哲同意李可灼进药，虽无害君之心，却有弑君之实，要求首先处置方从哲，以泄神人之愤。一开始，熹宗还为他开脱，这应该说不无道理。有学者从与方从哲一同主政的另一大臣韩爌（kuàng）的叙述中发现，服不服红丸，都是光宗一人决定的，确实与方从哲无关。但是，在晚明时期，朝廷之中朋党互相倾轧非常厉害。既然有这样一个很好的攻击机会，方从哲的政敌自然不会放过，于是形成了一个攻击方从哲的群体。明末著名的东林党人也支持这一立场，名士高攀龙就力主惩罚方从哲，并称其为"贼臣"。结果，方从哲想逃脱罪责，慌忙上书请求退休，可说是被群臣从首辅的位子上拉下来的。即便这样，声讨他、要求严办他的书文仍然很多，方从哲只好一面竭力为自己辩护，一面自请削职为民，远离中原。

而真正的涉案人李可灼被发配戍边贵州，崔文昇被贬到南京，都是很轻的处罚。特别是崔文昇，至魏忠贤掌权后，因为受其赏识，又被重用提拔为总督兼管河道。只是在大臣们的连连上折抨击下，明熹宗才最终判决崔文昇被杖一百，然后发往明孝陵作杂役守卫。

从红丸一案的发生过程和处理结果来看，放过了主犯郑贵妃及崔、李二人不去重判，却抓住方从哲不放，借此争权夺利，显然是不恰当的，这也正是明末政治腐败的表现。红丸一案的后果是，不久之后就导致了宦官魏忠贤集团的操控朝政。天启年间，魏忠贤当权，又为"红丸案"翻案。结果，当初声讨方从哲的一些官员被革除了官职，流放边疆，而抨击崔文昇、方从哲的东林党人也受了追罚，高攀龙被迫投池而死。到了崇祯年间，惩办了魏忠贤，又将此案翻了回来。再后来崇祯皇帝死后，南明王朝又一次以此为题材挑起党争，最终明朝廷在一片内斗之中彻底走向末途。小小的一粒红丸，却引出这么多的波折，确实是当时人所难以预料的。

乾清宫 "移宫案" 之谜

泰昌元年(1620)九月初一，年仅16岁的皇长子朱由校继承了因服食红丸而去世的明光宗的帝位，但登基不久就发生了著名的"移宫案"，就是有人占据了应该由皇帝居住的乾清宫不愿意搬出来，然后官员们为了维护皇家的体制，就发动起来逼其迁出以及由此生出的一系列事端。皇帝的寝宫也有人敢占据吗？他们的目的又是什么呢？

"移宫案"紧承"红丸案"，是由前案中明光宗朱常洛的爱妃李选侍引起的，起因也在光宗朱常洛身上。原来，光宗的原配夫人郭氏在他还是太子的时候就病死了，光宗做了皇帝以后，一直没有册立皇后，身边只有才人、选侍、淑女侍候。其中有两名选侍，都姓李，一个住在东面，一个住在西面，故被分别称作东李、西李。东李老实，不得宠，西李就是此案的主角，长得漂亮，受宠于朱常洛。朱常洛将失去生母的长子朱由校交由西李抚养，五子朱由检则由东李抚养，西李并跟着朱常洛一起入住乾清宫。关于李选侍，史书对其记载不详，有可能是来自民间的秀女，也有人认为她就是万历皇帝宠妃郑贵妃为了讨好光宗而送给他享乐的8个美人之一。

万历四十八年，王皇后过世，而万历皇帝本人也生起了病，郑贵妃就以照顾皇帝为理由搬进了乾清宫中，此后一直到万历皇帝去世，她也没有搬出来。乾清宫是代表最高皇权的地方，具有象征意义。御史左光斗就说，乾清宫只有皇帝才能居住，即使后宫之中有人可以和皇帝一起入住，也只能是皇后。至于其他的妃子只能短暂接受皇帝的宠幸，不能长久居住，这不仅是为了避嫌，而且是为了辨别尊卑高下。郑贵妃是想借此要挟新皇帝光宗，捞取一些利益。因为，她在万历皇帝在时没能当上皇后，现在就想能当上皇太后。于是，郑贵妃就拉上李选侍一起商量，两人互相支持，一个要当皇太后，一个要当皇后。郑贵妃以不搬出乾清宫要挟皇帝答应她们的条件。可是，新皇帝迟迟不能搬进乾清宫，是朝廷官员们所不能容忍的事情，于是很快，兵科给事中杨涟、御史左光斗，还有吏部尚书周嘉谟等人就站出来直接向郑贵妃的家人施加压力，找来了郑贵妃的侄子，通过他去警告郑贵妃尽快搬出，否则后果自负。郑贵妃吓坏了，只好灰溜溜地搬回了自己住的慈宁宫。这样，即位了几天的光宗朱常洛才得以住进乾清宫。这次事件虽然闹出来的动静不大，但可以看作

明熹宗朱由校

是后来"移宫案"的前奏。

光宗一死，李选侍就觊觎起皇太后的位置来。她仗着自己曾抚育过小皇帝，就密谋和宦官李进忠（即魏忠贤）互相勾结，逼朱由校答应封她为太后，并企图依前次移宫事件之例，利用朱由校年幼，挟持他长居皇帝住的乾清宫，以独揽大权。于是，移宫一案就正式开始了。由于光宗死得很突然，身边没有大臣看守，李选侍就首先将朱由校扣留在自己身边，并命人看守宫门，以免有人将小皇帝接走，同时就等待着来给光宗哭灵的百官，准备讨价还价，索要好处。而这时候，百官们已经得到了皇帝驾崩的消息，正在赶来，周嘉谟、左光斗、杨涟等人在路上就开始讨论如何辅助新皇帝的事情，由于朱由校尚未正式登基，并且生母、嫡母都死了，大家就讨论由谁来扶持新皇帝。官员们虽有不同的看法，但多数都同意一点，就是首先要摆脱李选侍对朱由校的控制。

杨涟提出，当务之急是赶紧将朱由校从李选侍身边接出来，大家一起山呼万岁，然后将其拥护出宫，这才是最好的选择。结果到了乾清宫门口，官员们都被李选侍安排的太监挡住了，还是杨涟比较干练，他将太监们呵斥下去，大家一拥而入，去给过世的光宗哭灵。哭完之后一看，没有发现朱由校。这时候侍候过光宗的太监王安就将李选侍藏起朱由校的事情说出来，并由他哄劝李选侍，说只有得到大臣们的拥立才能当皇帝，所以朱由校必须要见百官，将其带了出来。之后官员们按照既定的计划，高呼万岁，然后匆匆将朱由校扶上轿子带出乾清宫，而李选侍这时候明白过来，赶紧追出，可是已经来不及了。关于这一过程，也有的说是太监王安获悉李选侍的阴谋后，向宫外的百官传出消息，然后才有下面的事情。总之，朱由校被护卫到慈庆宫暂住，并在几天之后被正式册封为太子，并着手准备登基的事情。

与此同时，杨涟等官员对李选侍仍居住在乾清宫也提出了看法，要求尽快将她赶出去，这样新皇帝继位才算是完全名实相符。他们用"武氏之祸"来比喻李选侍，说她想做武则天。而李选侍也很不甘心，仍想将朱由校接回自己身边，并和魏忠贤商量，想方设法要挽回败局。这样你来我往，拖了好几天。直到新皇帝登基前一天，百官们再也忍不下去了，纷纷冲到乾清宫门外大声喧叫，要李选侍快离开。在大臣们的严词逼迫下，加之有宫中太监王安等人的支持，李选侍看看招架不住了，只好匆匆决定移宫，搬了出去。到了九月初六，朱由校正式即帝位，搬进了乾清宫。由于李选侍移宫时十分仓促，还发生了宫内人员趁机盗窃宫中物品的事情，并由此牵扯出一些其他案件，这又是其余波了。

"明末三案"是万历末年以后最高统治集团内部争夺权力的激烈斗争的反映，反反复复，一直持续到明末。天启年间，因梃击、红丸、移宫三案的代表人物王之寀、孙慎行、邹元标、杨涟、左光斗等均系东林党人，而在魏忠贤专权后，与东林党对立的齐、楚、浙诸党官僚纷纷依附魏忠贤，结成阉党，并怂恿他汇集三案的材料，撰成了《三朝要典》，全面翻案，将涉案的东林党人纷纷打倒，三案成了魏忠贤杀人的口实。而到了明末崇祯年间，魏忠贤被惩办之后，三案又再次翻了回来。

洪承畴降清之谜

在明末的抗清斗争中，洪承畴是一位极其重要的人物。他的文韬武略、他的豪言壮语使明朝的君臣视他为抗清战场上的中流砥柱。崇祯皇帝也视他为最可依赖的人，甚至在他兵败后，坚信他会为国捐躯、以身殉职。大明朝廷还为他举办了隆重的葬礼。然而，就是这样一个为满朝君臣所信任的人，最后却选择了投降。洪承畴为什么会降清呢？

洪承畴（1593—1665），福建南安人。23岁便中举人，次年登进士，历任刑部主事、陕西布政使司右参政、延绥巡抚、陕西三边总督等职，并兼兵部尚书头衔，是统领明兵与李自成作战的主要军事将领。后因后金军大举入关，明崇祯皇帝将洪承畴调任蓟辽总督，全力对付满清人。在松锦会战中，明朝廷对洪寄予了很大的希望。但松山城破之后，洪承畴及其部将祖大寿等皆被俘。皇太极对被俘人员采取不同的待遇：对巡抚丘民仰、总兵曹变蛟、王廷臣等，先进行劝降，遭到拒绝以后，当即把他们就地处死，其部下将领100余人、士兵3000余人，也全部遭杀害；但对洪承畴、祖大寿则采取不同的策略，尤其是对洪承畴的重视非同一般。因为皇太极深知洪承畴是明朝重臣，是自明清开战以来所俘级别最高的明朝军事统帅，而且此人富有文韬武略，是一位难得的人才。如能争取其归顺，对大清未来入主中原十分有利，于是皇太极多次派满汉官员前去劝降。但洪承畴坚决不降，他每逢见到那些前来劝降之人，便怒目而视，死不开口，以至于满族官员举刀欲杀之，他竟"延颈承刃，终始不屈"，声称："生为大明臣，死为大明鬼。"于是，皇太极决定不给他饭吃，"只给菽水喝"，试图通过逼迫、侮辱和虐待来消磨他的意志，然而洪承畴毫不畏惧，竟以绝食来相抗，"米浆不入口者七日"。然而，正是这样一个铮铮铁骨的硬汉，最终仍然归降了清廷。关于他的降清缘由，史书说法不一。

据《清朝全史》记载，"汲修主人（礼亲王）谈太宗襟度有曰：松山既破，擒洪文襄（洪承畴），洪感帝之遇，誓死不屈，日夜蓬头跣足，骂言不休。太宗乃命诸文臣劝勉之，洪一言不答。太宗乃亲至洪之馆，解貂裘而与之服，徐曰：'先生得无冷乎？'洪茫然，视太宗良久，叹曰：'真命世之主也'，因叩头请罪。太宗大悦。诸将皆不悦曰：'洪承畴仅一羁囚，何待之重乎？'太宗曰：'吾侪所以栉风沐雨者，究竟欲何为乎？'众曰：'欲得中原耳。'太宗笑曰：'譬之行者，君等皆瞽目，今得一引路者，吾安得不乐？'众乃服。"《清史稿》等史书也都是如此记载。

由此可见，洪承畴之所以最终降清，是被皇太极礼贤下士的行为所感动，才归顺了清朝。正当皇太极为招降洪承畴之事在犯愁之时，清朝内部的谋士们以及庄妃为皇太极出谋划策，认为争取洪承畴这样重名节的大人物，必须重在攻心，礼贤下士。皇太极听取了这些建议，多次前往洪承畴居所嘘寒问暖，洪承畴以一敌国囚徒，蒙受皇帝的温暖关怀，内心不胜感激，于是，跪在地上向皇太极叩头请降。皇太极深怕他反悔，连夜派人给其剃发。应当说，洪承畴由当初的坚决不降到决定降清，是皇太极的招降政策起了很大的作用。洪承畴也正是从皇太极这种礼贤下士和宽广胸怀中，看到了清朝终将会成功，而明朝的腐败已很难重振基业，因此促使他下定决心降清。

洪承畴

但民间则广泛地流传着洪承畴的降清之举，是由于皇太极的爱妃庄妃博尔济特氏（就是大家在戏说古装影视作品中熟悉的后来的孝庄皇太后）做工作的结果。一些文学作品或民间传说还大书特书庄妃如何亲自出马用色情诱其归降。如《清史演义》记载："洪承畴人本刚正，只是有桩好色的奇癖"，于是庄妃在太宗面前，毛遂自荐，不料她竟然能劝降洪承畴。有的著作则记载，皇太极听说洪承畴好色，便差宫中美貌侍女去送人参汤，遭拒绝后，皇太极便派最宠爱的庄妃出马。庄妃以侍女的装束，前去劝洪进食，并反复喻以利害，逐渐使之回心转意。《清宫秘史》第二十一回中，也记载了庄妃亲自出马劝降洪承畴之事，甚至说她利用美色引诱洪承畴，竟不惜失身。这一回的标题便是"香衾卧娇艳经略降清"。

然而，有人提出，民间传说以及文学作品中的庄妃招降情节，尽管描写得生动细腻，引人入胜，但却与事实相差甚远，漏洞百出。首先，在后宫之中，后妃未经皇帝准许，不能擅自离开后宫。而且，在后宫中有佳丽三千，温柔美丽、善解人意、能说会道者，多不胜数，皇太极何必要派庄妃装扮成侍女去做上述劝降工作呢？更何况让自己最宠爱的庄妃去与一个在押的俘虏过夜？其次，《洪承畴传》的作者王宏志，通过审阅史料，进行细致的研究，认为洪承畴在个人生活上很遵守儒家道德，并没有什么风流之举。说什么洪承畴"有一桩好色的奇癖"，分明是在丑化洪承畴。庄妃可能确实为皇太极出了劝降洪承畴的主意，但她亲自前去看望洪承畴则未必是历史事实，民间传说以及文学作品这样叙述的目的可能在于贬低洪承畴和贬损庄妃。洪承畴毕竟是明之重臣，而清朝是少数民族建立的政权。因此，很多人对于洪承畴降清，后又成为清初开国功臣之举，觉得不可原谅。特别是一些明朝遗臣对洪承畴多加谴责，并编造了许多责备洪承畴的言论，才使得民间传说以及文学作品中出现了与信史相差甚远的记载。

崇祯皇帝死地之谜

北京景山公园内东边山坡上以前曾有一棵古槐，相传是明朝末代皇帝朱由检自缢的地方，这棵树后来在"文革"浩劫之中被砍掉了。现在公认的说法是，李自成率农民军攻入北京后，崇祯皇帝仓皇出逃，在煤山东麓的一棵槐树上上吊自杀。煤山就是今天的景山，但是有关崇祯自缢的具体地点，历来说法不一。崇祯帝究竟死于何处呢？

寻找崇祯皇帝的过程，史书上有详细的记录。据载崇祯十七年（1644）三月十九日中午，李自成率领农民军攻入北京，宣告了明王朝的覆灭。攻入北京的农民军直扑皇宫，对于他们来说，还有一件重要的事情要做，那就是擒获崇祯皇帝，为自己的造反行动画上一个圆满的句号。然而，农民军搜遍皇宫却没有找到崇祯皇帝，拷问宫中的宫女、太监，也毫无结果，崇祯皇帝就这样失踪了。对于李自成来说，虽然他已经坐在了崇祯皇帝的龙椅之上，但崇祯皇帝下落不明依然是他的一块心病，要知道，如果崇祯皇帝逃出北京城，以他对明朝残余力量的号召力，依然会对农民军造成极大的威胁，因此李自成自然是不能容忍崇祯皇帝生不见人、死不见尸的情况。于是李自成下令悬重赏，称凡是能够交出崇祯皇帝的人可得万金之赏，并可晋封为伯爵；而如果有人胆敢帮助藏匿，则要诛灭九族。到了二十二日，农民军在煤山上发现了几具自缢的尸体。据赵士锦《甲申纪事》说，起义军先是发现崇祯皇帝在煤山的松树（有些史书上称是槐树）下遗落的弓箭，然后就看到与太监王承恩对面而自缢的人，左手上写着"天子"二字，身穿蓝绸道袍、红裤，一只脚穿鞋，一只脚没有鞋子，头发散乱开来。经过宫中太监的辨认，确认此人正是崇祯皇帝。

有关崇祯帝自缢在煤山槐树上的记载，李清的《三垣笔记》中叙述最详尽而生动。据载崇祯帝在自杀之前，还曾召集在宫中的妃嫔、皇子、公主等人，与众人对饮，然后在快三更天的时候，拔出自己的佩剑，让众人都自尽，以免落入起义军手中。于是皇后先投缳自尽，之后其余的妃子或用剑自杀，或被崇祯帝亲自砍死，连他最疼爱的长女长平公主也被崇祯帝用剑砍断右臂，但倒地未死。然后，崇祯皇帝与王承恩一起带着宫内太监数十人，企图出城逃走，但没有成功。走投无路之际，只得重回宫中，最后在煤山古槐树下自杀身亡。据说这株老槐树还因此惹上了灾祸，清军入关后为崇祯皇帝发丧，并称这株古槐树有弑君之罪，于是下令以铁索环绕树身，以示惩罚。结果古槐树

明·正德青花罐

就这样戴了近300年的铁索，直到新中国成立后才恢复自由之身。然而古槐树的厄运并没有结束，"文化大革命"期间，一些造反派以古槐树与封建皇帝有牵连为由，将古槐树砍翻在地，可怜的古槐树就此成为这些"革命"小将的手下冤魂。

然而，对于崇祯皇帝吊死于煤山古槐树的说法，历来有着不同的看法。有人提出疑问，认为煤山本来就是皇室内苑，如果崇祯皇帝就吊死在煤山山坡那样明显的地方，怎么会搜寻三天才发现呢？据此有人就提出说崇祯吊死在煤山槐树上是不确切的。

考《明史》中的《李自成传》和《王承恩传》及《明季北略》等各种史书证实，崇祯帝不是缢死在槐树上，而是自缢在"寿皇亭"中。当时的具体经过大体是：天还未亮时，皇帝在宫中前殿召集文武百官，却没有一人来，于是崇祯皇帝就遣散宫内的人员，和亲信太监王承恩一起登上万岁山即煤山的寿皇亭中。这个亭子刚建成，是为了检阅禁军操练而专门建的。走投无路的二人最后一同吊死在寿皇亭中。有关更详细的细节，各种记载中也略有不同，如《明季北略》中说二人吊死在亭下的海棠树下。

但是对于寿皇亭，也有人表示怀疑，并作了考证，认为明朝景山并无寿皇亭的称呼，只有一个寿皇殿在山后（即今天的北京少年宫），而这个地方与史书记载的崇祯皇帝自缢之处相距很远。并且有人撰文提出，在景山之上，明朝并没有建筑，今天留下的五个亭子都是在清代乾隆时建的，因此这一记载是不确切的。明末亲历甲申之变的钱𫐐所著《甲申传信录》中还发现有这样的记载，说崇祯皇帝易袍履后与王承恩走到万寿山，在巾帽局里自缢而死，死于夜里子时。后人认为这一记载很符合崇祯皇帝在农民起义的浪潮中走上自戕之路的心理变化过程，因为崇祯皇帝一向刚愎自用，他的性格决定了他不会投降，也不会轻易去死的。所以他在京城旦夕可破之时，他于三月十八日取太监衣帽化装后，企图从崇文门、正阳门、朝阳门、安定门等处逃跑，皆因守门士兵不知他是皇帝而被阻。逃跑不成，崇祯皇帝才在太监的陪同下跑到了巾帽局自缢。这个巾帽局是明朝宦官掌管的二十四衙门之一，专管宫内的靴帽制作，地处皇城东北角，是皇城内较偏僻的地方（在今北京东城区织染局胡同东端）。

除了上述这些说法之外，还有一些不同的看法。黄云眉在《明史考证》中提出崇祯皇帝死于万岁山。万岁山，金人称为琼花岛，是元代至元四年筑的宫城，山在禁中，遂赐今名，就是今天北海的白塔山。《明亡述略》则说崇祯皇帝死于西山。而俞平伯在《崇祯吊死在哪里？》一文中引用西方作家邓尼在《一代的伟人》中记载明崇祯皇帝砍伤长平公主事后则说，崇祯帝当时精神已经有些错乱，他出了宫廷后爬上煤山，在那里查看外国来的大炮，还给李自成写了血书，要求他不要欺压百姓，不要用那些背叛他的官僚，然后在看管园子人所住的小屋椽子上吊死了。

综合上述各种说法，关于崇祯皇帝之死的经过基本一致，所不同的只是自缢的详细地点，一说自缢于煤山树下，一说自缢于山亭中，一说自缢于北海的白塔山，一说自缢于西山，一说自缢于巾帽局，一说自缢于管园人的小屋中。根据目前公认的观点，自缢于煤山是比较可信，也合乎情理的，但到底死于什么树下或亭子里，这就难以查证了。

李自成生死之谜

　　1644年，"闯王"李自成攻入北京，山穷水尽的崇祯皇帝自杀身亡，李自成如愿坐上了皇帝的宝座，一切似乎都在按设想中的进程顺利进行。然而，吴三桂在山海关"冲冠一怒为红颜"，改变了这一切，功败垂成的李自成仓皇逃离北京，在清军的追击下一路狂奔，不久便传出在九宫山遇害的消息。然而，有关李自成最后归宿的争论在历史上从来没有停息过。李自成是战死沙场，还是削发为僧？死于何时何地？自清初到现在，数百年来，因官私史乘、谱牒、方志所记人各异词，有的说他是自杀，有的说他是遇害，有的说他是禅隐老死；死地也有湖北、湖南、山西、江西、贵州等几种说法。

　　有关李自成归宿的各种说法林林总总有十余种之多，但归纳起来看，影响比较大的主要是两种：一是李自成死于败乱之中，二是李自成兵败后削发为僧，禅隐若干年后圆寂。

　　据此关于李自成死亡的时间和地点也就主要趋向两种说法：一是说顺治二年（1645）死于湖北通山九宫山，另一说是康熙十三年（1674）死于湖南石门夹山。事实真相究竟如何，一直到现在仍争议很大，没有定论。

　　李自成在顺治二年死于九宫山的最早记录是清朝将领阿济格向清朝廷的奏报和南明兵部尚书何腾蛟给唐王的奏报。阿济格是追击李自成到通山九宫山下的清军统帅，在顺治二年闰六月的奏报中，阿济格称"有降将及被擒贼兵，俱言自成窜走时，携随身步卒仅二十人，为村民所困不能脱，遂自缢死。因遣素认自成者，往认其尸，尸朽莫辨。或存或亡，俟就彼再行察访"。南明何腾蛟曾两次向唐王奏报。他的第一次奏报说，"斩自成于九宫山"，因长沙府通判周二南死，失首级。在第二次所上的《逆闯伏诛疏》中何又说："李万岁爷被乡兵杀于马下，二十八骑无一存者，一时贼党闻之满营聚哭。"这是依据归附何腾蛟的原李自成部下张双喜、刘何当的口述奏报的。

　　此后，很多记载均认为李自成是在九宫山被地主武装杀害的。费密在《荒书》中对李自成被杀的经过有着很详细的记述："李自成独行到牛迹岭，遇大雨，山民程九伯者下，与自成手搏，遂辗转泥淖中……九伯呼救甚急，其甥金姓者以铲杀自成。"在正史以及地方史乘中也有类似的具体记载，如《明史》、《小腆纪年》、《南疆逸史》、《湖广通志》、《武昌府志》以及《通山县志》等。特别是后来《朱氏宗谱》、《程氏宗谱》的新发现，更增加了这一说法的可信程度。新中国成立后的众多史学家如郭沫若、李文治等人均赞成此说。一时之间，李自成死于湖北通山九宫山之说几乎成为定论。

但此论盛行不久后，一些人指出此说存在着许多可疑之处。疑点主要有：首先，他们对通山九宫山一说进行追本溯源，最早对李自成死讯进行记录的是阿济格和何腾蛟，而二人当时并没有亲眼所见李自成的尸首，只是在奏报上提到"尸朽莫辨"，他们的消息来源主要是从降兵和降将那里得到的，连阿济格自己也不能肯定，称要再行察访，因此当时在明廷和清廷内部有很多人质疑消息的可靠性。事实上，阿济格便因迟迟交不上首级为李自成验明正身而遭到上司的严加斥责，而何腾蛟也因此被冠以"谎报战功"的罪名，最终被撤职。可见当时清政府和南明小朝廷都没有确认李自成的死亡。另外，如果李自成真的死于九宫山乡民之手，当时在九宫山的李自成部队还有10万之众，一定不会放过九宫山的乡民，但史书并没有此类记载。最令人费解的是像李自成这样一位极具影响的重要人物，他的死亡竟然在朝廷的残档、朱批"红本"中都无记载。而通山九宫山说的另一"力证"《程氏宗谱》、《朱氏宗谱》都纂修于民国年间，所述当年之事并不可确信。

随着考古不断有新的发现，一些人提出李自成在夹山出家为僧之说。这一说法的依据主要是何璘所撰写的《书李自成传后》和在夹山出土的一些文物。何璘曾到实地进行考察，据山上一位老僧介绍，夹山灵泉寺早年有过一位古怪的和尚，号"奉天玉和尚"，他就曾服侍过奉天玉和尚。据他说，奉天玉和尚是顺治初年来寺的，说话是陕西口音，并取出一幅奉天玉和尚画像，何璘发现画中的和尚与书所记李自成长相颇为相似，加上奉天玉和尚的法号和李自成的"奉天王"称谓只相差一点，极有可能是故意避讳的，因此他认为这个所谓的"奉天玉和尚"有可能就是李自成，也就是说李自成兵败后最终遁迹湖南石门的夹山灵泉寺，削发为僧。

在夹山附近出土的文物，更是为夹山一说提供了最有力的证据。在澧州发现奉天玉和尚的墓地中出土了与米脂县地方传统的随葬符碑内容十分相近的符碑，此外还在夹山附近出土了"永昌通宝"铜币、刻有"永昌元年"字样的竹制扇骨、铜制熏炉等。"永昌"是李自成在西安建立大顺政权时的年号。更引起人们注意的，是一个铸有隶书阳文"西安王"字样的铜制马铃。这和李自成家乡陕西米脂县出土的、上面铸有"自成王"字样的马铃，形制相同，字样一样，花纹相似。这一切都表明夹山地区与李自成存在着某种联系。此外，有学者还认为当年服侍奉天玉和尚的弟子野拂是李自成义军中的将领，即李自成的侄儿李过，这也证明了李自成在夹山出家的可信性。此外，夹山现存的三块石碑、出现的诗集《梅花百韵》也被认为与李自成有关。

但此说也遭到了通山九宫山说者的质疑，认为这一说法存在着诸多硬伤。首先，他们提出何璘所述并不可靠，如奉天玉画像，其实与史书并不一致。《明史》称李自成"状貌狰狞"，且崇祯十四年（1641）李自成在作战时左目中矢，因此当时被称作"瞎贼"。而画像中的和尚左目未眇，老僧在叙述中也没有提及他眼瞎，可见与李自成无关。其次，夹山现存的三块石碑，并不能证明李自成终于夹山，而只能证明确有奉天玉其人；没有确凿证据、仅凭《梅花百韵》诗集中个别诗句的口气，无法判断诗作者就是李自成。其三，湖南大学者王夫之与李自成是同时代的人，他撰写的《永历实录》所记李自成至九宫山"为土人所杀"有很大的权威性。同时《程氏宗谱》尽管出于民国，但关于程九伯杀害李自成之事是依据旧谱转录的，绝不可能是杜撰，而且该谱与《朱氏宗谱》以及顾炎武的《明季实录》所载一致。

总之，关于李自成逃出北京城后的生死问题一直以来是个谜团，它吸引着众多的专家和李自成研究的爱好者的注意力，各种说法争论不休，莫衷一是。

吴三桂降清之谜

提起明末的吴三桂，人们会很自然地想起他引清兵入关的史实，他也因此而遗臭万年，成了人们唾弃的卑鄙小人。对于此种结局，吴三桂想必早有心理准备，可是他为何甘冒身败名裂之险，投降清军呢？

吴三桂（1612—1678），辽东人，武举出身，以父荫袭职军官，明末任辽东总兵，驻守宁远。崇祯十七年（1644）三月初，李自成率领大顺军逼近畿辅，明廷诏令吴三桂与蓟镇总兵唐通率兵入卫京师。三月十一日，大顺军进抵居庸关，唐通投降。此时，吴三桂率辽东明军约4万人及八九万关外汉民陆续进关，暂屯于山海关至滦县、昌黎、乐亭、开平一带。李自成于是命唐通率本部兵马，带着银两和财物，到山海关去招降吴三桂和山海关总兵高第。此时，明朝眼看即将灭亡，明朝廷的大臣们都在积极寻求出路，其中投降大顺是一条最简捷的出路，因为这并不违反礼教。改朝换代，自古亦然。既然明太祖以贫僧一名成为真命天子，那么李自成这个驿卒又为什么不能做皇帝呢？并且，大顺政权对吴三桂的政策是积极地招降。李自成曾派人给吴三桂送去四个月军粮及白银4万两，

吴三桂

并声明"俟立功日升赏"。这对于已缺饷一年多的吴军来说，可谓是雪中送炭。可以说，吴三桂当时确有降大顺之意。但后来吴三桂为何会投降清朝廷呢？古往今来，人们对此谜团大致有如下几种解释：

有不少文人才子和百姓人家相信促使吴三桂降清的原因是为了一个女人——陈圆圆。李自成所率的农民军攻陷京师，明帝崇祯自缢，使得正在赶赴京师途中的吴三桂立刻没了主意，本来是进京保护皇帝的，可现在皇上突然死了，明朝说完就完了，自己该怎么办呢？这时占领北京的李自成派人给吴三桂捎了话来：如果归降大顺政权，将提供给4个月军粮及白银4万两。吴三桂思前想后，觉得明朝既已灭亡，但自己和所率部众还得生存，因此便打算投降李自成并处理了相关事宜，继续向北京行进。但正在行进途中，有人送来密信一封，告诉吴三桂，其父吴襄被李自成的部将刘宗敏严刑拷打，勒索20万两白银，吴襄已交了白银5万两，但刘宗敏仍不放过他。吴三桂闻听老父遭罪，不禁生出怒气。再读下去，得知自己的爱妾陈圆圆竟被刘宗敏霸占，立刻感到忍无可忍，把李自成派来的两名来使一人斩首，一人割去双耳，并宣布与李自成势不两立。而当时除了李自成的农民军势力，还有正处于上升趋势的满清势力，舍去了前者，吴三桂自然要投靠后者了，否则他将处于双夹板中，很难生存。

也有一种观点认为，吴三桂降清实在是为形势所迫。当年京师西边的门户——大同陷落，使崇祯帝乱了方寸，于是他顾不了许多，急召肩负北防重任的吴三桂来保京师。获令后的吴三桂立即带着人马赶赴京师，谁知还没到达目的地，就接获李自成的大顺军攻陷京师，崇祯帝自缢的消息，同时得知明蓟镇唐通已降大顺。李自成本来也想招降吴三桂，但由于种种原因未能遂愿。李自成认为既然不能招降吴三桂，就要立即除去这股势力，便下令亲征。于是，李自成率兵10万，号称20万东出京师。吴三桂得知李自成此举，大惊。他自知凭自己的力量绝对难以对抗大顺军。为求自保，吴三桂只得提出给予满清钱物和部分地皮，向其借兵，后又为李自成攻势所迫，多次向清军求援。多尔衮等人大喜，便顺势招降了吴三桂。因此，这一观点认为吴三桂降清实为形势所迫。

还有一种观点认为吴三桂本意并非降清，而是借清兵来讨伐大顺，从而光复明室。吴三桂离开驻防地，前往北京去保护崇祯皇帝。但行至途中忽闻噩耗，京师已为李自成所占，皇帝自缢而亡。后又闻知自己的父亲遭大顺将领的严刑拷打，爱妾被大顺将领霸占。国恨家仇坚定了吴三桂讨伐李自成大顺政权的决心。但鉴于势单力薄，不借助外力难以对付大顺。环顾宇内，当时最具实力，而且可以和大顺军相抗衡的非清兵莫属。于是吴三桂向清兵提出，愿给予清兵钱物和土地，换取其发兵讨伐大顺。然而对满清来说，吴三桂提出的好处不过是蝇头小利，他们的最终目的是入主中原。结果吴三桂本想利用清军，结果反被多尔衮率领的清军利用。清军乘机入关，而吴三桂的借清兵以伐大顺之设想也成为泡影，只得降清。

也有人认为，吴三桂降清是他审时度势、深思熟虑后所做的决定，并非一时冲动之举。自从李自成的大顺军占领北京，明崇祯帝自缢而亡后，摆在他面前的有三股力量：一，大顺政权；二，满清力量；三，南明朝廷。吴三桂为求自保，必须选择其一。李自成的大顺军人数虽众，但在京城胡作非为甚至骚扰百姓，许多将士对明廷降臣进行拷掠追赃，吴三桂的老父便深受其害。由此可见，大顺政权不懂得与明朝的官僚合作以稳定社会秩序的重要性，发展势态不容乐观，选择投靠大顺政权不是明智之举。南明小朝廷已是丧家之犬，大势已去，重振朱明王朝的雄风万无可能，选择它也是穷途末路。而当时的满清势力却处于上升有序状态，势力颇强。吴三桂考虑再三，最终决定投降满清。

陈圆圆生死之谜

在明清易代之际，大概没有一位女性比陈圆圆更加著名，吴三桂"冲冠一怒为红颜"，使得她成为身系一代兴亡的关键人物，引起人们极大的关注。然而，吴三桂山海关起兵以后，陈圆圆却从人们的视野中消失了。她到哪里去了？她的人生之路又是如何？

陈圆圆本名陈沅，是吴三桂的爱姬，以美貌著称。陈圆圆虽然身不由己地被推上明清易代之际政治舞台的风口浪尖，但史籍中对她的记载却并不很多。《明史》、《清史稿》中都提到了陈圆圆，但却是一笔带过，只是称吴三桂因为陈圆圆被李自成的大将刘宗敏掠去，愤而起兵与李自成激战山海关，但对陈圆圆的结局并没有提及。

首先提及陈圆圆结局的是《甲申传信录》，该书称李自成进京后，刘宗敏向吴三桂的父亲吴襄索取陈圆圆，吴襄声称陈圆圆已经被送到宁远吴三桂处，而且早就死在了宁远。这是有关陈圆圆死亡的最早记载。然而，尽管以后的《国榷》、《明季北略》等史籍都采信了《甲申传信录》中陈圆圆到宁远的说法，但都未提到陈圆圆死于宁远，可见当时人们就并不认为陈圆圆死于宁远。后来姚雪垠根据此推论陈圆圆在崇祯十六年死于宁远，但遭到不少学者的质疑，认为证据不足。可见陈圆圆宁远死亡说的支持者并不多。

如果陈圆圆没有死在宁远，那么她到哪里去了呢？虽然史书中再也找不到陈圆圆的踪迹，但在文人的笔下，陈圆圆却逐渐成为被关注的热点。

吴伟业的《圆圆曲》是较早以陈圆圆为主角的作品。作者根据时人的传说，记述了陈圆圆在李自成进京后被李自成所得，后来又复归吴三桂的经过。如此说来，陈圆圆死于宁远的说法似乎是有问题的。《圆圆曲》中还有"专征箫鼓向秦川，金牛道上车千乘，斜谷云深起画楼，散关月落开妆镜"之句，表明吴三桂进攻陕西、四川时，陈圆圆都是与吴三桂在一起的。但对于陈圆圆的最终结局，吴伟业并没有叙及。

康熙年间，陆次云作《圆圆传》，由于当时吴三桂已经在三藩之乱中败亡，作者所述陈圆圆的故事也涉及了陈圆圆的最终结局。根据《圆圆传》的记载，陈圆圆在吴三桂受封为平西王后一直与吴三桂在一起，而且深得吴三桂的欢心，甚至吴三桂起兵反叛也是陈圆圆参与策划的。而陈圆圆的结局，则是与吴三桂一起"同归歼灭"。作者虽然没有明言陈圆圆是如何死的，但显然认为陈圆圆死于清军平定三藩之乱的战事之中。这是有关陈圆圆死亡的第二种观点。

然而，在清人钮琇的《圆圆传》中，人们却看到了与陆次云《圆圆传》中完全不同的陈圆圆。按照钮琇的记载，吴三桂被晋封平西王后，陈圆圆婉言推辞了王妃之位，独居别院。当吴三桂准备谋反时，有所察觉的陈圆圆便借口年老，向吴三桂请求为女道士，以后便离宫入山，幽居静室，与药炉经卷为伴，晨夕焚修，远离纷争。吴三桂兵败后，陈圆圆不知所终。钮琇在论及陈圆圆结局时写道："其玄机之禅化耶？其红线之仙隐耶？其盼盼之终于燕子楼耶？已不可知。"可见在钮琇看来，陈圆圆的最终结局已经是一个难解之谜了。

还有一种观点认为陈圆圆最终是自杀的。道光年间，大学问家阮元携儿子阮福到云南，阮福沿途考察陈圆圆的遗迹，到商山寺莲花池考察陈圆圆墓，并得以滇中耆老相传的文献，事后作《后圆圆曲》一首，诗中提出陈圆圆在吴三桂起兵失败后在莲花池投水自尽。

近年来，又有一种观点提出，认为陈圆圆死于贵州岑巩县马家寨，葬于寨边的狮子山上，而马家寨的吴氏家族正是陈圆圆之子吴启华的后代，狮子山上除陈圆圆的墓外，还有吴启华和吴三桂大将马宝的墓。

根据马家寨吴氏的说法，吴三桂兵败后，陈圆圆为免遭诛灭九族之祸，便在马宝的保护下，带着儿子吴启华途经广西，绕道贵州毕节、威宁，到达狮子山麓的马家寨隐居避难。到马家寨时，还携带有金杯、玉簪、两柄大刀和一柄方天画戟等物，玉簪后来遗失，大刀和方天画戟则在1958年大炼钢铁时被当成废铁卖了。由于历史的原因，马家寨吴氏对陈圆圆墓的存在一直严守秘密，族中也只有少数人才知道真相。"文革"时有族人不慎失言，漏了风声。"文革"结束后，有关部门派人到马家寨调查，陈圆圆墓才逐渐为人所知，岑巩县政府还将陈圆圆墓列为县级文物保护单位。陈圆圆墓公布不久，就发生了盗墓案。马家寨吴氏族人在收拾骨骸时，发现其36颗细密的牙齿依然完好，骨骼修长，完全与本地农村妇女的骨骼不同。这似乎也进一步证实了墓中之人确是陈圆圆。

不过，这一说法也有令人生疑之处。根据史书记载，吴三桂的儿子是吴应熊、吴应麒，属"应"字辈，不应该是"启"字辈。而吴三桂的大将马宝，则早在清军攻破昆明时就已经投降，后在北京被杀，史籍中也有明确记载，他又怎么可能护送陈圆圆来到马家寨呢？看来，笼罩在陈圆圆身上的疑云依然未能完全消解，这个谜还有待后人去解开。

努尔哈赤大妃殉葬之谜

清太祖努尔哈赤特别宠爱大妃阿巴亥，把她当成掌上明珠，但在死后却要她陪葬，这在满族历史上是一件十分奇怪的事情。有人说大妃与努尔哈赤的第二子代善关系不同寻常，两人之间眉来眼去，她的殉葬是这个原因吗？抑或有其他更深层次的问题？

清太祖努尔哈赤共有后妃14位，最宠爱的有两位。一位是皇后，她是叶赫部酋长杨吉努的女儿，皇太极的母亲。1603年，她年仅29岁就病死了。另一位是大妃纳喇氏，名阿巴亥，乌喇贝勒满泰女，出生于1590年，12岁时就嫁给努尔哈赤。

阿巴亥嫁给努尔哈赤极富戏剧性。明朝末年，东北地区女真各部先后崛起，互争雄长。海西女真的乌喇部地广人众，兵强马壮，势力尤为强大，与努尔哈赤势不两立。万历二十年（1592），包括乌喇部参与其中的九部联军，以3万之众攻打努尔哈赤的根据地赫图阿拉，企图把刚刚兴起的建州扼杀在摇篮之中。然而，努尔哈赤以少胜多，奇迹般地取得了胜利。乌喇部首领满泰被活捉，表示愿意永远臣服建州。努尔哈赤念其归顺之意，收为额驸，先后以三女妻之，盟誓和好，软禁3年后释放。满泰兵败回归后，为了取悦建州，感激努尔哈赤的再生之恩，在万历二十九年（1601）将年仅12岁的侄女阿巴亥亲自送到赫图阿拉。就这样，阿巴亥嫁给了大她30岁的努尔哈赤，开始了自己不平凡的妃嫔生活。这位来自乌喇部的稚嫩公主，既要博得丈夫的欢心，又要周旋于努尔哈赤众多的妻妾之间，难度很大，然而阿巴亥是一位非同一般的少女，不仅仪态大方、楚楚动人，而且天性颖悟、礼数周到，很快博得努尔哈赤的欢心。43岁的努尔哈赤对这位善解人意的妃子，爱如掌上明珠。孝慈皇后死后，努尔哈赤便将幼小而聪明的阿巴亥立为大妃，独占众妃之首。阿巴亥为努尔哈赤生了三个儿子，即十二子阿济格、十四子多尔衮和十五子多铎，另外又收养了努尔哈赤之弟舒尔哈赤的第四子多罗恪喜贝勒之女。然而，1626年努尔哈赤死去，大妃在本人并不愿意的情况下，被

清太祖努尔哈赤

一〇二

迫殉葬。如此漂亮年轻的妃子，按理说努尔哈赤是不会残忍到让她陪葬的，那么大妃到底为什么要殉葬呢？

许多人认为大妃殉葬的原因是出于努尔哈赤的遗嘱，因为此前大妃的一些作为，引起了努尔哈赤的强烈反感。努尔哈赤在立大妃以后的年月里，南征北战，一方面和明朝作战，一方面统一东北各部，无暇顾及宫内事务。这时的大妃乌喇纳喇氏正当青春年华，不甘宫中寂寞，与比她大六岁的努尔哈赤第二子代善产生了爱情，私下来往甚密，有时甚至深夜二人仍眷恋不归。这件事后来被努尔哈赤的一个叫代因扎的妃子告发。据《满文老档》记载，代因扎的告发内容有："大妃曾两次备饭送给大贝勒（代善），大贝勒接受后吃了。另外，大妃有时一天会二三次派人到大贝勒家，自己在黑夜里也有数次外出。"如此这般一说，也引起了各贝勒和大臣们的共鸣，纷纷说道："每次我们在大汗家里商量国事时，大妃总是盛装打扮，披金挂银，两眼直愣愣地看着大贝勒，两人互送秋波。这事除了大汗以外，众贝勒都发现了，感到实在不成体统，想如实对大汗说，又害怕大贝勒、大妃报复，所以就谁也没说。这些情况现在只好向大汗如实报告。"努尔哈赤听后，十分恼怒，对大妃的不安分十分反感，但若听了这些人的话而追究这件事，那么家丑必定外扬，对自己来说绝不是一件光彩的事，定会有损声威，而且自己又不想加罪代善，只能隐忍不发。

不久，大妃又被人告发私匿财物，努尔哈赤派人一查，还确有其事，查出的绸缎、银子还真不少。努尔哈赤骂大妃说："你这个人心存奸诈、险恶，是个心狠虚伪的贼徒，人间所有的凶恶心肠，你都具备了。你不爱自己的丈夫，却背着我去爱别人，这样的人不杀掉还有什么用？"努尔哈赤杀大妃的心思在这时已经产生了，但当时顾虑到三男一女四个孩子还小，不忍心让他们从小失去母亲，所以才免其一死，将她废黜。他又令周围的人让他们看护孩子，不准孩子接受大妃的东西或听她的话。就这样，与努尔哈赤生活近20年，一直受宠不衰的阿巴亥被迫愤然离去。代因扎达到了目的，她以举发有功，加以荐拔，并享受"陪汗同桌用膳而不避"的优待。其他两位中伤阿巴亥的妃子各分得阿巴亥的缎面被褥一套。

1626年，努尔哈赤临死时，下遗嘱说："大妃这个人心怀嫉妒，常常使我过得很不开心，人虽机智聪明，但如果留着必定会作乱。我已给各位贝勒遗书，待我死时让她殉葬。"大妃不想死，求各位贝勒，贝勒们不答应。在各位贝勒的逼迫下，大妃无计可施，只能穿戴好衣服，自尽以身殉葬。临殉葬前她对诸贝勒哭诉道："我从十二岁以来就事奉先帝，锦衣玉食了二十六年，我实在不想离开他，所以与上同殓。我的两个小儿子多尔衮和多铎希望各位多多照顾。"大妃死的时候，多尔衮只有15岁。

努尔哈赤死时到底有没有这个遗嘱？除了日本传抄的《三朝实录》记载外，其他史书并没有具体记载。从今天来看，即使有这样一个遗嘱，这个遗嘱是不是努尔哈赤本人的真实想法，仍是值得怀疑的。所以，很多人推测大妃殉葬恐怕另有隐情。

皇太极

一些人认为上面的这种看法肯定是有问题的，因为努尔哈赤废黜阿巴亥一年多后，又召回了阿巴亥，将其复立为大妃。这说明大妃的所作所为，根本没有引起努尔哈赤的反感，同时也证明努尔哈赤对可爱的阿巴亥确实情有独钟，那个与她几近同时被轰出去的继妃衮代就根本没有再被召回。可以想象，古代皇帝身边被赶走的女人太多了，不论她们此前多么高贵，一经出宫，流入民间，能有几个获得回头的机会？刚愎自用的努尔哈赤能把"复婚"的决定做得这样果断必有其深刻的原因。阿巴亥之所以能浮出政坛，是因为她的重要作用，她的持家理政、相夫教子的能力出类拔萃。她在厄运中没有颓废，经过风雨的历练反而更加成熟。她鲜亮如初，再次介入到诸王和众妃建构的政治格局当中。

在清朝入关前较为广泛翔实的官方记录《满文老档》中，自阿巴亥复出后，关于众妃活动的笔墨不断出现。努尔哈赤的女人逐渐从闺阁走上政殿，有组织地协助丈夫从事一些政务，她们给努尔哈赤以政治的鼓舞，这一切与众妃之首阿巴亥的作用密切相关。如天命元年（1621）八月二十八日，盛京城在辽阳太子河北岸山冈奠基，这是他们未来的皇都。众福晋在努尔哈赤和大妃的率领下，出席庆贺大典，前来参加活动的还有诸贝勒和众官员。众妃子点缀在政治活动中，让历史留下她们为努尔哈赤的事业助阵的呼声。

天命七年（1622）二月十一日，众福晋冒着早春寒冷，奔赴战斗的前线。十四日，她们到达广宁，统兵大臣一行人等出城叩见。衙门之内，路铺红毡，努尔哈赤坐在高高的龙椅里。接近中午时，"大福晋率众福晋叩见汗，曰：汗蒙天眷，乃得广宁城。再，众贝勒之妻在殿外三叩首而退。嗣后，以迎福晋之礼设大筵宴之"。这一支由女人组成的慰问团，大约在血火前线的广宁停留了三天，于十八日随努尔哈赤返回辽阳。

天命八年（1623）正月初六，努尔哈赤携众福晋出行，"欲于北方蒙古沿边一带择沃地耕田，开放边界"，他们沿辽河晓行夜宿，踏勘，行猎，在雪地冰原上留下了他们活动的痕迹，直至元宵节的前一天返回。

天命八年（1623）四月十四日，众福晋又一次随努尔哈赤为垦地开边出行。是日，他们由东京城北启程，经由彰义至布尔噶渡口，溯辽河上游至浑河，二十二日返回。后金军队的迅猛发展，使得粮食供给问题十分突出，努尔哈赤与他的女人们于旷野中的如此跋涉，不会有多少浪漫的成分，目的性是十分的明朗。

天命八年（1623）九月中旬，众福晋又一次走出东京城堡，跟随努尔哈赤的仪仗，畅游于山河之间，为期12天。此间，除了狩猎、捕鱼，访问田庄、台堡，还参与接见蒙古贝勒，以及为大贝勒代善之子迎亲，整个行程有声有色。

有鉴于此，许多人认为，大妃实际上是皇权争夺的牺牲品，大妃殉葬是被皇太极逼迫的。

早在努尔哈赤建立后金政权时，立八固山王分掌兵权，八固山王中就有代善、皇太极。当时诸王各拥重兵，互不相下容，对汗位更是虎视眈眈。到后来，代善、皇太极等四大贝勒因佐理国政，权势更大。四大贝勒中，代善和皇太极是汗位的最有力竞争者。这两个人战功都很卓著，但代善为人宽厚，而且居长（努尔哈赤长子褚英早丧），其地位比皇太极更为优越。在这样的情况下，皇太极就千方百计想陷害代善。当代善和大妃两情相悦时，皇太极怎能放过这个大好时机？至于背后指使、散布流言蜚语等更是可想而知。那个告密的小妃子，如果背后无人指使，怎么有胆量与努尔哈赤最宠爱的大妃叫板？

皇太极只有将大妃及代善均打击下去，自己才能爬上汗位，所以他的一箭射去，不仅大妃被废，而代善也名誉扫地，更为重要的是离间了代善与努尔哈赤的感情，让他这个孝慈高皇后所生的儿子在父亲眼中地位更重。

然而大妃被废一年多后，又复立为大妃，大妃的确有可爱之处，努尔哈赤舍不得割爱，而且时间一长，发现她也没有什么大过。在代善势力的下降过程中，皇太极的权势在日益增大，忽然大妃又被立，皇太极是十分不愿意看到的。恰巧这个时候努尔哈赤驾崩，大妃就成了皇太极继位的唯一障碍。满族确有用活人殉葬的习惯，却没有汗死后必定要让皇后和妃子殉葬的成例。至于努尔哈赤遗嘱中讲大妃的一番坏话，更没有必要，纯属是皇太极矫诏而逼迫大妃。这时的代善，已是爱莫能助，剩下大妃孤儿寡母，也就只能任人宰割。37岁的大妃殉葬的确不是自愿，纯系皇太极逼迫所致。

与大妃同时殉葬的还有两个庶妃，一为阿吉根，另一为代因扎。代因扎就是当年告发大妃与代善有暧昧关系的那个人，告大妃与皇太极指使有关，现在也被令殉葬，应该是皇太极怕日后事情败露，借机杀人灭口，她成了皇太极皇权斗争中的真正殉葬品。

支持这种观点者认为，努尔哈赤死时，大妃只有37岁，正值盛年，风姿饶艳。大妃生的儿子多尔衮、多铎兄弟也有资格同皇太极争夺皇位。皇太极深知，要削弱多尔衮、多铎的力量，最好的办法就是处死大妃。另外，努尔哈赤临终之时，只有阿巴亥一人守在身边，她向诸位皇子传达老汗王的临终遗嘱是"多尔衮嗣位、代善辅政"，这遭到四大贝勒的断然否定，他们是有道理的。因为和硕贝勒共治国政，不但汗王生前反复强调，而且书写成训示交给了每位贝勒，白纸黑字，证据确凿。而所谓的临终遗言没有第二人能够证明，即使汗王真的在去世前的昏迷中说了类似的话，也只能视为错误的命令，不可执行。

当时八旗人马中，皇太极掌握两黄旗，代善掌握正红旗，阿敏掌握镶蓝旗，莽古尔泰掌握正蓝旗，所余镶红、正白和镶白三旗旗主，分别是大妃的三个儿子阿济格、多尔衮和多铎。阿济格、多尔衮和多铎分别只有19岁、12岁和10岁的时候，就拥有一旗，成为与诸兄并驾齐驱的权势很大的旗主。诸贝勒能够成为旗主，完全是因为在战场上出生入死，流血拼命，而阿济格三兄弟恃母亲爱宠而得汗王厚赐，怎能让人心服口服？

再说，阿济格、多尔衮、多铎所掌握的力量已经超过四大贝勒中的任何一个，如果再有他们的母亲阿巴亥以国母之尊连缀其上，那么其他五位旗主谁不畏惧？ 还有谁敢不服从？ 如果大妃阿巴亥因此而左右八旗、左右整个大金国的政局，破坏八王共执国政的均衡，对大金国的每个人，尤其是对与阿巴亥有宿怨的皇太极和莽古尔泰，后果都是不堪设想的。所以皇太极当然想到必须除掉阿巴亥这颗最大的钉子。因为除掉这个总首领，就容易使三个同母兄弟分离，不能形成三人联合的雄厚力量，所以一定要马上将他们的母亲处死，才能保证后金政权的稳定。这样一来，大妃没有别的选择，她必须死去。

在努尔哈赤死去9个时辰之后，他最宠爱的大妃阿巴亥被四大贝勒逼迫殉葬，理由是努尔哈赤有遗嘱在先。大妃并不相信汗王会留下这样的遗言，她据理力争，但贝勒们告诉她：这是汗王的遗命，他们纵然不忍心、不愿意，却不敢不从。而且，陪葬的仪式都已经准备好了。到了这一步，阿巴亥还有什么办法？她只能屈从，换上礼服，戴满珠宝饰物，自缢而死。

除上述主要观点外，不少人还认为努尔哈赤并无遗言，大妃之死乃诸贝勒之逼迫。不过诸家观点及所举理由也不尽相同。有人指出努尔哈赤曾欲立多尔衮，但是代善支持皇太极登基，为确保多尔衮之母不加反对，必须逼迫其自尽。有人认为努尔哈赤临终不将大妃为其殉葬之事告诉她，值得怀疑，因而是代善、皇太极等人强制其殉葬，并无遗命。也有人提出诸贝勒对多尔衮三兄弟并无战功仅凭其母亲的尊贵身份而成旗主不满，对大妃十分反感。更有认为努尔哈赤临死前召见大妃，很可能曾向她说过许多不利于诸贝勒的"遗命"，因而诸贝勒将其逼死。

大妃阿巴亥的结局是如此的悲惨，令人叹息不已！

顺治帝继位之谜

睿亲王多尔衮没有作为豪格的竞争对手参与皇位之争，所谓"诸王争立"，实际上主要是诸王争立太宗诸子。根据清初满族继嗣传统和五宫之子的贵宠地位，顺治即位是名正言顺的，不是什么折中方案。

崇德八年(1643)八月九日亥刻，清太宗皇太极在清宁宫"端坐而崩"。因生前未立储君，皇位悬虚，"宗室诸王，人人觊觎"。在皇太极治丧期间，一场激烈的皇位之争展开了。有权势的竞争者有三个人：皇太极的长子肃亲王豪格，皇太极十四弟睿亲王多尔衮和皇太极第九子福临。目前史学界普遍认为，顺治继位是清统治集团内部"窥视神器"的折中方案，具体地说，就是肃亲王豪格和睿亲王多尔衮的明争暗斗，最终将一个乳臭未干、年仅6岁的娃娃福临，即一年后入主中原君临天下的顺治皇帝推上了皇帝的宝座。然而，只要分析一下清初立储的特殊情况和顺治的母亲所处的贵宠地位，就不难发现这一问题的谜底。

皇太极中年猝死，年仅52岁，他自己也没有料到会如此匆匆地永绝尘寰，生前既没有指定继承人，临终时也没来得及做任何交代。所以，当诸王、贝勒、大臣从震惊、悲痛中清醒过来时，空虚的皇位就成了众人争夺的目标，开始"私相计议"嗣君人选。皇太极死后，豪格和多尔衮是两大实力派，二人是大家考虑的重点，又都有可能走上权力的顶峰。豪格是太宗长子，众兄弟中唯一封王的儿子，掌正蓝旗，得到举足轻重的八旗部队中半数的支持，皇太极死时他已35岁，比多尔衮还长三岁，是皇位继嗣的主要人选。皇太极生前亲掌的两黄旗大臣"尝谋立肃亲王豪格"，图尔格、索尼、图赖、锡翰、巩阿岱、鳌拜等人前往豪格家中，"欲立肃王为君"。豪格在得到两旗大臣的私相拥立后，也加紧了继嗣活动，立即派心腹何洛会、扬善通知郑亲王济尔哈朗，说"两旗大臣已定我为君，尚须尔议"，以争取镶蓝旗的支持。济尔哈朗和诸王中辈分最高的礼亲王代善也都认为，豪格是"帝之长子"，当继大统。

多尔衮是太宗的十四弟，才智过人，战功卓著，威望正隆，深受太宗器重，封和硕睿亲王。手中握有正白、镶白两旗部队，兵精将勇，并有豫亲王多铎和武英郡王阿济格的效忠。两白旗诸王素与豪格不和，认为"若立肃亲王，我等俱无生理"，英王阿济格、豫王多铎坚持多尔衮即位。许多学者据此认为多尔衮参加了皇位之争，是"诸王争立"的重要内容，实则不然。多尔衮对英、豫二王的拥立一直保持审慎态度，据他后来回忆说："昔太宗升遐，英王、豫王跪请予即尊，予曰：'若果如此言，予即当自刎'，誓死不从。"

究其个中原因应该是多方面的，但最主要一点是他对满族社会宗法制度的深刻理解和现实的清醒认识，即满族入关前，兄终弟及或父死子继虽尚无定制，但是，父子相承袭的继嗣方式，已被满族贵族集团所普遍接受。皇太极尸骨未冷，一片"立帝之子"的呼声就是证明。多尔衮即位，是兄终弟及，若是硬要冒天下之大不韪，势必导致血溅皇宫，甚至政权崩溃。这种悲剧是多尔衮不愿意看到的。所以，阿济格、多铎"跪请"是一回事，多尔衮有没有参与皇位之争则是另一回事，不能混为一谈。在两白旗诸王与豪格对立的形势下，多尔衮唯一的选择就是维护满族的继嗣传统，在太宗其他位居贵宠之列的幼子中册定嗣君，这样既可打下豪格，又有拥立"先帝之子"之名，为皇子派所接受，还可以将幼主控制于股掌，当无冕之王，一箭三雕。

如上所述，第二个问题已做了部分回答，福临不是"诸王争立"的折中方案，而是"争立"的对象。那么，福临有没有继嗣的可能呢？

中国历史之谜

崇德改元，五宫并建。所谓五宫系指：中宫孝端文皇后，关雎宫宸妃，永福宫庄妃，麟趾宫贵妃，衍庆宫淑妃。孝端文皇后、淑妃均无子，宸妃生八子（早殇），庄妃生九子福临，贵妃生十子博木博果尔。在太宗诸子中，五宫之子位在"贵宠之列"。宸妃之子曾被立为皇嗣，但不幸夭折。而福临在五宫尚存的二子中居长，继承皇位是顺理成章的。而庄妃其人，名布木布泰，蒙古科尔沁贝勒博尔济吉特氏寨桑的次女，端庄秀美，聪颖机敏，13岁嫁给皇太极，曾佐助乃姑中宫孝端文皇后处理椒房大小事务，深受皇太极信任。以后又辅佐顺治、康熙二幼帝，是历史上一位有作为的女政治家。

在诸王大臣私相谋立时，庄妃立即"胁多尔衮入宫，立其子，以居摄饵之，遂定"。这段记载虽出自野史，但有很重要的史料价值。庄妃之所以能够"胁"多尔衮"立其子"，是有多方面的原因的：（一）福临在五宫二子中居长，处于贵宠地位，无论多尔衮或豪格谁承继大统，都与"父死子继"或嫡、庶之分等封建宗法观念相悖逆。（二）庄妃和多尔衮既是叔嫂关系，庄妃之妹又是多尔衮的妃子，因此庄妃比他人更便于对多尔衮施加影响和压力。（三）崇德五宫的五大福晋都出自蒙古，而科尔沁部博尔济吉特氏姑侄就有三人，宸、庄二妃是同胞姊妹，中宫皇后是两人的姑母。在漠南蒙古诸部中，科尔沁部归附后金最早。"荷国恩独厚，列内扎萨克二十四部首。"是清向外扩张和对明战争的重要同盟军和依靠力量，这也是庄妃立即敢于召见多尔衮"逼"他"立其子"的原因。

庄妃这么理直气壮地把福临提出来，除了福临具备继嗣的条件外，可能也代表了孝端文皇后的意见。而上文中"遂定"一词内涵丰富，事实上表明福临继统，多尔衮居摄的幕后交易已经成交。于是"太宗崩后五日，睿亲王多尔衮诣三官庙，召索尼议册立"。索尼曰："先帝有皇子在，必立其一，他非所知也。"这段记载，一方面说明多尔衮已同意立福临，另一方面两黄旗大臣不再坚持立豪格，而是笼统地提出诸皇子"必立其一"，这种态度的变化，说明庄妃事先已做了两黄旗的工作。为了保证册定新君会议顺利进行，多尔衮以与济尔哈朗共同摄政为条件，将镶蓝旗争取到自己一边。济尔哈朗是舒尔哈齐之子，无继嗣资格，拥立太宗诸子中的任何一个对他都是一样的，能当上摄政王当然求之不得。在太宗生前自将的两黄旗和多尔衮三兄弟亲掌的两白旗的支持下，福临继位就没有什么问题了。

从以上分析可知事情的真相是这样的：睿亲王多尔衮没有作为豪格的竞争对手参与皇位之争，所谓"诸王争立"，实际上主要是诸王争立太宗诸子，在这场斗争中，多尔衮取得了摄政王的地位而获得了胜利。而根据满族继嗣传统和五宫之子的贵宠地位，顺治即位不是什么折中方案，而是名正言顺的。清入关后，虽然建立了"立嫡以长"制度，但子以母贵的传统观念还在长期地影响着清一代公开或秘密的立嗣活动，这一点不应为史家所忽略。

孝庄皇太后下嫁多尔衮之谜

从清初以来，"太后下嫁多尔衮"这一传说就已见诸文人的记述，而后野史稗官更是广为流传。学术界也是众说纷纭，莫衷一是，直至今天，仍既有肯定者，也有存疑者、否定者。可见，它已成为清初至今300多年来聚讼纷争不止的历史疑案。

清初，"太后下嫁多尔衮"一事，被后来人称为几大"清宫疑案"之首。这不是一个简单的传奇故事，而成了至今争论不休的历史疑案。顺治朝有两个太后，一个是皇太极的中宫皇后博尔济吉特氏，世祖继位，尊为皇太后。该太后一生无子，只有二女，视福临为己生，她又是福临生母的亲姑，同出于科尔沁蒙古，不论是从科尔沁蒙古的利益还是大清国的利益，她对幼小的顺治都是百般呵护爱怜。多尔衮摄政时尽管一手遮天，但一直未敢对福临采取篡权夺位的举措，不能不说有这个太后的一份功劳。该太后死于顺治六年（1649）四月，年51岁，谥孝端，就是历史上所称的孝端文皇后。另一个太后即福临之生母永福宫庄妃，福临继位，尊为皇太后，史称孝庄文皇后。孝庄文皇后聪慧漂亮，传说在崇德年，她曾凭其美丽的姿容和伶牙利齿劝降了顽固的明蓟辽总督洪承畴。对福临在权贵们虎视眈眈于龙位的形势下能继承皇位，她是又喜又忧。喜的是儿为天子，为天下万民之主，不枉自己清宫10多年的苦熬。忧的是福临太小，实权被掌握在睿亲王多尔衮的手中，稍有不慎，她们孤儿寡母的命运不堪设想。因此她一方面教育福临凡事忍耐，国事全权委之于多尔衮，从不过问，以释其疑，一方面自己有意亲近多尔衮，以笼其情。多尔衮，生于明万历四十年（1612），乃努尔哈赤第十四子，是个精明强干、文韬武略的全才。他从少年的时候起就随皇太极东征西讨，征察哈尔、朝鲜，攻明围锦州，立下赫赫战功。因此，封贝勒、封和硕睿亲王、封大将军，其地位在诸王之上。皇太极死后，他率清军大举入关，击败李自成，打击南明各政权，为大清朝打下了半壁江山，可谓功勋卓著。因此，封叔王摄政王、封皇叔父摄政王、封皇父摄政王，爵位日高，声望日隆。只是他居功自傲，威福自专，持权窥位的气势咄咄逼人。顺治曾说："睿王摄政，朕唯拱手以承祭祀。凡天下国家之事，朕既不预，亦未有向朕详陈者。"眼见多尔衮恃功自傲，想到渐渐长大的儿子福临可能会成为睿王下一个打击的目标，孝庄后怎能不胆战心惊！为了太宗的基业，为了亲子福临的皇

孝庄文皇后朝服像

位和生命，她决定委身事贼，下嫁多尔衮！亦有说太后下嫁系在多尔衮王妃博尔济吉特氏殡世之后，为范文程所穿针引线。多尔衮王妃死于顺治六年（1649）十二月，死后封为敬孝忠恭正宫之妃。若如此，则多尔衮晋封皇父摄政王之舆论在前，纳太后为妻在后。但也有野史称，是前明降臣钱谦益向多尔衮提出此主意的。当时多尔衮元妃去世，多尔衮郁郁寡欢。钱谦益就此向多尔衮说，"无非再娶，以慰悼亡"。就此即请皇太后下嫁多尔衮，使传言变现实，实至名归。这一提议很快就得到了多数大臣的支持，而福临也碍于多尔衮的权势勉强同意。就这样，太后正式下嫁多尔衮为妻。以上是关于孝庄下嫁多尔衮故事的大致脉络。事实上从清初以来，关于这一传说就已见诸文人的记述，而后野史稗官更是广为流传，且绘声绘色，十分具体。学术界也是众说纷纭，莫衷一是。早在20世纪30年代初，著名清史专家孟森就曾撰写过《清初三大疑案考实》，对此予以否定。直到目前，在清史学界仍既有肯定者，也有存疑者、否定者。可见，它已成为清初至今300多年来聚讼纷争不止的历史疑案。这件事关系道清初最高层的政治权力之争，又是一个涉及如何分析辨别有关史料的复杂的学术问题，因此，且慢将其视为奇闻逸事。此事最早引起史家注意的文字是张煌言曾做的《建夷宫词》，其中有："上寿觞为合卺婚，慈宁宫里喜迎门。春宫昨进新仪注，大礼躬逢太后婚。"还有记载说，福临当时曾有恩诏颁布天下，其中说："太后盛年寡居，春花秋月，悄然不怡。朕贵为天子，以天下养，乃独能养口体而不能养心志，使圣母之丧偶之故，日在愁烦抑郁之中，其何以教天下之孝？皇叔摄政王现方鳏居，其身份容貌，皆为中国第一人，太后颇愿行尊下嫁。朕仰体慈怀，敬谨遵行，一应典礼，着所司予办。"另外有人说曾见故宫所藏清礼部旧档中有顺治问关于太后下嫁礼仪的请示报告。持太后下嫁说的学者还提出其他的一些论据：（1）在顺治朝多尔衮公开以皇上的父亲自居，称号就叫"皇父摄政王"，而只有皇帝的母亲下嫁了，多尔衮才有可能被称为"皇父"。而多尔衮称谓变化的过程，恰恰反映了太后与多尔衮的婚姻由隐秘到公开的过程。（2）据《东华录》记载，诏告多尔衮罪状中有"自称皇父摄政王"，又"亲到皇宫内院"，这实际上暗指多尔衮迫使太后与之为婚。（3）按清朝早期丧葬制度，皇后、嫔妃最终都要与皇帝合葬。可是，孝庄竟葬在了遵化的清东陵风水墙外，而未与清太宗皇太极合葬于沈阳的昭陵。有人认为，这是孝庄因改嫁而无脸到阴间见皇太极的刻意安排。（4）满族作为北方少数民族，素有兄终弟及、弟娶兄妇的旧俗，即使有下嫁之事，也不足为奇。针对持"下嫁"说所提出的证据，孟森撰写了《太后下嫁考实》对此予以一一驳斥。孟森认为张煌言是前明故臣，对清朝素怀敌意，所作诗句多有诽谤诋毁之辞。而顺治称多尔衮为"皇父摄政王"，可以取古代国君称老臣为"仲父"、"尚父"之意。而孝庄不愿与皇太极合葬，乃因昭陵已葬有皇太极的孝端皇后。著名的清史学家郑天挺与孟森的看法亦大致相同。在其《多尔衮称皇父之臆测》一文中，他提出"多尔衮以亲王摄政称皇父……疑皇父之称与'叔王摄政王'、'叔王'同为清初亲贵之爵秩，而非伦常之通称"，因此这与下嫁无关。但是，孟森之说遭到了胡适先生的诘难。胡指出，孟文"未能完全解释皇父之称的理由"，"终嫌皇父之称似不能视为仲父、尚父一例"。此后，仍不断有人肯定"太后下嫁"之说，作为清史专家的商鸿奎就曾在《清孝庄文皇后小议》中说"即使有此事，也只能把它当作是一种政治手段来看，值此明清争夺天下之际，能息止满洲内部矛盾斗争"，将其视作"是一种借新的联姻来扩大自己势力的机会"。1946年10月，近代学者刘文兴撰文《清初皇父摄政王多尔衮起居注跋》，其中写道，宣统元年（1909），他的父亲刘启瑞任内阁侍读学士，奉命收拾内阁大库档案，"得顺治时太后下嫁皇父摄政王诏"。世上若果真有这一诏书，无疑是太后下嫁最具权威的铁证。遗憾的是直到目前，并未发现和公布这一"太后下嫁摄政王诏"，因此，至今"太后下嫁"仍然是一个历史之谜。

顺治帝出家之谜

清史学界有关顺治的研究成果，较为一致的看法是顺治的确信佛、好佛，也有出家的念头，但正如史学大师陈垣先生所说："顺治出家之说，不尽无稽，不过出家未遂而已。"

关于"顺治出家"之说，最早见之于清初有"诗史"之称的吴梅村之《清凉寺赞佛诗》，此诗共四首，长达100多句。后来一些文人学者在诠释该诗时，认为诗句影射顺治爱妃董鄂氏之死导致其"出家"一事。如诗句中说"王母携双成，绿盖云中来"，"可怜千里草，萎落无颜色"，句中"千里草"——草下千里重叠，是个董字，"双城"乃用《汉武帝内传》王母侍女董双成的故事，实际上都是影射顺治爱妃董鄂氏。而"八极何茫茫，曰往清凉山"，清凉山指的就是佛教圣地五台山，意思是说顺治逊位出宫云游至五台山为僧。在蔡东藩的《清史演义》里写道："顺治帝经此惨事，亦看破世情，遂于次年正月，脱离尘世，只留重诏一张，传出宫中。"此外，还有《清稗类钞》、《清代野史大观》等书中均有关于顺治帝因董鄂妃去世而削发出家的故事。后来，康熙又多次陪奉母后游巡五台山，遂更有顺治出家五台山、康熙来此寻父之说。据说清圣祖康熙亲政后，曾经以进香为名，多次到五台山看望顺治，希望顺治能回到宫中，但是顺治不为所动。康熙有诗哀悼："又到清凉境，巉岩卷复垂。芳心愧自省，瘦骨久鸣悲。膏语随芳节，寒霜惜大时。文殊色相在，惟愿鬼神知。"其中悲恸之情跃然纸上。又有传说康熙年间，两宫西狩，经过晋北，地方上无法准备御用器皿，却在五台山上找到了内廷器物，这似乎又是顺治出家的佐证。

针对上述各种顺治出家的传说，孟森在其《清初三大疑案考实》之二《世

清顺治帝福临

祖出家事实考》中，以大量翔实的史实考证，顺治虽然好佛，但其的确死于天花，并未离宫出家。

顺治笃于宗教信仰，最早是受到天主教的影响。顺治八年（1651），大学士范文程引见居住在北京的耶稣会教士、钦天监监正汤若望，这位传教士因学识高深很快获得了幼龄君主顺治的好感和敬仰，又因孝庄文太后曾认汤若望为"义父"，所以顺治尊称汤若望为"玛法"，即"爷爷"之意。汤若望利用讲授知识谈论政务的机会，竭力向顺治灌输天主教教义，一定程度上影响了顺治的性格和思想。

顺治十四年（1657），可能是由于太监们的鼓励和怂恿，20岁的顺治召见佛教高僧憨璞聪，从此对佛教产生了浓厚的兴趣，而渐渐疏远了天主教。据有关佛教典籍，如《憨璞语录》、《续指月录·玉林琇传》、《玉林年谱》、《北游记》等记载，自是而后，南方高僧玉林琇、茚溪森、木陈忞、玄水杲先后应召至京，在宫中论经说法，大谈佛理。顺治曾封玉林琇为"国师"。并请玉林琇为自己起了法名"行痴"，号"行痴道人"。他在玉林琇等高僧面前自称弟子，以示尊敬。他曾说："愿老和尚勿以天子视朕，当如门弟子旋庵相待。"印章亦有"尘隐道人"、"痴道人"等称号。

顺治十七年（1660）八月，董鄂妃突然病死后，顺治痛不欲生，万念俱灰。为哀悼董鄂妃，他五天不理朝政。没过多久，又亲自给礼部下了一道圣旨，特意采用追封的方法，给董鄂妃加封谥号"孝献庄和至德宣仁温惠端敬皇后"。董鄂妃死后，顺治的心也随之而去，正可谓："维将竟夜长开眼，报答平生未展眉。"然而即便是这样，仍然不能缓解顺治心头的悲戚，终于萌发了遁入空门的念头，他命茚溪森为其削发，决心出家。幸亏玉林琇抵京，闻知此事，命人取来柴薪，欲烧死他的弟子茚溪森，加之孝庄文太后竭力劝阻，才使顺治勉强答应重新蓄发留俗。

对此，著于康熙十九年的《续指月录·玉林琇传》说："玉林琇二次到京（时为顺治十七年，第一次到京为十五年），闻其徒茚溪森为上剃发，即使众聚薪烧森。上闻，遂许蓄发，乃止。"而《玉林年谱》则载："十月十五日，到皇城内西苑万善殿，世祖（顺治）就见丈室，相视而笑。"顺治再次申明想要出家的意愿，经玉林琇力劝，顺治才作罢。所谓"相视而笑"，则是因为一个光头皇帝见到一个光头和尚的缘故，因为顺治虽允蓄发，此时尚未长起，便觉可笑。在《汤若望回忆录》内有这样一段话："此后皇帝便把自己委托于僧徒之手，他亲手把他的头发削去，如果没有他理性深厚的母后和若望加以阻止时，他一定会充当了僧徒的。"以上几则史料表明，顺治十七年八至十月间，清帝顺治决意出家，并剃了头发，但出家未遂。

顺治十八年（1661）正月初七日，顺治因患天花病死在养心殿，距董妃之死仅半年。二月初二日，顺治梓宫移至景山寿皇殿，停放百日之后于四月十七日，由与顺治关系密切的高僧茚溪森主持，在寿皇殿前焚烧火化。第二年五月，顺治的"宝宫"——骨灰坛，由辅政大臣等护送，与董妃的"宝宫"（董妃于死后"三七"火化）一同葬入遵化清孝陵。

关于顺治火化，首先，《清圣祖实录》载：顺治十八年（1661）四月十七日，"上（指康熙）诣世祖章皇帝（即顺治）梓宫前，行百日致祭礼"。康熙元年正月初七日，"上诣世祖章皇帝宝宫前，行期所致祭礼"。"康熙二年四月辛酉，奉移世祖章皇帝宝宫往孝陵。"这里，康熙所祭者分别为"梓宫"和"宝宫"，从中可知宝宫所藏已非梓宫原来之尸体，而是尸体焚化后的骨灰。所谓宝宫，其实就是一个骨灰罐。《五灯全书》引"茚溪语录"，其中有"世祖遗诏召师，至景山寿皇殿秉炬"之语，即指茚溪森主持火化，他是四月十六日到京的。"茚溪语录"还有他当时为顺治秉炬的一偈是："释迦涅槃，人天齐语，先帝火化，更进一步，大众会么？寿皇殿前，官马大路。"

由此可断定，顺治死后火化毫无疑问，这也就证明了他未曾出家。至于清朝帝王中为何只有顺治火化，是因当时才入关十几年，仍遵循满族故土先祖火化之旧俗。抑或是因顺治好佛，而僧人圆寂后需火化，故清廷为这位"行痴"皇帝举行了佛法所崇的火葬葬仪，还是二者兼而有之，这里姑且不论。目前清史学界较为一致的看法是顺治确实信佛、好佛，也有出家的念头，但正如史学大师陈垣先生所说："顺治出家之说，不尽无稽，不过出家未遂而已。"

康熙帝继位之谜

顺治帝失去爱妃，悲痛过度，匆匆地离开了人间。他临死前，皇宫里最要紧的事情当然是商量继位者的问题。当时，一位德国传教士汤若望的话起了重要的作用，他认为应该挑选生过天花有免疫力的皇子继位。顺治认为汤若望的意见很对，于是决定立玄烨为皇太子继承皇位。

爱新觉罗·玄烨，清世祖顺治帝的第三子。1661年，失去爱妃悲痛过度的顺治帝又得了天花，确诊不治后，马上召学士麻勒吉、王熙至养心殿，撰写遗诏，安排后事，其中最重要的一件事是选一个适当的继承人。正月初七子夜，顺治死，颁遗诏于天下。遗诏是这样的："太祖、太宗创垂基业，所关至重，元良储嗣，不可久虚。朕子玄烨，佟氏妃所生，年八岁，歧嶷颖慧，克承宗祧，兹立为皇太子，即遵典制持服二十七日，释服，即皇帝位。"在这个诏书中，还决定以内大臣索尼、苏克萨哈、遏必隆、鳌拜为辅政大臣，"保翊幼主，佐理政务"。初九日玄烨即位。那么，遗诏中为什么会定玄烨即位的？

康熙皇帝被立为皇帝，完全与天花有关。

顺治帝共有八个儿子，其中有四个早已夭折，剩下的也都年岁幼小。最大的是次子福全，时年仅9岁，三子玄烨时年8岁。顺治帝生前在指定继承人选上并没有一定的意向，临终前想想皇子们都很小，难以控制局面，遂想到了一位从兄弟，但是孝庄皇太后和各位亲王坚决反对，他们都认为应该从皇子中选择一位继承者。但皇子有四个，应该选谁呢？论长幼，当立皇二子福全；论嫡庶，四位皇子的出身差不多。但皇三子玄烨的母亲佟佳氏的地位似比其他三妃高一些，因为那三位妃子的父亲，史书均没有记录他们的名字和官职，而佟佳氏之父佟图赖是辽沈旧人，多年从征后为开国功臣，并升任定南将军，汉军正蓝旗都统。孝庄皇后最喜欢三皇子，而顺治认为福全年长，理应立他为帝。满洲亲王大臣中有人认为玄烨母亲佟佳氏是汉军旗人，没有满族血统。在最后的争论中，顺治帝的母亲孝庄太后选择了玄烨而没有选择比玄烨稍长的福全。玄烨的被立，尽管与他自小表现出的品质和灵敏聪颖有关，但这并不是主要的，根本的原因是与天花有关。

当时备受顺治帝信任，并被其称为"玛法"的钦天监监正、德国传教士汤若望的观点发生了重要作用。他认为：应立已出过天花的玄烨为继承人，因他对天花已有终身免疫力，可免其再遭不幸，而福全没有得过天花，没有免疫力，得时小心提防着这种可怕的病症，难免会像顺治帝一样出现悲剧。在当时，天花是一种非常可怕的传染疫病，如果有人染上天花，必须实行严格的隔离，连皇子和公主们都不例外，许多皇子和公主就是得了天花后不治而死的。现在汤若望把这个问题提出来作为立嗣君的根据，为祖宗社稷着想，孝庄皇太后不能不认真考虑汤若望的意见。这一点，在顺治帝临死前得到了首肯，而孝庄太后也是十分赞同的，所以得过天花成了玄烨登上帝位的重要条件。

那么，玄烨是在什么时候得过天花的？

玄烨出生于顺治十一年（1654），当时北京城内天花泛滥成灾，满族王公亲贵吓得到处躲藏，连皇帝也不例外。为了避痘，出生不久的玄烨在内务府正白旗汉军包衣曹玺之妻孙氏的携带下前往皇宫西华门稍北的一座府第居住。孙氏是玄烨的保姆，就是后来写《红楼梦》的曹雪芹的曾祖母，数十年后的康熙对这一段经历仍记得十分清晰。康熙六十年（1721）曾颁谕说："今王大臣等，为朕御极六十年，奏请庆贺得礼。钦惟世祖章皇帝，因朕幼年时未经出痘，令保姆护视于紫禁城外，父母膝下，未得一日承欢，此朕六十年来抱歉之处。"不过玄烨在这场天花流行中仍然未能幸免，但染天花后，多亏孙氏精心照料，不久即痊愈回宫。康熙自小就在祖母孝庄太后的照料下成长，所以他的祖母尤其喜欢他。

得过天花的康熙皇帝，脸上留下了不太显眼的痘痕，见过他的法国传教士白晋后来在给法王路易十四的报告中对康熙的长相有过详细描写，说他

清康熙帝玄烨

"威武雄壮，身材匀称，而比普通人略高，五官端正"，"鼻尖稍㢐，略带鹰钩状，虽然脸上有天花留下的痕迹，但并不影响他英俊的外表"。《俄国使团使华笔记》中有荷兰人伊兹勃兰特·伊台斯对康熙容貌的描述，也说康熙脸上有麻点："康熙与其同时代人路易十四一样，脸上有麻子。选择康熙作为他死于天花的父亲顺治皇帝的继承人，部分原因是康熙已生过天花，故可望长寿。"

决定让玄烨继位后，顺治帝仍有些不放心，所以他改变了辅政王摄政制度，采取了削弱宗室辅政王的权限，由自己谕定的非宗室亲信大臣辅政，所以他让索尼等四人为辅政大臣，由他们协助母后辅助小皇帝。

用今天科学的眼光来看，当时选择玄烨是完全正确的。

雍正帝继位之谜

胤禛继承大统，史界和民间一直以来有不同的看法，迄无定论，成为清初三大疑案之一。一种看法认为胤禛在继位前做了长期的谋位准备，经过精心的谋划，抓住康熙生病静养与外界隔绝的时机，伪造遗诏而得以继承皇位；另一种看法是康熙遗言传位于胤禛虽没有留下令人信服的材料，但从康熙帝生前比较看重他的情况看，传位于他也是完全有可能的。

一代英豪清康熙帝执政六十一年，于康熙六十一年（1722）驾崩。其后，第四皇子胤禛在激烈的皇位争夺中登上了皇帝的宝座，这就是历史上有名的雍正皇帝。但迄今为止，雍正皇帝究竟是如何登上皇位宝座的，是按遗诏之言合法登位，还是暗中篡改遗书而继位的仍然是众说纷纭，莫衷一是，仍然是一个谜。

据官书中记载，康熙六十一年（1722）十一月冬至前，胤禛奉命代祭祀南郊。当时，康熙帝患病住在畅春园疗养，但仍然能"静摄"政权，掌控一切。胤禛请求侍奉左右，但康熙帝因祭天是件大事，命他不得离开。到了十一月十三日，康熙帝的病情突然恶化，才不得不破例把胤禛召到畅春园来。而在胤禛未到之前，是七阿哥、十阿哥、十二阿哥以及理藩院尚书隆科多在御前侍候。这时，康熙帝向他们宣布说皇四子胤禛人品极好，肯定能够传承大统，继承皇位。此时，其他皇子都在外候旨，当胤禛来到康熙帝面前时，康熙帝告诉他病情的恶化，胤禛听后昏倒于地，痛不欲生。到了

清雍正帝胤禛

夜里戌时，康熙帝归天，隆科多正式宣布"遗诏"，胤禛继位，即为雍正帝。

从上面官文记载的情况来看，雍正帝的继位是合乎法理的。对此，清代的官书可以说是众书一词，口径统一。后世有人根据雍正帝的品格、才干、年龄和气质上的众多特点以及他在皇宫中深藏不露、暗自修炼多年的特征，以及康熙帝对雍正帝的认识和父子感情基础，当时诸子争储互斗的背景，还有康熙帝在死之前留下遗诏的在场人物、地点、时间以及情节等综合分析，雍正帝是根据康熙帝的"仓促之间一言而定大计"而继承皇位是可能的、可信的。

但是在众多的民间传说中，雍正帝继位却是非法的，是篡位夺权。

早在雍正帝在位时，社会上就盛传康熙帝是要将皇位传给皇十四子的，在他患病的最后几天，曾经下旨要十四皇子回到京城，但是胤禛的死党隆科多却隐瞒真情，篡改谕旨，在十四皇子还未到之前假传圣旨，宣布胤禛继位。这就是民间所谓的"矫诏篡旨说"的由来。另外一种说法是，康熙原来就有了手书，要把皇位传给十四阿哥，诏书藏于乾清宫正大光明匾之后。但是诏书遭到了胤禛及其死党的篡改，把传给十四阿哥的"十"改成了"于"字，这就是民间所谓的"盗改遗诏说"的来源。那么到底是谁盗改的遗诏，又有不同的说法：有的说是雍正本人亲自改的；有的说是康熙把遗诏写在隆科多的掌心，而隆科多将"十"字抹去了；还有人说是雍正所养的死党、武林高手把诏书偷出来之后而精心篡改的。

著名清史学者王钟瀚先生，从对康熙皇帝之死及其四子胤禛继位的情况研究，提出了不同的看法。他认为，从康熙皇帝在其六十一年（1722）八九月份至热河行围，十月回宫的身体状况来看，其身体健康良好，当时，康熙只是患了感冒，胤禛多次亲自或派人请安，康熙的答复都是"朕体稍愈"。从这个情况来看，他的身体并没有什么大的病情，如果没有发生非常的事情，还没有到要"寿终正寝"的时候。然而康熙却在病情并未恶化的情况下突然死去，其中疑窦重重。从事变发展的迅速来看，很可能是因为胤禛相信了人们吹捧大阿哥可能继位的言论，感到得位无望，于是看准时机，与隆科多等勾结，控制了康熙与外界的联系，害死了康熙，篡改了诏书，篡夺了皇位。从康熙皇帝驾崩之后，仅由隆科多宣布口授遗诏的情况来看，也是大为让人生疑的。

还有人认为，康熙帝本来就是要在四皇子和十四皇子两人中选立皇储，而最终确定为四皇子胤禛，十四皇子被任命为抚远大将军，这也说明康熙确实把胤禛作为继位的候选人之一。胤禛在康熙四十八年（1709）封为亲王后，在皇子中的地位日益提高，先后二十二次参与祭祀活动，次数比其他的皇子都多。此外，康熙帝对胤禛的儿子弘历宠爱有加。由此可见，雍正是后来居上。也有人认为，康熙帝本想让十四子继承皇位，但在他临终前，十四皇子远在边疆，若将他召回再宣布诏书，恐发生皇位纠纷的变化，无奈之下就传于雍正。

总而言之，雍正继位有着种种让人难以理解的疑点。这些问题使一些历史学家耗费了很多的精力和时间，然而直到现在也没能得到很好的解释。可以说，雍正继位是否合法，仍然是个谜。这不仅是因为雍正在继位上有很多令人费解的问题，而且他继位后不久，就有很多难解的言行，尤其是大肆诛戮贬斥功臣、兄弟、文人等，这些连在一起，更是令人感到扑朔迷离。

雍正帝死因之谜

一代枭雄雍正帝的突然死亡，死因至今是未解之谜，但有三种主要的说法：其一是官书记载因病而亡，但对暴毙的异状未作解释，令人疑窦丛生；其二为剑客所刺，未经证实；其三为死于丹药中毒，也只是推论。雍正帝的死因被这种种说法蒙上了层层的神秘面纱，变得更加扑朔迷离，让人难以看清其中的真相。

一代枭雄雍正帝，于雍正十三年（1735）八月二十三日清晨，突然暴毙在圆明园离宫中。当时官方宣称他是忽然发病身亡。作为第一手资料的《起居注册》中是这样记载的："八月二十一日，上不豫，仍办事如常。二十二日，上不豫。子宝亲王、和亲王终日守在身旁。戌时（午后七时至九时）皇上病情加重，急忙在寝宫发布遗诏给诸王、内大臣及大学士。龙驭上宾于二十三日子时（夜十一时至翌日一时）。由大学士宣读朱笔谕旨，着宝亲王继位。"但这并没有明确说明雍正帝的病情及死因。

与"官书不载"形成鲜明对比的是民间却流传着雍正帝之死的种种离奇曲折的故事，虽多为民间趣闻，甚至是以讹传讹，但其中也有不少颇具合理性、有说服力的因素，让严谨的史学家也不能贸然否决。其中遇刺而亡和中毒而亡即是流传很广的故事。

关于雍正帝死因，民间流传最广的说法是，雍正帝为吕四娘所杀。不仅广泛流传于民间，而且一些书籍中也有大量的记载，例如《满清外史》、《清宫遗闻》、《清宫十三朝》等，都记载说是吕留良的孙女吕四娘刺杀了皇帝。吕四娘何人？何故要刺杀雍正？说法又有二，或说吕四娘为侠女。雍正帝年少时酷爱击剑，爱结交天下剑客，与其为刎颈之交者就有十三人。登基伊始，就控制了海内武林高手，而唯独某僧不听其使唤，隐藏到山野之中，行踪飘忽，难以缉获。一日，雍正帝终于得知该僧藏身处，于是命其结义兄弟三人，改扮伪装前去缉拿，同时布精兵包围。该僧见到来的三个人，只是笑了笑说你们是受主子的命令来捕获我的，我命该绝。你们的主子气数还尚旺，我现在不能跟你们强争。但是，你们主子多行不义，屡屡以私恨杀人，今天我虽然要死了，你们和你们的主子也必然不能幸免。一个月后，必然有人为我报仇，你们等着吧。

说完这些话，该僧即伏剑自杀了。三个人携带着该僧的首级回去复命，并将他们听到的也报告了雍正帝。雍正帝非常害怕，寝食不宁，加强了防卫。但一个月后，却还是让吕四娘用飞剑削去了脑袋。吕四娘就是该僧的徒弟。又一说是吕四娘是吕留良之孙女。吕留良系清前期有名的文人，雍正六年（1728）吕留良因曾静案被牵涉，被雍正从墓中挖出戮尸。十年（1732）十二月，吕留良子葆中、毅中被处死。其亲人也被严加处置，孙辈发配边疆为奴。传说吕四娘逃脱，潜藏深山，拜师习剑，练得飞檐走壁、飞剑杀人的本领，后潜入宫内，以宫女身份混入皇宫侍奉皇上，伺机行刺。雍正十三年（1735）某夜，潜入圆明园斩掉了雍正帝脑袋，报了她的灭家之仇。还有人传说除吕四娘外，还有一位名为鱼娘的女子做帮手。即使下笔谨严的学者，在提到世宗雍正之死时，也会提及这些传闻。

但也有人认为这种行刺之说纯属谣言，不值得相信。首先，吕案发生后，其家人皆受罚，无漏网之鱼。其次，吕四娘根本不可能混进宫。虽然曾经也有过罪犯眷属特别是15岁以下女子，被收入官为奴，像株连在吕案中的严鸿逵、黄补奋等，其妻妾子女即服侍于功臣家，然而吕氏的孙辈都在宁古塔成为奴隶，犯大罪的人犯多是这样下场。所以，吕四娘不可能混入宫中。另外，紫禁城内明令整肃，在雍正帝继位的第二年起，在本已经是戒备森严、连飞鸟都难进入的宫廷护卫下，又设护军营，专职保护皇帝的安全。在这种情况下，很难想象一个女子，即使她是一个武艺高超的人，能穿过昼夜的巡逻和森严的戒备，轻易地进入深宫刺杀皇帝。其实，在清朝时期，因满汉民族矛盾等，试图刺杀皇帝的人大有人在，并且一直都在积极行动，寻找机会，但都没成功。因而，雍正帝遇刺身亡的说法一直是受到质疑的。

还有人认为雍正帝既不是遇刺身亡，也不是寿终正寝，而是长期服丹药中巨毒而亡。雍正帝在皇子时代就直接或间接地与道士有交往，突出的一件事是他相信武夷山道士给他算的命。那时，诸皇子明争暗斗，纷纷图谋储位。雍正帝迷信天命，在政治厮杀中总想预知自己的前程。炼丹是道教企求不死成仙的基本修炼方法，历史上炼丹家往往就是道家，故此人们也把道教称作丹道。历代幻想长生不老的帝王大多迷恋仙丹之药。雍正是中国历史上最后一位热心烧炼服丹致死的皇帝。

据说，雍正帝晚年由于纵欲，染上沉疴，长期食用丹药。他曾密诏地方督抚大员为他推荐名医方士，寻长生不老之药。雍正帝还罗致了一帮道士为他炼丹药，晚年便靠食丹药养生，结果中毒而死。从一些史料记载看，雍正帝确实嗜仙道而服食丹药。在历史上，嗜食丹药而求治病或求长寿的皇帝不为少数，死在其上的皇帝也不乏其人。从已经解密的清朝宫中的档案等资料中也得出了同样的结论。雍正帝生前，在宫中曾蓄养了一些所谓的僧道异能之士，为雍正炼丹制药，雍正帝对这些僧道异能之士礼遇有加。在他驾崩后的第三天，也就是八月二十五日，嗣主乾隆即突然下令驱逐所有的炼丹道士出宫。新君刚登基，又因为雍正帝是突然驾崩，乾隆一定有很多重大而紧急的事要处理，而在这时却紧急驱逐道士,这种做法确有奇异之处,不能不让人生疑。尽管乾隆在驱逐道士中说其父对僧道虽优待,但却未听其一言,未服其一药,这显然是在为其父辩解,不能令人信服。否则又怎会突然下逐客令? 他虽又辩解说这几个道士早就该受驱逐,但为何雍正帝能容忍他们在宫中? 乾隆如果为的是崇正道,黜异端,就应该彻底加以排斥,然而他却沾沾自喜地称自己是"崇敬佛法……朕为第一"。他还善待超盛和元日两僧,让他们来京做官。驱逐道士的当日,乾隆另拟了一道谕旨,谕令内监、宫女等,告诫他们不许妄行传说国事,"恐皇太后闻之心烦","凡外间闲话,无故向内廷传说者,即为背法之人",要"定行正法"。此事也值得注意,"中毒身亡"论者认为此事必与雍正横死有关,否则,为何太后见外间闲话会心烦。

雍正帝的死因被这种种说法蒙上了层层的神秘面纱,让人难以看清其中的真相。

乾隆帝身世之谜

乾隆皇帝弘历是大清朝时期一位重要的帝王。而关于他的身世却历来充满传奇色彩、众说纷纭、莫衷一是,尽管多是民间传闻,甚至是以讹传讹,虽不能信以为真,但至今也不能不说是一件悬案。

乾隆皇帝不仅是我国一个家喻户晓的充满传奇色彩的历史人物,而且由于几位外国传教士的介绍,也是清代风靡世界的中国皇帝。他是清王朝的第六代君主,如果从清入关后算起,则为第四位皇帝。生于康熙五十年(1711)八月十三日,是雍正帝的第四子。其生母在后宫中地位并不高,正因为此,民间广泛流传着乾隆帝系民间汉女所生。看过金庸小说《书剑恩仇录》或是看过相关的电影、电视剧的人,也都一定会对书中的一个说法很好奇,因为书中说乾隆是陈家洛之兄,是汉人之子。其实,小说中的说法并非是无中生有,空穴来风,是有一定来历的。

不仅是现在,而且在清末,上自官僚士绅,下迄妇孺百姓,几乎人人皆知这么一个传说,清初的某个皇帝是浙江海宁陈家的儿子。这个皇帝是谁呢?有人便说是乾隆皇帝弘历。这一传说也见于一些私家所写的稗官野史之中。《清朝野史大观》卷一《南宗之与海宁陈氏》一文就有这样的记叙:雍正帝胤禛当皇子时,与海宁陈氏很好,两家来往频繁。这一年恰巧两家在同月同日生子。只是胤禛家为女孩,陈家为男孩。胤禛

清乾隆帝弘历

命人抱来看看，却偷偷把孩子换了。陈家发现孩子被换，大惊失色。但迫于对方权势，不敢追究，也不敢声张。不久康熙帝去世，传皇位于胤禛。胤禛即位后，陈氏一门数人也都官至显要。以后乾隆帝继位，对陈氏更是礼遇有加。乾隆帝六次南巡江浙，其中四次都到过海宁陈家，最后一次临走时步至中门，对陈氏说"以后若非皇帝亲临，这门不要轻易打开"。从此这座门就再也没被打开过了。持上述观点之人还提出另外一些证据，海宁陈氏的宅堂中有两方皇帝亲笔书写的匾额，一方题为"爱日堂"，一方题为"春辉堂"。"爱日"一词，是从汉辞赋家扬雄《孝至》一文"孝子爱日"中来的，后世把儿子侍奉父母之日叫作"爱日"。"春晖"一词是从唐代孟郊《游子吟》"谁言寸草心，报得三春晖"的诗句中来的。后人常以春晖来比喻母爱。这两方匾额的题词内容都有儿子尊敬孝顺父母的意思。后来，与海宁陈氏的儿子相交换的那个女孩便在海宁陈家成长，到了婚嫁年龄便嫁与江苏常熟蒋氏，蒋氏专门为她筑了一座小楼，后世称之为"公主楼"。这些史料更让人坚信乾隆帝是汉人之子。而且，据史学家们统计，乾隆皇帝继位之后先后六次南巡，其中四次都到了浙江省海宁，而且都住在康熙朝大学士陈元龙之家的别墅"隅园"。还破格将建海塘工程"动正项钱粮办理其事"，如果说是乾隆帝对故乡的特别关爱，也当不算为过。而且他还把经常住的"隅园"改为"安澜园"，好像是自己家的园子似的。

然而，也有人提出了反对的意见。雍正帝有皇子10个，公主6个。乾隆帝是其第四子，推及情理他根本没有把别人的孩子换来当自己孩子而继承皇位的必要性。这是较有说服力而且是合乎情理的论证。其次，从清代皇帝与海宁陈氏的关系来看，纯是君臣友谊，陈氏是清初的名门望族，在康熙、雍正、乾隆三朝，陈家历代都仕途通达，身居高位，名震一时。雍正初年，为了满足钱塘江下游经济发展与人民生活的需要，大修钱塘江。但雍正帝忙于政务，而且海潮冲刷堤岸的危害还未到十分严重的程度，因此未亲自前往。乾隆帝继位后，对这项工程非常重视，数次南巡，有四次来到海宁勘测，那么既到海宁，总得有个合适的住所，而陈氏可以说是三朝宰辅，其家园是海宁名胜，亭台楼榭，花木扶疏，自然就成为乾隆帝的"行宫"。陈家的园子本叫"隅园"，后乾隆帝把它改为"安澜园"。"安澜"即水波不兴的意思。由此也可以看出，乾隆帝临视海宁，是为了巡视钱塘江的工程，而不是为了探视父母。至于那两块匾额，据历史学家的考证，清国史馆编撰的《陈元龙传》中说：康熙三十九年（1700）四月，康熙帝在便殿召见群臣时说："你们家中各有堂名，不妨当场写给朕。朕写出来赐予你们。"陈元龙奏称其父年逾八十，故拟"爱日堂"三字，于是康熙帝便亲笔御书"爱日堂"赐于陈氏。《海宁州志》也提到，康熙五十四年（1715）六月，因陈元龙弟陈维坤的妻子黄氏寡居四十一年，康熙帝便御书"节孝"两字赐之，又以"春晖堂"匾额赐之。这就是说，两匾额的题词，是康熙帝根据臣下的请示而书写的，与孝敬父母的意思根本没有任何的联系。因此，说乾隆是汉人之子是无稽之谈，是难以确信的。

咸丰帝继位之谜

据说道光帝就由谁来继承大统的问题上，在四子和六子之间曾多有犹豫，道光帝驾崩后，枢臣们公启锦匣宣示御书，四子继位，即为咸丰帝。然而，咸丰帝能继位是多方面的原因，有咸丰帝师父的精巧设计，有咸丰帝的忠厚等，也有至今未解的因素。

道光十一年（1831）六月初九，时已夜半，圆明园内湛静斋全贵妃钮祜禄氏的寝宫内，忽然传出几声婴儿的啼哭声，道光帝的第四位皇子降生了。

消息传到养心殿，年近半百的道光帝喜出望外，当即含泪赐名奕詝。道光帝的喜悦欢欣不是没有理由的。此前道光帝本来已有三个皇子。次子奕纲、三子奕继早亡，皇长子奕纬，最受道光帝的宠爱，长至13岁，已经落落成人。一日，奕纬的师傅太史强逼其背诵经书，告诉他："好好读书，将来好当皇帝。"奕纬终究是个孩子，不耐烦地顶撞道："我将来做了皇上，先杀了你。"此事为道光帝所知，当即召见大阿哥奕

清咸丰帝奕詝

纬。奕纬刚刚跪下请安，道光就气愤地踢了他一脚，正好伤及下部，没过几天就死了。三皇子的相继死去，使年近半百的道光帝悲痛万分，对于皇朝未来的继统大事隐怀不祥之兆。唯一令道光帝稍感欣慰的是，皇长子过世时，全贵妃钮祜禄氏和祥贵人均已身怀六甲，如能生得男婴，亦堪来日大用。

在道光帝的群妃当中，全贵妃钮祜禄氏最受宠爱，她年方23岁，年轻貌美，体态轻盈，楚楚动人。其父是承思公颐龄，曾仕宦苏州，钮祜禄氏随父同行，备受江南山水浸染熏陶，聪慧绝伦。道光初年入宫，后因得宠连连晋封，成为后宫中红极一时的人物。但聪明的全贵妃清楚地意识到，仅凭自己的姿色取得道光帝的宠爱只是暂时的，要想永久确立自己的地位，非走"母以子贵"这条路不可。当她得知几乎与其同时祥贵妃也怀上胎妊这一消息时，全贵妃面部的笑容顿时消失，急命小太监偷偷查阅宫中召幸皇妃密档。小太监偷查密档后，旋即密报全贵人，祥贵人的胎妊比她早有月余，全贵妃大失所望，她知道皇位的继承在顺序上位于前列是占有一定优势的。想到这里，全贵妃早生皇子的念头越发强烈了。

一天，宫中御医又来给全贵妃诊察胎儿，全贵妃见左右无人，便小声问道："不知这腹中是女是男？"因全贵妃平素在宫中颇会笼络人心，与这御医熟识，

因此，御医顺口答道："当然是真龙天子。"全贵妃听罢，大喜，急忙又问："此胎儿可否早降生月余？"御医听罢，大惊失色，跪地叩头，连说："使不得使不得！"次日，全贵妃又特召御医入密室，对御医说道："我想让皇子早点降生，来日若能得继大统，我必重赏，你究竟有何办法？"御医答道："奴才并无妙法，只有从今日起服用奴才祖传的保胎速生药，便可提前降生，只是……"全贵妃明白御医的意思，笑着连声说道："那就不是你的责任了，自然不必多虑。"于是，从这日起，全贵妃每日遵医嘱服下保胎速生药物，经过一番"苦斗"，终于生下了皇四子，道光帝倍加喜爱。

清代以前，在皇位继承问题上实行的基本上是嫡长子继承制，即在诸多皇子中，立嫡不立长，在嫡系子孙中立长不立贤。这种制度的建立及实行，尽管保证了政权的平稳交接，但也带来了一个明显的弊端：嫡长子在诸皇子中并不都是才智出众者，一些智力低下、昏庸无能之辈在这种制度的庇护下登上了皇帝宝座，有的给当朝的统治留下了深深的祸患。

清朝建立后，为避免上述弊端，有意废除了这一制度。清朝入关前两代继位的君主，太宗皇太极和世祖福临，既不是长子也不是明立的太子。入关后，也未预立太子。常常是皇帝临终时，在皇子中诏命一位贤能者嗣位。雍正帝继位后，为防止诸子争立，各树朋党，互相残害，建立了秘密建储制度，即由在位的皇帝对全体皇子作长期观察考验，选定之后，以朱笔书名，密定为储，藏之于匣，悬置于乾清宫最高处"正大光明"匾额之后。当皇帝病危时，当众开启，册立皇太子。

秘密建储制度的创立，虽然避免了皇子之间的猜疑丛生，但储位之争依然存在。咸丰皇帝继位前同其弟奕訢之间的争夺，就表现得十分激烈。

道光皇帝是于道光二十六年（1846）开始考虑立储的。在有竞争实力、有条件参加竞争的四皇子和六皇子之间，究竟选哪一个为皇储，道光皇帝还犹豫未决。为了考察他们的品行与能力，一年春天，道光皇帝命诸皇子去南苑狩猎。六皇子平时愿意舞刀弄枪，骑射技术高超。而四皇子临行前，去上书房向其师傅杜受田讨计。杜受田对道光帝的心理做过揣摩，面对即将开始的围猎较量，杜受田给了四皇子一个锦囊妙计。

到了南苑围场，皇子们带领自己手下的人分别开始了围猎。六皇子果然身手不凡，只一会儿工夫，就猎获几只鹿和野兔。而四皇子却默坐在一旁，其手下人也在身边垂手侍立。日落时分，皇子几人带着各自的战利品，回到宫中向父皇禀报战绩，并献上猎物。皇子中独四皇子一无所献，道光皇帝不解，问其缘故，四皇子答道："儿窃以为现在正是动物繁衍孕育下一代的时候，我不忍心在这个时候杀死它们，并且我也不愿意以骑马射猎这些小的技艺，与兄弟们争个高下。"本来，道光皇帝看到四皇子一无所获，心里有些不高兴，但听到这番话，顿时眉开眼笑，连声说道："我儿果然有君子的气度。"

经过这番围猎较量，道光皇帝初步有了意向：立四皇子为储。

道光皇帝是个办事优柔寡断的人。虽然南苑狩猎已经决定把皇位传给四皇子，但不久，他的心里又不平衡起来，因为他毕竟非常喜欢六皇子。道光皇帝看到六皇子读书能得大旨，曾亲自为其书斋题写了"乐道书屋"四字匾额，这是其他皇子都没有得到的。道光为了奖励六皇子的武功，特赐给他一柄金桃皮鞘白虹刀，准许他永远佩带，这也是其他皇子所没有享受到的殊荣。

由于对六皇子的偏爱，道光皇帝决定再给他一次机会，考察一下他们的品行。一天，道光皇帝将两个盒子放到两个皇子面前。这两个盒子，一个是金的，一个是木的。金盒上雕满了姿态各异的龙，龙体闪烁着光芒；木盒上刻着麒麟，也被漆得黑亮。道光皇帝指着两个盒子说："这两个盒子，我儿各选一个。"听了这话兄弟俩互相看了一眼。四皇子平静地说："六弟先选吧！"六皇子听了这话，也不谦让，伸手将金盒抓在手里。

从这件小事看，道光皇帝感到，还是四子仁义慈厚，六子固然聪明，可是人品不如其兄，于是下决心把皇位传给四子。

道光帝在立储锦匣中，破例在一匣中放了两道谕旨，这充分反映了道光帝在立储问题上的矛盾心理，以及封建朝廷在权力交接中斗争的复杂性。尽管传闻种种，莫衷一是，但四子毕竟登上皇位。道光三十年（1850）正月二十六日，在太和殿举行了登基大典，次年改年咸丰，历史又翻过了一页。

咸丰帝客死之谜

在中国的历史长河中，贵为天子的皇帝客死他乡的实属少见，而被英法殖民者赶出京城的咸丰帝却客死他乡。有说是与随行的肃顺等人企图挟天子以令诸侯企图谋权有关；有的却说是咸丰帝对英法侵略者的仇恨和怀疑而不愿回京，致使他客死承德。

英法联军的刺刀把咸丰帝一步步逼向回天无力的苦难深渊时，以太平天国为首的反清烈火也越烧越旺。太平军的三河大捷，使湘军元气大伤，所谓"敢战之才，明达足智之士，亦凋丧殆尽"。咸丰帝闻讯，面如死灰。他感到脚下的大地在旋转，感到自己极力支撑的"天"，真是要摇摇欲坠了。他不禁多次征询身边的谋士、翰林院编修郭嵩焘说："汝看天下大局，尚有转机否？天下大局，宜如何处理？"

面对着土崩瓦解的半壁江山，咸丰帝的意志和他的健康状况一样急转直下，迅速崩溃。他自知回天无力，早年英姿勃发，扭转乾坤的锐气已无影无踪。在西方资本主义大潮的冲击下，中国古老的封建主义大堤又一次崩溃了。面对着洪水猛兽般的西方列强，也曾愤恨，也曾抗争过的咸丰皇帝终于失败了。他成为华夏五千年历史上，第一个被西方人赶出皇宫的中国帝王。而所谓咸丰帝

清·檀香木"皇帝之宝"玺

的"秋弥木兰"，是被英、法联军的大炮从圆明园给轰出来的，其间狼狈、惶恐之状，与列祖列宗的秋弥大典不可同日而语。

咸丰十年（1860）八月初八，咸丰帝一行仓皇出逃后，如惊弓之鸟，日夜兼行，因御膳及行李帐篷等俱未齐备，当天，咸丰皇帝仅吃了两个鸡蛋，第二天也仅和后妃宫眷们分食几碗小米粥。往日如花似玉的后妃宫眷们，如今落难荒郊，一个个惶恐忧愁，容颜憔悴。咸丰帝看着这支逃难的队伍，回头南望京城，不禁以泪洗面，痛不欲生。他深感愧对祖宗，更不知此生此世还能否回到金碧辉煌的紫禁城。

营建了一个半世纪的圆明园，是世界上最大的建筑式与风景式交融的"离宫型皇家园林"。它既有北国之古风，江南之秀韵，更兼备中西庭园合璧的风采。其中，不仅有无数的殿阁楼台，桥廊水榭，而且珍藏着数不尽的孤本秘籍、名人字画、鼎彝礼器、金珠珍品、铜铁古玩等中华至宝。它曾是历朝清帝避喧听政、颐享天年的场所，也是咸丰皇帝诞生的摇篮，还有"九州清曼"的"同道堂"更是道光皇帝书名定位，托付社稷江山的地方。联军焚掠圆明园的噩耗传到热河后，一种无以言状的愤恨使咸丰帝几乎站立不住，他似乎觉得自己竭力支撑的这个"天"已然塌下来了，亡国一样的奇耻大辱吞噬着他的心灵，虚弱已极的年轻皇帝经不住这突然的打击，立时口吐鲜血，旧病复发。

有些文书中往往把咸丰帝拒不回京的原因，归咎于肃顺等人阻挠，以便他们挟天子以令诸侯，并以娱情声色来诱惑年轻的皇帝乐不思蜀。其实问题绝不是这样简单。

自幼熟读历代典籍的咸丰帝并不是不知道，圣驾久离京城的危险性，也不是一心贪恋山庄的风景和女色。作为一国之主，他何尝不想及早回銮，以定人心。但咸丰帝对洋人的猜忌实在是太深了，尤其是对英、法侵略者有着不共戴天的仇恨。所以尽管在战场上他失败了，被迫接受城下之盟，但他始终不愿意放下万乘之尊的架子，与外使同居一城，更无法接受一个远方蛮夷的所谓"国书"。在这种心理障碍之下，当留京王公大臣等合词恳请他早日还宫，以定人心时，咸丰帝直言相告：虽然英、法退兵，但各国蛮夷尚有驻京者，亲递国书一节，既未与该蛮夷言明，难保不因朕回京，再来饶舌。诸事既未妥协，假使率意回銮，夷人又来挟制，朕必将去而复返，于事体诸多不协，但恐京师人心震动，更有甚于八月初八日之举。最后咸丰帝决定，本年暂缓回京，候夷务大定，再将回。最后又特意加一句，本年回京之举，该王公大臣等不准再行奏请。干脆把留京王公大臣们的嘴给堵住了。咸丰的决定，不仅得到随行王大臣肃顺等人的积极支持，也为他们左右皇帝、排除异己创造了条件。

热河避暑山庄原有离宫200余所，完好无损者尚有70余所，又多藏梨园行头，其精致华美甚至胜于京师南府。和约签订以后，肃顺等人为宽慰病弱烦闷的咸丰皇帝，知他酷爱京剧，便召升平署（宫廷戏班）人员分批到热河承差。

几乎隔两三天即演一次戏，每次戏目、角色均由朱笔决定，有时上午已花唱，仍"传旨今日晌午，还要清唱"。除观剧外，避暑山庄距围场不远，咸丰又时常游猎打围。然而，深秋塞外，水冷风寒，已病入膏肓的咸丰皇帝，怎能与当年盘马弯弓、纵横驰骋的康熙大帝相比。所以，娱情不久，第二年初春，咸丰帝的病情再一次反复。原来，咸丰十一年(1861)正月初二，咸丰帝即诏定二月十三日回銮。其后又规定了回銮后详细的行程安排。这边京城留守的王公大臣们都翘首以盼，他们希望皇帝尽快还宫，一来人心大定，二来可以使咸丰帝早日摆脱肃顺等人的左右。但让他们失望的是，届时皇帝并没有动静。二月中旬，法国公使布尔布隆和英国公使普鲁斯相继进驻北京。接着，二月二十二日传来上谕：朕躬尚未大安，诸王大臣请暂缓回銮，不得已勉从所请，秋间再降谕旨。

咸丰帝一再推迟回銮的举措，激起了留京王公大臣的强烈不满，他们纷纷具折痛弹劾瑞华、肃顺等人"谓銮舆未还皆其荧惑"，而肃顺等人则针锋相对，攻击留守京师的王公大臣一再吁请回銮，是挟制朝廷，并中伤恭亲王奕䜣借助洋人势力，欲图谋反。京师与热河，以奕䜣和肃顺为首的两派斗争愈演愈烈。

此时咸丰帝剧咳不止，红痰时见，他的痨病已到晚期，但英、法公使驻京，亲递国书等项仍未议妥，所以咸丰帝执意不肯回京。这正如史学家孟森所言，咸丰帝以与外使同居一城为耻，他是"宁以社稷为殉，不使夷虏踪迹相沾，得正而毙，虽败犹荣"，是一个至死不渝的封建卫道士。所以当与洋人关系日趋密切的恭亲王欲赴行在看望他的时候，咸丰帝十分反感，立时提笔拒绝，连辅佐奕䜣办理洋务的文祥亦特谕不必前来。

咸丰十一年七月十七日寅时(1861年8月22日凌晨)，清朝第七代皇帝咸丰病逝于承德避暑山庄烟波致爽殿，卒年31岁。成为在西方资本主义大潮的冲击之下，中国封建帝王中唯一一位客死异地的君主。

慈安猝死之谜

光绪七年(1881)三月初十日，一向健康无病，年仅45岁，比慈禧还小2岁的东太后慈安在12小时内竟突然发病暴卒，实在出人意料。是病死，还是被下毒杀害，还是自杀？千古之谜，谁人能解！

东太后慈安，姓钮祜禄，谥孝贞显皇后，为满洲镶黄旗人，生于道光十七年(1837)七月十二日，其父穆扬阿，曾任广西右江道。咸丰帝为皇子时，钮祜禄氏就已经是他的侧福晋。由于他的嫡福晋于咸丰帝即位前已经去世，钮祜禄氏遂于咸丰二年(1852)二月被封为贞嫔，五月晋贞贵妃，十月又册立为皇后。她为人幽闲静淑，举止端庄，口木讷不善言辞，在众妃嫔中从不争宠，很得咸丰皇帝的尊重。咸丰十一年（1861）十一月咸丰帝死后，她被尊为母后皇太后，上尊号慈安，与慈禧太后共同"垂帘听政"，慈安太后因居住的宫院占上首坐东，故称东太后，众人称她为"东太后"或"老佛爷"，与西太后慈禧相对应。咸丰帝临终时，曾任命怡亲王载垣、郑亲王端华、肃顺等八位顾命大臣，辅佐幼皇帝执政。是年27岁的慈禧为了独揽大权，勾结恭亲王奕訢采取先发制人，用突然袭击的手段发动了"祺祥政变"（又称辛酉政变），扫清了她掌权的障碍，开创了两太后垂帘听政的局面。表面上，慈安与慈禧两宫太后以姐妹相称，共同垂帘听政，执掌国家最高权力。然而，慈禧的为人，貌似恭谨，性实乖戾，善于狡谋权变，很会搞皇宫中钩心斗角的一套，而慈安虽身为皇后，居于中宫，但秉性懦弱，遇事没有主见，不是慈禧太后的对手，同治元年起，名义上是两太后垂帘听政，但实际上大权一直操在慈禧手里。光绪七年（1881）三月初十日，一向健康无病、年仅45岁、比慈禧还小2岁的东太后慈安在12小时内竟突然发病、暴卒，实在出人意料。翁同龢的《翁文恭公日记》中记载说："则昨日（初十日）五方皆在，晨方天麻、胆星，按云类风痫甚重。午刻一按无药，云兴脑混乱，牙紧。未刻两方虽可灌，究不妥云云；则已有遗尿情形，痰壅气闭如旧。酉刻一方天脉将脱，药不能下，戌刻仙逝云云……呜呼奇哉！"仅12小时便由发病至死，岂不"奇哉"？ 清廷的垂帘听政由两宫并列一下子变成了慈禧一人独裁。对慈安太后的突然死亡，在当时及以后都有种种怀疑与猜测，成为两百多年清宫史上的又一桩疑案，归纳起来，主要有下列几种说法：第一种说法，慈禧进药毒死说。据《清朝野史大观》记载，慈安在死前数日偶至慈禧宫中，慈禧令侍者奉饼饵一盒，慈安食而甘之。慈禧谓："姊既喜此，当令再送一份来。"过了一两天，果有饼饵数盒进奉，色味花色同以前完全一样。慈安随即取一二枚食之，"顿觉不适，至戌刻遽逝"。《满清野史续编》中也说：慈安吃了西太后送来的"饼饵"之后"竟以此夕殂"。据《慈禧外纪》载：当年咸丰帝临终时，曾秘密留下了一个遗诏给慈安，要她监督慈禧，若慈禧"安分守己则已，否则汝可出此诏，命廷臣传遗命除之"。但老实的慈安将此事告诉慈禧。阴险毒辣的慈禧听了，表面对慈安感泣不已，实际上已起杀机，遂借向慈安进献饼饵之机，暗下毒药，加以谋杀。另文廷式《闻尘偶记》却认为慈禧是因与人私通怀孕，事情为慈安察觉，准备废掉慈禧太后称号，慈禧听说后，先下手为强，设计毒死了慈安。恽毓鼎《崇陵传信录》说，因慈禧得知咸丰帝生前有遗诏，她就有加害于慈安太后之心。对于慈禧太后的阴险狡诈行为，咸丰帝生前就有所察觉，为防止自己死后那拉氏"恃尊跋扈"，曾秘密地给钮祜禄氏留下一道遗诏，以备将来惩治那拉氏的不轨。从而又出现了东太后受骗烧此谕的传说。对此末代皇帝溥仪在《我的前半生》一书中也说："咸丰去世前，就担心懿贵妃将来母以子贵，做了太后，会恃尊跋扈，那时皇后必不是她的对手。因此特意留下一道朱谕授权皇后，可在必要时制裁她。而心地善良的慈安，有一次无意中把这件事向慈禧泄露出来，慈禧从此下尽功夫向慈安讨好，慈安竟被她哄弄得终于当着她的面烧掉了咸丰的遗诏。过了不久，东太后就暴卒宫中。有的说是吃了慈禧送去的点心，有的说是喝了慈禧给慈安亲手做的什么汤。"第二种说法，"正常病死说"。《光绪朝东华录》曾有慈安遗诏，说她"初九日偶染微病，初十日病势陡重，延至戌时，神思渐散，遂至弥留"。徐彻的《慈禧大传》同样倾向于"病死"说。首先，他认为慈安不善理政，例如召见臣子时说的话分量不足，只会询问其身体状况、行程远近等，所以她根本不会妨碍慈禧在政治上的权力，慈禧也没必要害死她。其次，他以《翁文恭公日记》中关于慈安发病的两则记载作为证据。一则是慈安太后26岁时曾经患了"有类肝厥"疾病长达24天，甚至达到"不能言语"之程度。另一则是同治八年（1869）十二月初四日，慈安太后"旧疾发作，厥逆半时许"。"厥症"主要表现为突然昏迷、不省人事、四肢厥冷，轻者昏厥时间较短，重者则会一厥不醒甚至死亡。据此，他认为，慈安其实是死于突发的疾病。但是，这种"因病致死"是那样的快速而又突然，连当时的当事者也大为怀疑。据《清稗类钞》记载，在慈安初感身体不适时，御医薛神迅速为她诊脉，认为"微疾不须服药"，没想到当晚就听说"东后上宾，已传吉祥板（棺木）"，大为诧异，还以为外间乱传。后来噩耗证实，他大戚曰："天地间竟有此事，吾尚可在此？"是不信慈安是因病致死。另一位当事人左宗棠，时任军机大臣，突然听说慈安得病身亡，顿足大声说："昨早对时，上边（指慈安）清朗周密，何尝似有病者？即去暴疾，亦何至若是之速耶？"第三种说法，慈安"吞鼻烟壶自尽"说。据《清稗类钞》另一种记载，慈安与慈禧共同垂帘听政，慈禧权欲极重，慈安却倦怠少闻处事，并不与之争权，因此倒也相安无事。但到了1881年初，慈禧患血崩剧疾，遍求中外名医而无疗效，不能视事，慈安有一段时间独视朝政，致使慈禧大为不悦，慈禧"诬以贿卖嘱托，干预朝政，语颇激"，以致慈安气愤异常，又木讷不能与之辩，恼恨之下，"吞鼻烟壶自尽"。宫闱之事，正史、野史、俾传多有记载，难究真相，慈安太后的暴卒就是其中之一。

同治帝死因之谜

同治帝6岁登基，18岁才亲政，然而，仅仅"亲政"两年，就患病而死，终年19岁，成为清朝皇帝中寿命最短的一个。因此，他的死因也就成为了晚清宫廷中的又一悬案。

同治帝载淳，咸丰六年（1856）生于紫禁城的储秀宫，生母为懿嫔叶赫那

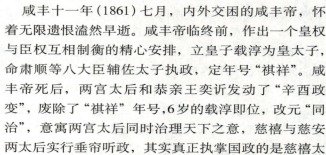

拉氏，即后来的慈禧太后。咸丰十年（1860），英法联军攻陷天津，直逼京师。5岁的载淳随父皇咸丰、皇母懿贵妃逃难到承德避暑山庄。

咸丰十一年（1861）七月，内外交困的咸丰帝，怀着无限遗恨溘然早逝。咸丰帝临终前，作出一个皇权与臣权互相制衡的精心安排，立皇子载淳为皇太子，命肃顺等八大臣辅佐太子执政，定年号"祺祥"。咸丰帝死后，两宫太后和恭亲王奕䜣发动了"辛酉政变"，废除了"祺祥"年号，6岁的载淳即位，改元"同治"，意寓两宫太后同时治理天下之意，慈禧与慈安两太后实行垂帘听政，其实真正执掌国政的是慈禧太

清同治帝载淳

后。同治帝6岁登基，18岁才亲政，只"亲政"两年，就患病死去，终年只有19岁，成为清朝皇帝中寿命最短的一个。

在晚清的皇帝中，同治皇帝的死因一直是史界和一般老百姓津津乐道的话题。对此，目前学术界主要有两种观点：

第一种观点，同治帝是因微服逛妓院，染上梅毒而死。因为，从常识上说，在当时的情况下，虽然尚未找到医治天花的有效良药，但即使是一般的百姓，患天花还不至于死亡，所以民间把天花称作"天花之喜"，何况是堂堂天朝皇帝，身边有的是高明的御医，怎么就那么容易死的呢？另外，在没有医学专业知识的老百姓眼里，天花和梅毒的病症有点类似，因此怀疑同治帝得的是梅毒而不是天花也就是很自然的事了。同时，从同治帝平常的行为习惯上怀疑他有可能染上梅毒。据《清代外史》记载，同治帝选皇后的时候，同生母西太后发生了意见分歧。西太后喜欢美貌艳丽但举止轻佻的侍郎凤秀的女儿，但同治帝和东太后慈安却都看中了清朝唯一的"蒙古状元"崇绮之女阿鲁特氏，该女虽然相貌平常，但举止端庄，一见就知道是有德量者。同治帝不顾母后的反对选择了阿鲁特氏为皇后，凤秀女只被封了个慧妃。对此慈禧太后一直耿耿于怀，甚至没有给予崇绮家"皇亲国戚"的特殊待遇。婚后，同治帝与皇后"伉俪綦笃"，这就更加激起了慈禧太后的不快。慈禧千方百计地离间帝后二人的关系，派太监阻止皇帝和皇后相见，又强迫同治亲帝近慧妃。同治帝当时虽有一妻四妾（慧妃之外还有瑜妃、珣妃和珣妃），却左右不是，不能自主，因此索性谁也不亲近，终年独宿乾清宫。在乾清宫的同治帝独眠难熬，就经常化装成老百姓微行出宫。据传，有好几个人在肆井中亲眼看见过同治帝的行踪。后来，就从宫中传出同治帝出痘病重之事。这样，人们有理由怀疑，皇帝微行时也许到过前门外的八大胡同逛妓院，因而染上了梅毒。现在涉及这段历史的许多文学作品，都采用了类似的说法。

第二种观点则认为，同治帝是死于天花而非梅毒。设在故宫内的中国第一历史档案馆的研究人员曾经根据从堆积如山的清宫档案中找出的《万岁爷天花喜进药用药底簿》（以下简称药底簿）进行分析，认为同治帝所患之病是

天花而绝非梅毒。其理由有以下几点：（一）在患病之初，患天花者发病很急，一般都要伴随着发烧、脉搏跳动加快的反应，而患梅毒者则起病不急，无发烧症状。而药底簿则记载同治帝发病之初连续发了七天的高烧，"脉息浮数而细，系风瘟闭束，阴气不足，不能外透之症，以致发热头眩，胸满烦闷，身酸腿软，皮肤发出疹形未透，有时气堵作厥"以及"咽喉干痛，胸满作呕，头眩身热"等，这些都是出天花的症状。（二）从药底簿的记载里可以看出，同治帝患病时出现头痛、背痛、发冷、寒战等全身性的天花症状，而梅毒患者是不会有这些全身性的明显症状的，表面上看也许像个健康人。（三）从天花皮疹的分布部位和转化规律上可以看出同治帝患的是天花之症。从分布部位上看，天花皮疹一般发于额部、发际、面颊、腕，逐渐延及臂、躯干而至下肢，多见于身体暴露部位，呈离心状分布，这与药底簿所记的症状是相吻合的；从皮疹形态的转化规律上看，一般天花患者在患病的头两天就会出现斑疹，数小时后斑疹迅速变为圆形的丘疹。病人出疹后，全身中毒症状反而明显减轻，胸堵烦呕现象减退，大便通畅，胃口渐开。又过了二三日，丘疹开始灌浆，成为疱疹，这种疹的中间凹陷成脐形，周围有红晕。到了天花起病的第八九日，疱疹转为脓疱。又过两三天，脓疱逐渐干缩成痂。大约在发病后的二至四周，痂开始脱落，天花发病的过程基本结束。药底簿的记载正好与上述的症状以及皮疹的转化过程相一致。而梅毒则不同，发病的周期要比天花长，而且梅毒的斑疹大小如蚕豆，形状为圆形或略带不规则形，不是天花疱疹的那种脐形。

那么，为什么患天花会导致同治帝的死亡呢？研究者认为，因为同治帝在天花的后期不幸皮肤感染，"发热头眩俱退，惟湿毒乘虚流聚，腰间红肿溃破，浸流脓水，腿痛筋挛，头项胳膊膝上发出痘痈肿痛"。这种并发性的皮肤感染愈来愈重，使病人逐渐丧失了抵抗力。最后，皮肤感染发展到发生"坏疽性口炎"（俗称"走马牙疳"）的地步，此病一般发生在全身性疾病的末期，很可能导致全身衰竭而突然死亡。

另外，有学者根据父辈传下来的口碑等材料认定同治帝确系死于梅毒，同时强调，后来发生了一个变故，直接造成了同治帝的猝死："十二月初四日午后，阿鲁特氏来东暖阁视疾，当时载淳神志清醒，看见皇后愁眉锁目，泪痕满面，乃细问缘由。这时早有监视太监走报西太后，说皇帝和皇后阁内私语。慈禧急来东暖阁，脱去花盆底高跟鞋，悄悄立在帷幔之后窃听，并示意左右禁声，切勿声张。此时皇后毫无察觉，哭诉备受母后刁难之苦。皇帝亦亲有感受，劝她暂且忍耐，待病好之后，总会有出头的日子……不料慈禧听到此处正刺所忌，竟勃然大怒，立刻推幔闯入帷内，一把揪住皇后的头发用力猛拖，一大撮头发连同头皮都被拉了下来，又劈面猛击一掌，顿时皇后血流满面，惨不忍睹。慈禧又叫太监传杖，棒打皇后。同治大惊，顿时昏厥，从床上跌落在地，病势加剧，从此昏迷不醒。急传先曾祖入阁请脉，但已牙关紧闭，滴药不进，于次日夜晚死去。"

研究者对同治帝的死因各执一词，同治的死因也就成为中国近代史上又一个解不开的谜。

慈禧择立光绪帝之谜

> 同治帝驾崩，慈禧为什么不选旁人，偏偏选择载湉继位呢？显然，载湉是其亲妹所生之子，与慈禧有血亲关系，是重要因素之一。但是，许多人认为载湉不是她的外甥兼侄儿，而是她的亲生儿子。慈禧择立光绪为帝因此成为了宫廷之谜。

光绪皇帝（1827—1908）是清朝入关后的第九代皇帝，姓爱新觉罗，名载湉，系道光皇帝第七子醇贤亲王奕譞之次子，其母是慈禧的胞妹，他既是同治帝的堂弟又是表弟。同治十三年（1874）十二月初五，同治帝载淳驾崩，即将失去操纵清王朝权柄的慈禧重施故技，择立载湉为帝。

清咸丰十一年（1861）辛酉七月十七日，咸丰帝崩于热河行宫，遗命以6岁的皇长子载淳继位，并派怡亲王载垣、郑亲王端华、御前大臣额驸景寿、协办大学士肃顺、军机大臣兵部尚书穆荫、吏部左侍郎匡源、署礼部右侍郎杜翰、太卜寺少卿焦佑瀛总共八人，"尽心辅弼，赞襄一切政务"。同时，他又自作聪明地把随身私章"御赏"、"同道堂"作为皇权信物传给了皇后和儿子以防辅臣擅权。载淳年幼，其母懿贵妃成为皇太后且占用了皇权信物之一。因此，一开始两宫皇太后就与顾命八大臣发生矛盾。料理清文宗后事期间，两宫皇太后与奕䜣发动辛酉政变除去肃顺等八大臣。十月二十六日恭亲王会同大学士、六部、九卿、翰、詹、科、道遵旨会议皇太后亲理大政事宜，并且将皇太后的权力用垂帘章程固定下来。使得两宫太后实际上代行皇帝的全部权力。十一月初一日在养心殿举行垂帘听政大典，于是"顾命"体制变为"垂帘"体制，开始了两宫太后垂帘听政的同治时代。

同治十三年（1874）十二月初五，同治帝驾崩，身后竟然无子，立何人为帝？两宫太后共同主持召开诸王大臣会议，会上群臣议论纷纷，各抒己见。事实上，慈禧心中早有主意，见群臣提不出具体人选，便提出立醇亲王奕譞之子载湉为帝，识趣的群臣一个个唯命是从。这样，光绪王朝由此开始。

慈禧太后为什么没有选择其他人，而是偏偏选择了载湉继承皇位呢？

慈　禧

传统的观点认为，慈禧择立载湉为帝，主要是因为载湉年幼，两宫皇太后可以继续垂帘听政，大局不变。同治帝载淳崩逝，即将失去操纵清王朝权柄的慈禧重施故技，为了不做太皇太后，便给自己揽子，这样，最好能够择立一位与同治帝同辈的幼帝。因为给咸丰帝立嗣，自己仍可名正言顺地再度垂帘听政，保住已有的大权。于是将不谙人事、年仅4岁的载湉从太平湖醇王府接进紫禁城御苑，正式宣布由载湉继承皇帝，改元光绪，意思是缵道光先帝之绪也。这些都是在同治帝死去的当天完成的，如此迅雷不及掩耳之势反映出慈禧太后权欲之盛，手段之老辣。载湉成了慈禧的又一个政治工具，被推上了皇帝的宝座。当然，研究者也承认，载湉是其亲妹妹所生之子，与慈禧有血亲关系，也是重要因素之一。

　　除了上述传统的观点外，许多人认为载湉不是她的外甥兼侄儿，而是她的亲生儿子。有关载湉的身世，京城大街小巷议论纷纷，有不同的传说。

　　第一种传说，认为载湉是慈禧太后与宫中太监安德海生的儿子。据传闻，太监安德海在入宫前做了假手术，不是一个真正的阉人。安德海入宫之后，善于阿谀奉承，特别是会讨慈禧的欢心，而辛酉政变之时，他又立过功劳，因此，慈禧对他是恩宠有加、言听计从。咸丰帝驾崩之时，慈禧年仅20多岁，年纪轻轻就守了寡，青春正盛的少妇按捺不住涌动的春情。安德海本来就善于察言观色，他明白慈禧想要什么，便把他是假太监的事情告诉了慈禧。慈禧太后一听，倍感高兴，两人从此打得火热，寝居与共。二人虽然做得非常隐秘，然而没有不透风的墙，慈禧和安德海的事很快在宫内传开了。同治帝和慈安太后知道后，对安德海是恨之入骨，慈安也深感日久出事不好办，就与同治帝计议联手除掉安德海。安德海自从与慈禧有了特殊关系，更是不把任何人看在眼里，胡作非为。因此，上自皇帝，下至群臣，都想除之而后快。

　　不久，安德海怂恿慈禧派他去江南采办龙衣，出外行游。不想，清宫有规定，太监不许出宫，否则杀无赦。安德海行至山东境内，被持有慈安太后和同治帝手谕的山东巡抚丁宝桢擒住，并斩立决。慈禧太后听到消息十分生气，怒责慈安太后。慈安话里有刺，说："妹妹心里应该明白，这么做是为了妹妹好。祖制规定宦官不得出宫，犯者杀无赦！"慈禧一看，把柄被抓住，同起来后果不堪设想，只好忍痛从长计议了。不久，慈禧才知怀了安德海的孩子，不敢张扬，忍气吞声熬到孩子出世，送给了妹妹。

　　然而，这个传说并非毫无破绽，安德海于同治八年（1869）被处死，而光绪帝载湉出生于同治十年（1871）八月，慈禧不可能怀孕25个月生孩子。有人称，既然有这个传说，就不能全按常规常理来设想：（一）安德海到底是不是假太监？丁宝桢在杀安德海前是要验明正身的，应该清楚；（二）慈禧惯会欺诈，她能把孩子送给亲妹妹抚养，毫无疑问，她当然也可以在孩子生年月日上做手脚。真真假假，一时间是很难说清的。但有一点很清楚，就是怎么说光绪帝载湉同慈禧都是有血亲关系的。

第二种传说，据说慈禧太后特别爱吃"卧鸡蛋"，每天早上都要吃上四个汤卧鸡蛋。京城金华饭店的卧鸡蛋最有名，慈禧曾命人到金华饭店买回一尝，果然名不虚传，酥软可口。她命李莲英每天为她在金华饭店定做，清晨由金华饭店小伙计把提盒送到宫门，再由李莲英送给慈禧太后食用。时间长了之后，李莲英就让饭店小伙计直接把卧鸡蛋送到宫内厨房。传说有一天，慈禧太后起了个大早，由李莲英陪着在宫内散步，忽然看见一个小伙子手提饭盒匆匆走来。慈禧问李莲英："他是谁呀？"李莲英回道："他是金华饭店的小伙计，叫史天明，每天来给老佛爷送卧果的。"慈禧让小伙子走近，仔细打量一番，见他20多岁，长得白净，虽然一身伙计打扮，但掩不住俊秀之气。慈禧立刻就喜欢上这个俊秀的小伙子，吩咐让他侍候进早膳。小伙子也很会来事，做事干脆麻利，把慈禧侍候得很高兴，就被留在宫中侍候太后。卧鸡蛋则由金华饭店改派其他伙计送。结果，慈禧不小心就怀上了小伙子的孩子。孩子生下后，虽然西太后不忍骨肉分离，但身为太后做出这样的事必使自己的权势受到威胁，就把孩子交给自己的妹妹醇亲王福晋抚养。而这个孩子就是载湉，后来的光绪帝。孩子送走后，慈禧对史天明也腻了，为灭口就命人将小伙计杀死在宫内。

同第一个传说一样，这个传说也有很多地方按常理使人不能信服之处：一是太后、皇帝、后妃的用膳是固定的，不能在外面定做。即使定做，也必须由小太监们去监做护取，怎么可能让饭店的小伙计送来呢？二是慈禧身居宫廷内院，随身伺候的宫女太监很多，每天还要临朝听政，如果怀孕生子怎能瞒过这么多人呢？所以这个传说不可信。但是，反过来说，规矩是人定的，如果人们不去按常理想，任何事情都有可能发生。

这两个传说与传统说法相比，其说服力相对较差，慈禧究竟缘何择立载湉继位，还需要学术界进一步的研究。

光绪帝猝死之谜

为什么年仅38岁的光绪皇帝，反而要比74岁高龄的慈禧太后早死了近一天？对此，众说纷纭，莫衷一是，光绪皇帝之死因由此成了晚清历史上一大疑案。

历史车轮不断滚滚向前，总是留下清晰可鉴而又曲折的轨迹，然而历史人物的言行及其归宿却常常扑朔迷离，令人捉摸不定，甚至引起人们的种种揣测，形成长期不解的历史之谜。光绪三十四年（1908）十月二十一日傍晚，38岁的光绪皇帝在中南海瀛台涵元殿，满含悲愤地离开了人间。临终无一名亲属及大臣在身旁，及至被人发现，早已死去多时，可以说，生前死后，备受冷落，孤苦凄凉至极。而恰恰又在十五日未刻，时隔不到二十四小时后，他的母后及政敌，操纵晚清政权达半个世纪之久的慈禧太后也死在中南海仪鸾殿内，终年74岁。

清光绪帝载湉

为什么年仅38岁的光绪皇帝，反而要比74岁高龄的慈禧太后早死了一天？于是光绪帝的死因引起了多种猜测，疑团横生，由此便成了晚清历史上又一大疑案。有关光绪帝的死因，归纳起来，大致有以下几种说法：

第一种说法认为，慈禧太后病危时，深怕自己死后，被她废黜的光绪帝重新主政，继续推行维新变法，所以指使太监下毒手把光绪帝害死，以绝后患。如《清室外记》中曾记载："皇帝宾天之情形及其得病之由，外人无由详知，惟藏于李莲英辈之心中。"据此认为光绪帝很可能是被李莲英谋害致死的。以上的记载是市井传闻，不足为信，但当时尚有一些接近宫禁、颇知内情之人，甚至有自称亲见亲闻者，后来亦撰文著书，认为光绪帝之死，值得怀疑。例如曾任十九年御史及起居注官、较为接近光绪帝的恽毓鼎，在所撰的《崇陵传信录》中写道："时太后病泄泻数日来，有谮上者谓，帝闻太后病，有喜色。太后怒曰：'我不能先尔死。'"光绪遂死。徐珂所编著的《清稗类钞》等书也认为，慈禧在病危期间，唯恐自己死后，光绪重新执政，推翻她既定朝政及平反她一手制造的种种冤案，于是令人下毒手将光绪害死。英国人濮兰德·白克好司的《慈禧外传》和晚清曾在宫中担任过两年女官的德龄女士所著的《瀛台泣血记》一书中，更十分肯定地指出，"万恶的李莲英眼看太后寿命已经不久，自己的靠山快要发生问题了，便暗自着急起来"。据德龄的记载，清宫大太监李莲英等人，平日依仗着主子慈禧的权势，经常中伤和愚弄光绪帝。他们深恐慈禧死后光绪帝重新主政，会清算他们以前犯下的种种罪孽，所以就先下手为强，在慈禧将死之前，先把光绪帝谋害。更有一位曾给光绪皇帝治过病的名医叫屈桂庭的，撰定了《诊治光绪皇帝秘记》一文（载《逸经》第二十九期），文中写道，当他在光绪帝死去的前三天再次去医病时，发现光绪帝突然腹部剧痛，他认为"此系与前病绝少关系"。这些记载均言辞凿凿，坚持认为，光绪帝是死于慈禧指使的谋杀。

第二种说法，则认定光绪帝是被袁世凯、奕劻进药毒死的。坚持这一说法的学者首先认定戊戌政变是源于袁世凯的告密这一逻辑推演出，正是由于袁世凯的告密，慈禧才镇压了维新运动。光绪帝因此被囚，险些被废。这样，慈禧病危之时，袁世凯就担心慈禧死后光绪帝会重新执政，遂先与庆亲王奕劻勾结，准备废光绪帝立奕劻之子。然而，这一行动并没有成功，这样，别无他途，于是进药毒死了光绪帝。据《国闻备乘》记载："追奕劻荐商部郎中力钧入宫，进利剂，遂腹泻不止。次日钧再入视，上怒目视之，不敢言。钧惧，遂托疾不往。谓恐他日以大逆之名，卖己以谢天下也。"溥仪在《我的前半生》一书中就十分明确地谈到这一点，说："我还听见一个叫李长安的老太监说起光绪之死的疑案。照他说，光绪在死的前一天还是好好的，只是因为用了一剂药就坏了，后来才知道这剂药是袁世凯使人送来的……据内务府某大臣的一位后人告诉我，光绪死前不过是一般的感冒，他看过那些药方，脉象极为平常，加之有人前一天还看到他像好人一样。病重消息传出不过两个时辰，就听说已经'晏驾'了。"

第三种说法持光绪帝自然病死之说。如《德宗实录》、《光绪朝东华录》、《清史稿·德宗本纪二》等所谓正史或官修史籍内，均载光绪帝系正常死亡。再如《芰楚斋三笔》卷六则称：早在光绪三十四年二、三月间，光绪帝久病未愈，早入膏肓，是时肝气大发，以手扭太监顶戴，以足踢翻电灯，情势日及。又光绪临终前一段时间，一直为其治病的六位名医之一杜钟骏所著《崇德请脉记》一书，对光绪帝之病情、诊病经过以及光绪帝临终前的病状，叙述非常详尽，证明光绪帝确是正常死亡。

第四种说法，一些学者从中国第一历史档案馆所藏的光绪帝脉案中考证出，光绪帝是由于长期多系统的慢性消耗疾病，最后体力衰竭而死，并非他人所毒死。其主要依据是：（一）从光绪帝早年的脉案及其自述之"病原"得知，他自幼多病，且有长期遗精病史，身体素质极差。如光绪二十三年载湉自称之"病原"中称"遗精之病将二十年，前数年每月必发十数次，近几年每月不过二三次、且有无梦不举即自遗泄之时，冬天较甚。近数年遗泄较少者，并非渐愈，乃系肾经亏捐太甚，无力发泄之故"。光绪年方弱冠即患遗精，且在大婚之前。（二）戊戌变法，他在政治上遭受重大变故，其病情也开始加重，出现多种病症，气血双亏，每况愈下。当然，载湉病势转重，决非偶然，乃与其政治处境密切相关。（三）临终前半年已病入膏肓，危在旦夕。其病状表明，光绪帝的心、肝、脾、肺、肾皆有亏损，脏腑功能失调，气血两虚，阴阳俱衰。（四）从其死前三四日内及其临终前病情看，并未发现突发性中毒或受其他伤害的现象。同时，根据很多文献的记载，清廷对于筹办光绪帝丧事的措施，早在西太后患病之前就有所准备，并非因西太后自知不起，必欲先制光绪帝于死命而临时仓促之所为。（五）认为造成光绪帝壮年夭亡的另一个主要原因是与他所处的时代和环境有着密切的关系。慈禧之所以立光绪帝继承皇位，一方面是因自己的亲生儿子同治帝19岁时早亡，没有子嗣继其位，另一方面是慈禧权欲熏心，想立一幼君，以便再次垂帘听政。因此她一人做主，使自己胞妹（醇亲王福晋）的儿子载湉得以入宫为帝，而光绪帝幼年入宫后即在孤独中成长，加之宫中礼仪烦琐，像一条无形的锁链束缚住幼年的光绪帝，致使他失去童年的欢乐，因而他从小心情抑郁、精神不振，造成体质孱弱。成年以后虽有缓和，但至28岁以后又急转直下，这主要与他的政治遭遇有关，光绪帝被幽禁，康、梁流亡日本，谭嗣同等六人被杀。光绪帝成了笼中之鸟，任由西太后摆布，时刻处在惊恐忧虑之中，因而曾哀叹："朕并不如汉献帝也！"在这种日夜不安、诚惶诚恐的环境中，光绪帝的精神全面崩溃，旧病复发，后果只有一个，非死不可。

由于上述种种传闻，使光绪帝的死因成为晚清历史上又一大疑案。

同治、光绪、宣统三朝皇帝无嗣之谜

同治帝—光绪帝—宣统帝，三朝皇帝个个绝后。人们不禁要问：爱新觉罗氏皇族到底怎么啦？大清国到底怎么啦？

同治帝19岁死去时，身后没有留下一男半女。认为皇帝死时皇后阿鲁特氏已怀有龙种的，只是野史之说，信史未见确凿材料。清代皇子、皇帝大多正式结婚前已有性生活，娶嫡福晋之前就生有子女的也有不少先例。同治帝于同治十一年（1872）九月举行大婚典礼，死于同治十三年（1875）十二月，单从大婚之日算起，他与众多的后妃宫女生活了两年零三个月时间，居然没有留下一点骨血，已属不可思议。

光绪帝，38岁死去，身后竟然也没有留下一男半女。光绪帝娶有一位皇后，有名分的妃子两名，身边还有成群的妙龄宫女。他于光绪十四年（1888）十月大婚，至光绪二十四年（1898）八月被囚禁瀛台，近10年时间，虽然政治上难以伸展手脚，基本上是个傀儡皇帝，但性生活还是有较大自由度的，尤其与他宠爱的珍妃，婚姻生活堪称甜美。叶赫那拉氏入主后宫几十年，光绪帝对她几乎没有兴趣，但也绝不是没有碰过半个指头，史家说"承幸簿"很少留下光绪帝与皇后的性生活记录，"很少"不等于没有，尽管极有可能这是皇帝受"亲爸爸"所慑的逢场作戏。不幸的是，皇后也未能为皇帝生下一男半女。

宣统帝，活了61岁，与同治、光绪帝一样也是绝后。

同治帝—光绪帝—宣统帝，三朝皇帝个个绝后。人们不禁要问：爱新觉罗氏皇族到底怎么啦？大清国到底怎么啦？

对此，笔者广泛涉猎有关史书、传记，未见研究结果。探讨这三位皇帝为什么没有生育能力，虽然对研究清史，尤其对研究大清国皇权统治具有重要价值，但难度显然很大。主要是皇帝本人早就过世，那个时代的御医不敢探究此事，没有留下直接的医学资料，研究很难下手。于是，为何连续三位清帝都未生育，成为一团疑云，浮悬于史海上空。

一种观点认为，近亲婚配是导致三朝无嗣的主要原因。这一观点从现代医学角度透视分析，认为清末三朝皇帝都未生儿育女，与满洲皇族的婚姻习俗有关。按照满洲皇族的婚配习俗，丈夫死后，允许妻子转嫁丈夫的弟弟，甚至可以转嫁儿子或侄辈。这种原始的婚俗，把女人当作一种财富和交配工具。清太祖努尔哈赤、大清国开国皇帝皇太极及其儿子顺治帝的婚配，都是典型的近亲婚配或乱伦婚配。建州女真的领头人努尔哈赤，为统一女真各部落，娶蒙古科尔沁贝勒明安的女儿为侧妃，开与蒙古部落联姻之先河。后来，他的四个儿子都娶蒙古女子为妻。尤其是他的第八子皇太极，为了对付强大的明朝，积极推进满蒙联姻。皇太极改国号为"大清"后，册封的五宫后妃都来自蒙古博尔济吉特家族，其中三位漂亮的后妃论辈分乃是姑侄。先是姑姑博尔济吉特氏于明万历四十二年（1614）嫁给时为贝勒的皇太极，后尊称为孝端文皇后，生了3个女儿；接着，天命十年（1625）春，她的年仅13岁的侄女又嫁给当时仍为贝勒的皇太极，后被封为永福宫庄妃，生了顺治帝福临，还生了3个女儿，后被尊为孝庄文皇后；之后，天聪八年（1634），她的另一位26岁的侄女，也就是庄妃的亲姐姐，也嫁给了继承汗位多年的皇太极，被封为宸妃，生过一个两岁即夭的儿子。有人统计，皇太极在位期间，满洲贵族仅与蒙古科尔沁部联姻就达18次之多。皇太极之子顺治帝与其父亲一样，也是近亲婚配或乱伦婚配：孝庄文皇后的两个侄女，都嫁给了顺治帝，一个封为皇后（即孝惠皇后，后被废降为静妃），另一个封为淑惠妃，顺治帝娶的这两个妻子，是他同一个亲舅舅的两个女儿，都是他的表妹；后来，孝庄文皇后的一个侄孙女，又嫁给顺治帝为妻，后被封为孝惠章皇后。这就是说，顺治帝不仅娶了两个表妹，还娶了表侄女为妻。而从蒙古科尔沁部首领莽古思的角度来讲血缘伦理，他将女儿（孝端文皇后）嫁给了皇太极，又将两个孙女（孝庄文皇后、宸妃）嫁给了皇太极，后又将两个曾孙女（静妃、淑惠妃）、一个玄孙女（孝惠章皇后）嫁给皇太极的儿子顺治帝福临。至清政权入关中原后，并不断亲，而是加强与蒙古各部落的政治联姻，仍为历朝清帝奉行的基本国策。这里边，也存在着近亲婚配甚至乱伦婚配。

2005年2月23日《科学发现报》也刊文指出，清朝晚期，同治、光绪、宣统叔侄三代皆无子嗣，致使无法实现父传子位的继承法，最后不得不从旁系宗族中选定皇位继承人。这是"近亲结婚"造成的，罪魁是慈禧太后。慈禧是咸丰帝妃，咸丰帝死后，经"辛酉"政变，她上台实行"垂帘听政"。为巩固自己的统治，先将胞妹指婚给咸丰胞弟奕譞。慈禧子同治帝死后无子，她将奕譞之子，即外甥光绪帝立为皇帝，她想亲上加亲，又亲自做媒，把胞弟副都统桂祥之女嫁给光绪帝。光绪帝死后无子，慈禧只好将外甥光绪帝的胞弟载沣之子溥仪（即宣统）扶上帝位。

另有学者对这一观点提出了质疑，特别是对光绪帝无嗣提出的疑问。认为光绪帝无嗣不是因为"近亲结婚"，而是因为长期患有遗精病，这是他丧失生育能力的重要原因。1888年光绪帝18虚岁，已到结婚年龄。西太后慈禧决定为光绪帝成亲。慈禧不顾光绪帝本人的反对，给光绪帝物色了一个他并不喜欢的皇后。她就是慈禧亲弟弟桂祥的女儿，名静芬，比光绪帝大3岁，时年已21岁，她成为晚清历史上的又一位叶赫那拉氏皇后。其实，光绪帝是慈禧亲妹妹的儿子，皇后是慈禧亲弟弟的女儿，他俩原本就是表姐和表弟，属于近亲结婚。虽然二者是近亲结婚，但是从皇家的承幸簿上来看，只有大婚的晚上皇上与皇后同寝，以后再也没有出现皇后的名字。后皇帝无嗣，慈禧着急了，按照皇家一夫多妻的旧例，又纳娶两个妃子，这就是侍郎长叙的两个女儿，初封瑾嫔、珍嫔。此二妃跟光绪帝并没有任何血缘关系。大家都知道，皇上是宠爱珍妃的，而至光绪帝被关押到瀛台为止，光绪帝与珍妃已有10年的美好感情，承幸簿上大多是与珍妃的记录。但是竟然也未生一子一女，实属罕见。

对此，近亲结婚并不能给予很好的解答。有学者指出，就光绪帝而言，长期患有遗精病才是他丧失生育能力主要原因。根据是，光绪三十三年（1907），也就是光绪帝死前一年，他曾亲自探究并写下自己的病原："遗精之病将二十年，前数年每月必发十数次，近数年每月不过二三次，且有无梦不举即自遗泄之时，冬天较甚。近数年遗泄较少者，并非渐愈，乃系肾经亏损太甚，无力发泄之故。"光绪帝生于同治十年六月（1871年8月），写病原时36周岁，这就是说，他从十五六岁青春发育期起就患了遗精之病，每月多达十几次。30岁出头，便到了几乎无精可泄的地步。患有如此要命的疾病，无论怎样刻意播撒龙种也都成了徒劳。光绪帝能将如此隐私写出来是很有勇气的。同治帝、宣统帝也都未生育龙子凤女，是不是也有此类隐私呢？

清·金"奉天之宝"玺